KNAUR

Von Xinran ist im Knaur Taschenbuch folgender Titel erschienen:
Himmelsbegräbnis – Die Geschichte einer großen Liebe
Und im Knaur eBook:
Verborgene Stimmen
Wolkentöchter

Über die Autorin:
Xinran, 1958 in Beijing geboren, ist in China ein Star seit einer Radiosendung, in der Frauen ihr Schicksal schilderten. An das Buch »Verborgene Stimmen« schlossen sich international erfolgreiche Bestseller an, darunter besonders beachtet: »Himmelsbegräbnis«. Die Autorin lebt seit 1997 in England. Für Recherchen ist sie regelmäßig monatelang in ihrer Heimat.

XINRAN

SEHNSUCHT GROSS WIE MEINE EINSAMKEIT

Chinesische Frauen erzählen von der Liebe

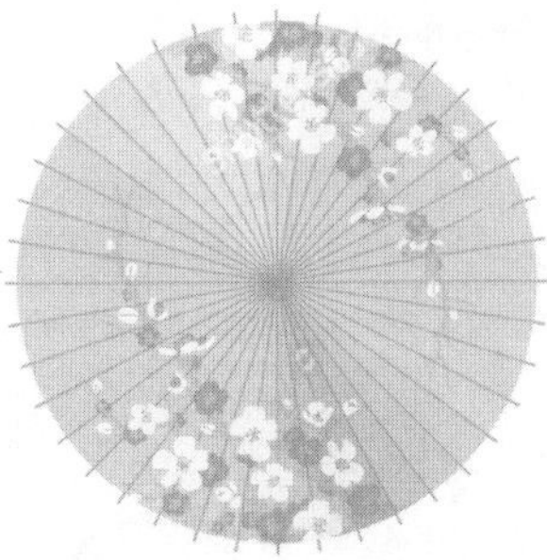

Aus dem Englischen von
Claudia Feldmann und Elisabeth Liebl

KNAUR

Die englische Originalausgabe erscheint 2019 unter dem Titel
»The Promise – Tales of Love and Loss in China« bei I B Tauris.

Besuchen Sie uns im Internet:
www.knaur.de

FSC
www.fsc.org
MIX
Papier aus verantwortungsvollen Quellen
FSC® C083411

Covergestaltung: Sabine Kwauka
Coverabbildung: ILINA SIMEONOVA
Abbildungen im Innenteil: Zeitleiste und Stammbaum
erstellt von le-tex publishing services GmbH nach Xinran;
Schirm von vectortatu/Shutterstock.com
Satz: Adobe InDesign im Verlag
Druck und Bindung: CPI books GmbH, Leck
ISBN 978-3-426-21447-3

2 4 5 3 1

Für meinen geliebten Ehemann Toby Eady
28. Februar 1941 – 24. Dezember 2017

In unseren gemeinsamen zwanzig Jahren haben wir ein Verständnis davon entwickelt, was es wirklich bedeutet, einander zu lieben. Geliebter Toby, ohne dich wären viele chinesische Autoren wie ich nur Samen, die nie auf fruchtbaren Boden gefallen wären. Nie wären wir in der westlichen Erde aufgegangen. Ohne dich wäre ich wie ein Waisenkind und litte unter meiner Einsamkeit, ich wäre nie der Mensch geworden, der ich heute bin: deine geliebte Ehefrau und eine Frau, die fühlen und verstehen kann, was Liebe ist.
Ich danke dir, mein Toby. Du bist mein Seelenverwandter und ein wahrer Literat der Weltliteraturen.

Wie es in dem Gedicht heißt, das wir beide so sehr mögen:

Der Himmel wird nie alt, noch wird meine Liebe zu dir altern,
Unsere Herzen sind wie Fischernetze
Verknüpft durch Abertausende von Fäden

天不老，情难绝，
心似双丝网，
中有千千结。

Inhalt

Vorwort

Warum ich dieses Buch geschrieben habe

Eines Morgens im Februar 2012 gingen mein Mann Toby Eady und ich in London in den Kensington Gardens spazieren. Ein leiser Hauch von Frühling lag in der Luft. Die Sonnenstrahlen tanzten durch das Astwerk der Bäume und badeten die Knospen, die noch im Winterschlaf lagen, in ihrem Licht. Hier und da lugten die ersten grünen Spitzen aus der Erde. Papageien flatterten umher und begrüßten ihre Nachbarn, die Krähen, und die Möwen, die zu Besuch kamen. Die ganze Szenerie vermittelte ein geradezu greifbares Gefühl von Lebendigkeit. Toby und ich gingen Hand in Hand den schmalen Weg durch den Park entlang und schwiegen, um die Vögel nicht zu stören.

Ich mochte Vögel schon immer. Als Kind bestaunte ich mit großen Augen die verschiedenen Arten, die die Obstbäume im Garten meiner Großmutter besuchten. Einige von ihnen bauten darin sogar ihre Nester. Doch dann verschwanden die Vögel, vielleicht weil sie das menschliche Chaos, das sich unter ihnen abspielte, nicht mehr mitansehen konnten. Erst in den 1980er-Jahren, als ich als Journalistin auf dem Land arbeitete, rückten die Vögel wieder in mein Bewusstsein. Nur dass sie diesmal in den Kochtöpfen der Bauern landeten. »Die Essensrationen reichen nicht aus. Wir können nur überleben, wenn wir essen, was wir fangen.«

Ja, in China konnte man Vögel tatsächlich nur als Essenszutat, in Märchen und auf den schönen alten Bildern finden.

Direkt vor dem Kensington Palace liegt ein Teich, der für mich so etwas wie mein persönlicher »Schwanensee« ist. Dort begegnen sich seit Generationen die Schwäne und die Nachfahren von Königin Victoria und führen ihre jeweiligen Familienstammbäume fort. Abends gibt der königliche Haushalt dort prächtige Feste für Ehrengäste aus aller Welt; morgens liegt der Teich wieder still da und empfängt die Schwäne und andere Vögel, die sie besuchen.

Die Chinesen sagen, dass das Wesen eines Menschen auf unerklärliche Weise mit seiner unmittelbaren Umgebung verbunden ist. Und ich behaupte, für einen Vogel gilt das ebenso. Allerdings muss ich gestehen, dass ich nur sehr wenige Arten erkenne. Außer Schwänen, Mandarinenten und Möwen kenne ich noch Tauben – jene Vögel, die allgegenwärtig zu sein scheinen und immer nach der Liebe suchen.

An dem Tag umrundeten wir den Teich und beobachteten, wie die Vögel dort zum Frühstücken und für ein morgendliches Bad zwischenlandeten. Dabei fielen mir drei Tauben auf. Eine »junge Dame« pickte am Rand nach Futter, verfolgt von zwei sehr beharrlichen »jungen Männern«. Sie hatte keinen Augenblick Ruhe.

»Bei den Tauben ist es anders als bei uns. Da scheinen es eher die Männer zu sein, die keine Ruhe geben«, sagte ich zu Toby.

»Sie sprechen von Liebe«, erwiderte Toby und küsste mich auf die Stirn.

»Von Liebe sprechen? Gibt es den Ausdruck ›tan ai‹ auch im Englischen?«

»Im Englischen sagen wir ›verliebt sein‹ oder ›Liebe machen‹, nicht ›Liebe sprechen‹. Aber in der Sprache gibt es keine Gesetze – nur das, was wir ausdrücken und was wir verstehen. Was ist denn so besonders am chinesischen ›Liebe sprechen‹?«

Was ist so besonders am chinesischen ›Liebe sprechen‹? – der Satz hallte in mir wider; ich wusste nicht, was ich sagen sollte.

»Die fünftausend Jahre alte chinesische Zivilisation hat in den letzten hundert Jahren etliche Erschütterungen erlebt. Glaubst du nicht, dass sich angesichts der Kriege und kulturellen Veränderungen auch die Art verändert hat, wie die Menschen sich lieben?«

Toby nahm es mir nicht übel, dass ich seiner ersten Frage auswich, er stellte einfach eine neue. Wir kannten uns da schon über zwanzig Jahre, und seine Neugier hat mich die ganze Zeit über nicht nur in das endlose Meer von Fragen über China geworfen, sondern auch in die entlegensten Ecken meines eigenen Wissens getrieben.

Abends, als wir zu Hause waren, begann ich, den chinesischen Ausdruck ›Liebe sprechen‹ und seinen Bedeutungswandel zu erforschen.
In einer Kultur, die jeglichen Körperkontakt zwischen Männern und Frauen untersagte, ist ›Liebe sprechen‹ ein moderner Begriff, der im chinesischen Wörterbuch folgendermaßen definiert wird:

›**Liebe sprechen**‹ (谈爱) ist eine Form gesellschaftlicher Aktivität. Es beschreibt den Prozess, Liebe zu kultivieren oder auf der Grundlage von Liebe zu interagieren. Im Wesentlichen ist es ein Austausch zwischen zwei Beteiligten. Wenn der Austausch erfolgreich ist, werden die Beteiligten in der Regel heiraten, zusammenleben und die nächste Generation großziehen. Die moralischen Voraussetzungen für ›Liebe sprechen‹ sind wie folgt: 1. Respektiert, dass alle Menschen gleich sind; 2. Übernehmt bewusst die Verantwortung für euer Miteinander; 3. Liebt einander mit Demut.

Diese Beschreibung hinterließ ein Gefühl von Kälte und Leere in mir. Die Grundlage von ›Liebe sprechen‹ sind Gefühle, und diese Gefühle sind voller Kraft und Leben – wie kann diese »offizielle Definition« daraus etwas vollkommen Emotionsloses machen?
Während ich vor dem Computer saß, hatte ich plötzlich eine Vision: Wie von Zauberhand öffnete der Begriff ›Liebe sprechen‹ einen verborgenen Raum in meinem Innern. Dieser Raum war umwittert von Geschichte und erfüllt von lautlosen Schreien und den Tragödien zahlloser weinender Geister – vier Generationen innerhalb der vergangenen hundert Jahre, deren Liebe und Zuneigung radikal abgetrennt, achtlos weggeworfen und vergessen war.
Während der nächsten Tage sprachen Toby und ich bei unseren Spaziergängen im Park ausführlich über die Liebesgeschichten unserer Ahnen. Toby kennt seine Familiengeschichte sehr genau, während ich kaum etwas über meine Eltern und Großeltern

weiß. Tobys Mutter, die Schriftstellerin Mary Wesley, hat mutig und offen über ihre Familie und ihr wildes Upper-Class-Liebesleben geschrieben, sodass die nachfolgenden Generationen alles nachlesen können. Ich hingegen habe keine Ahnung, wie es zur Hochzeit meiner Großeltern kam, wie meine Eltern sich kennengelernt haben und so weiter. Das Wenige, was ich weiß, stammt aus meiner politischen Akte – etwas, das jeder Chinese haben muss. Die einzigen persönlichen Geschichten, die ich kenne, weiß ich von anderen Leuten, denn in den dreißig Jahren meiner Recherchen und der Interviews mit chinesischen Frauen habe ich eine Menge einzigartiges Material zusammengetragen. Viele dieser Geschichten kann ich immer noch kaum glauben, obwohl meine Nachforschungen bestätigt haben, dass sie wahr sind.

Toby schien meine Gedanken gelesen zu haben. »Die Bücher meiner Mutter haben mir viel über die Geschichte meiner eigenen Familie verraten, aber sie haben mir auch gezeigt, dass viele Leute die Einsamkeit und das familiäre Schweigen, das sie in ihren Büchern geschildert hat, ebenfalls kannten und erlebt haben. Du solltest diese chinesischen Geschichten von Liebe und Gefühl aus dem Dunkel der Vergessenheit ans Licht bringen. Nur dann werden die Menschen in China und in der übrigen Welt diese unerwartete und schöne Seite der Menschheit sehen.« Wie immer spornte Toby mich an: »Die Welt muss auch die emotionale Seite von China kennenlernen, nicht nur die Entwicklung der Wirtschaft oder die harten Fakten der Politik. Du solltest versuchen, diese Geschichten aufzuschreiben, bevor die Generation deiner Mutter verschwindet.«

Nachdem ich 2012 mein Buch *Kleine Kaiser* abgeschlossen hatte, konnte ich es kaum erwarten, loszulegen. Damals wusste ich noch nicht, dass die Arbeit an diesem Buch mich nicht nur tief in einen geheimnisvollen Raum in meinem Innern führen, sondern mir auch etwas über das Leben meiner Mutter verraten würde, das sie mir und meinem Bruder nie erzählt hatte. Rief ich meine Mutter entsetzt an, um ihr die neueste Geschichte aus meinen Interviews zu berichten, sagte sie nur nüchtern: »Ja, das stimmt. So war unsere Jugend. Da gibt es nichts, worüber man sich aufregen müsste. Wenn es sein musste, gaben wir für unsere Ideale alles auf: Familie, Liebhaber, Kinder, sogar unser eigenes Leben. Dass du nichts davon weißt, bedeutet nicht, dass es nicht passiert ist. Zu meiner Zeit heirateten viele Leute nicht aus Liebe oder Zuneigung, sondern weil sie die gleichen revolutionären Vorstellungen teilten. Unser Verständnis von Sex, Gefühlen und Liebe ist ein ganz anderes als eures und das der jungen Leute heute. Viele Paare redeten nur über die Liebe, sie erlebten sie nie und unternahmen auch nichts in dieser Hinsicht.«

Ihre Worte machen mich immer noch sprachlos.

Ich habe über dreihundert Frauen interviewt und sieben Bücher veröffentlicht, die auf diesen Interviews basieren, aber bis dahin war mir nie klar geworden, wie sehr sich die Sicht chinesischer Frauen auf Sex, Liebe und Gefühle verändert hat. Auch wenn China während der letzten hundert Jahre Kriege und politische Umwälzungen erlebt hat, gehören wir doch immer noch derselben Kultur an, mit denselben Wurzeln und denselben Ahnen. Wie konnte es dann sein, dass sich das Verständnis von Sex, Liebe und Gefühlen einer ganzen Kultur innerhalb von nur zwei Generationen so sehr verändert hatte?

2013 nahm ich meine Zweifel, meine Neugier und meine Betroffenheit mit nach Beijing und begann, dieses Buch zu schreiben. Nach vier Jahren harter Arbeit kehrte ich mit einer Geschichte über vier Generationen einer chinesischen Familie zurück. Als ich schließlich den Stift hinlegte, hatte ich das Gefühl, dass dieses Buch mich auch meiner Mutter viel näher gebracht hatte. Selbst wenn ich immer noch am anderen Ufer des Flusses stehe, kann ich jetzt klarer als je zuvor den Umriss ihres Lebens sehen.

Und seit der Reise nach China habe ich bei unseren Spaziergängen im Park immer mehr junge Vögel zwischen den jungen Trieben am Wegesrand herumhüpfen sehen.

Zeitleiste

Wichtige Daten aus der Geschichte der Familie Han

1919 *Reds Eltern heiraten*

1920 *Geburt von Red*

1930 *Geburt von Orange*

1932 *Geburt von Green*

1949 *Red heiratet Baogang*

1951 *Orange heiratet Mr Pan*

1952 *Geburt von Kangmei, Tochter von Orange*

1910 1920 1930 1940 1950

1912 *Sturz der Qing-Dynastie und Gründung der Republik China*

1916–1928 *Warlord-Ära*

1928 *Die nationalistische Guomindang-Partei (GMD) kommt an die Macht*

1928–1936 *Erster Bürgerkrieg zwischen der GMD und der Kommunistischen Partei Chinas*

1937–1945 *Japanische Besetzung Chinas*

1946–1949 *Zweiter Bürgerkrieg zwischen der GMD und der Kommunistischen Partei Chinas*

1949 *Mao Zedong verkündet die Gründung der Volksrepublik Chinas*

Wichtige Daten aus der Geschichte Chinas im 20. Jahrhundert

1953
Green heiratet Meng Dafu

1958
Geburt von Crane, Tochter von Green

1978
Kangmei heiratet

1979
Geburt von Wuhen, Tochter von Kangmei

1981
Geburt von Yoyo, Enkelin von Green

1987
Crane heiratet Tang Hai

1988
Geburt von Lili, Tochter von Crane

1960 1970 1980 1990 2000

1958–1961
»Großer Sprung nach vorn«

1966–1976
Kulturrevolution

1972
Präsident Nixon besucht Beijing, um die amerikanisch-chinesischen Beziehungen zu stärken

1976
Tod des Vorsitzenden Mao und Prozess der »Viererbande«

1978
Der neue Vorsitzende Deng Xiaoping leitet »Reform und Öffnung« ein

1989
Zwischenfall auf dem Tian'anmen-Platz

1997
Hongkong fällt nach 156 Jahren britischer Herrschaft an China zurück

Stammbaum

Heirat der Eltern
1919

Red	Yellow Orange	Green Tangerine	Cyan	Blue
Tochter	*Zwillinge*	*Zwillinge*	*Sohn*	*Tochter*
* 1920	* 1921	* 1921	* 1923	* 1925
in Beijing	(verstorben)	(verstorben)	in Hongkong	(verstorben)

Kangmei	*2 Söhne*
Tochter	
* 1952	

Wuhen
Tochter
* 1979
in Shanghai

Purple
Sohn
* 1927
in Amerika

Orange
Tochter
* 1930
in Shanghai

Green
Tochter
* 1932
in Beijing

Rainbow
Tochter
* 1935
in Hongkong

Tiger
Sohn

Wolf
Sohn

Crane
Tochter
* 1958

Monkey
Sohn

Duck
Tochter

Sohn

Tochter

Lili
Tochter
* 1988
in Beijing

Yoyo
Tochter
* 1981
in Beijing

1. Teil

Die Geschichte von Red

Die große Schwester, geboren 1920

Kurz nachdem mein Buch *Gerettete Worte* erschienen war, bekam ich recht unerwartet einen Anruf von einer Freundin der Familie.

»Xinran! Ich habe gerade angefangen, dein neues Buch zu lesen, und es gibt da etwas, das muss ich dir einfach erzählen. Seit ungefähr einem Jahr arbeite ich in einem Seniorenheim, wo ich mich um alte Parteifunktionäre und ihre Familien kümmere. Vor einer Weile wurde einer der alten Funktionäre, um die ich mich kümmere, schwer krank. Da er wusste, dass ihm nicht mehr viel Zeit blieb, äußerte er zwei letzte Wünsche: Sein erster Wunsch war, dass wir zu seinem Haus gehen sollten, und den zweiten Wunsch würde uns seine Frau mitteilen.

Und so zog ich nach seinem Tod mit einem Kollegen los, um seine Witwe in dem Haus zu besuchen, in dem die beiden wer weiß wie viele Jahre zusammen gelebt hatten. Mein Kollege grummelte den ganzen Weg über vor sich hin. Er sei in den zehn Jahren, die er in dem Heim arbeite, noch nie in das Haus des alten Paares eingeladen worden.

Doch bisher war niemand dorthin eingeladen worden. Wenn Leute kamen, um Briefe oder Geschenke zum chinesischen Neujahrsfest zu übergeben, hieß es, sie sollten sie vor die Tür legen. Selbst wenn einer von den beiden ärztliche Hilfe brauchte, warteten sie stets draußen auf den Krankenwagen. Die jüngeren Mitglieder ihrer Arbeitseinheit hatten begonnen, darüber zu tuscheln.

Als wir hineinkamen, war das Haus nahezu völlig leer. Nur die alte Dame war da. Wir trauten uns nicht, lange zu bleiben, und

nach ein paar Minuten höflichen Small Talks verabschiedeten wir uns wieder. Auf dem Weg zur Tür dankte uns die alte Dame dafür, dass wir ihrem Mann den letzten Wunsch erfüllt hatten, und dann drückte sie mir unauffällig einen rosafarbenen Umschlag in die Hand. ›Der andere Wunsch steht da drin‹, sagte sie ruhig. Der Umschlag war versiegelt.
Auf dem Rückweg sprach mein Kollege von nichts anderem als von dem Umschlag und was wohl darin sein mochte. Doch außen standen in wunderschöner Schrift die Worte:

Wenn der Frühling nicht kommt,
werden die Blumen nicht blühen.
Wenn dieser Brief Ihnen nicht gegeben wurde,
dürfen Sie ihn nicht öffnen.

Erst am Abend, als ich nach Hause kam, war ich endlich allein. In dem Umschlag war ein einzelnes Blatt Briefpapier mit einem zauberhaften Muster aus rot-goldenen Rosen. Darauf stand nur ein Satz: ›Bitte sorgen Sie dafür, dass bei mir ein Jungfräulichkeitstest durchgeführt wird.‹ Unterschrieben war der Brief mit Han Anhong.
Ein Jungfräulichkeitstest?! Weil ich dachte, ich hätte etwas missverstanden, suchte ich das interne Telefonbuch heraus und rief bei der alten Dame an. Doch sie bestätigte das Ganze mit Nachdruck. ›Ja, das war der zweite letzte Wunsch meines Mannes.‹
›Wollen Sie das denn auch?‹, fragte ich, denn schließlich ging es um ihren Körper und nicht um den ihres Mannes.
›Ja. Ich will, dass wir beide einen Schlusspunkt dahinter setzen können. Bitte veranlassen Sie alles Nötige, und danach können wir noch einmal miteinander sprechen. Vielen Dank und gute Nacht.‹ Und damit legte sie auf.
Einige Zeit später brachte ich die alte Dame, wie ihr Mann es gewünscht hatte, zum Allgemeinen Krankenhaus der Volksbefreiungsarmee, um sie von einem Frauenarzt untersuchen zu lassen. Als ich das Ergebnis sah, traute ich meinen Augen nicht.

Sie hatte nie mit ihrem Mann geschlafen.
Xinran, wir wissen, dass das Paar keine Kinder hatte, aber ich verstehe nicht, wieso die beiden in ihren einundsechzig Ehejahren nie Sex gehabt haben. Wärest du bereit, mit ihr ein Interview zu machen? Ich kann euch miteinander bekannt machen. Allerdings waren die beiden ziemlich exzentrisch, sie haben sich nie an irgendwelchen gemeinschaftlichen Aktivitäten beteiligt oder auch nur mit ihren Nachbarn gesprochen, ganz zu schweigen davon, irgendjemanden in ihr Haus einzuladen. Ich weiß also nicht, ob die alte Dame einwilligt.«

Seit ich 1989 meine eigene Radiosendung leitete, habe ich über zweihundert chinesische Frauen interviewt und erforscht, in welcher Weise ihr Leben und ihre Beziehungen von äußeren Faktoren bestimmt wurden. Dabei zeichnete sich bald ein klares Muster ab, das mit ihrem Alter zusammenhing – Frauen aus der Generation meiner Großeltern wurden zumeist von ihren Eltern in arrangierte Ehen gezwungen, während das Liebesleben der Generation meiner Eltern von den politischen Umwälzungen bestimmt wurde. Und bei den Frauen meiner Generation scheint der wichtigste Aspekt bei der Suche nach einem Ehemann das Geld zu sein.
Viele von den Geschichten dieser Frauen endeten in einer Tragödie – ich hatte sogar von Frauen auf dem Land gehört, die sich das Leben genommen haben, um ihrer Familie zu helfen –, aber in der ganzen Zeit war mir nie eine Geschichte untergekommen wie die, die ich gerade gehört hatte. Ohne einen Moment zu zögern, bat ich meine Freundin, alles zu versuchen, um mich mit dieser geheimnisvollen alten Dame in Verbindung zu bringen.

Direkt zu Beginn meiner nächsten Chinareise begann ich, meinen Besuch zu planen.
Der erste Kontakt war jedoch alles andere als ermutigend. Unser

Telefonat dauerte keine zwei Minuten, und die alte Dame weigerte sich höflich, aber energisch, mit mir zu reden. Es sah nicht danach aus, als würde sie mich je zu sich einladen.

In meinem Buch *Gerettete Worte* habe ich die Leben von Angehörigen der ersten zwei Generationen des modernen China erforscht – also derjenigen, die vor 1950 geboren wurden –, und dabei habe ich festgestellt, dass die meisten von ihnen stille, passive Zuschauer dessen waren, was um sie herum geschah. Das lag nicht nur an den turbulenten Zeiten, in denen sie lebten, sondern auch an den alten chinesischen Gesetzestraditionen, die so lange geherrscht hatten.

Eine der bemerkenswerten Besonderheiten der alten chinesischen Gesetze war das Konzept der Schuld durch Verbindung. Verwandte und andere Angehörige wurden zusammen mit dem jeweiligen Straftäter zur Rechenschaft gezogen, was nicht nur zu einer unerschütterlichen Loyalität innerhalb der Gruppen und Familien führte, sondern auch eine Art »Sippenbewusstsein« entstehen ließ, aus dem heraus niemand den Mund aufmachte, aus Angst, selbst bestraft zu werden. Das wurde zu einem so festen Bestandteil der chinesischen Kultur, dass es noch bis in die heutige Zeit das Verhalten der Chinesen beeinflusst; sie sind stets vorsichtig und ergreifen selten die Initiative, aus Angst vor den Konsequenzen.

Dieses »Sippenbewusstsein« überlebte alle großen gesellschaftlichen und politischen Umwälzungen im China des zwanzigsten Jahrhunderts – den Zusammenbruch der Qing-Dynastie, das Chaos der Warlord-Ära, den Japanisch-Chinesischen Krieg, den Bürgerkrieg und die kommunistische Revolution –, denn in dem unbeschreiblichen Durcheinander dieser Zeitläufte gab das Land den Menschen nie die Gelegenheit zu lernen, sich ihrer selbst als Individuen bewusst zu werden oder über ihre Gefühle zu sprechen.

Erst als sich in den 1980er Jahren Reform und Öffnung in China ausbreiteten, spürten die Menschen, dass sich die Türen langsam einen Spalt öffneten – zwischen China und der Welt, zwischen

Chinas Vergangenheit und Gegenwart, zwischen Individuen und Regierung und sogar zwischen den Mitgliedern der Familie.
Aber das bedeutet nicht, dass die Chinesen jetzt so denken und handeln wie andere. Vorsicht und Zurückhaltung haben ihr Leben so lange beherrscht, dass vierzig Jahre bei weitem nicht ausreichen, um eine echte Veränderung zu bewirken, und die Meinungsfreiheit in China ist immer noch eingeschränkt durch Unwissenheit und Angst.
Die Traumata, die die Chinesen während der letzten Generationen erlitten haben, sind in ihrem Gedächtnis eingekerkert. Um die Menschen so weit zu bekommen, dass sie darüber sprechen, was sie erlebt haben, muss man erst einen Weg finden, ihnen zu helfen, diese Kerker zu öffnen. Keine leichte Aufgabe, aber dreißig Jahre des Interviewens, Studierens und Verstehens hatten mich in meiner Entschlossenheit bestärkt. Wenn ich die Möglichkeit hatte, ein ganzes Leben aus der chinesischen Geschichte erzählt zu bekommen, was machte es da schon, wenn ich noch ein paar Tage, Monate oder gar Jahre warten musste?
Nach etlichen weiteren Anrufen meinerseits begann die alte Dame ein klein wenig nachzugeben. »Lassen Sie mich darüber nachdenken, ja?«
»Natürlich«, erwiderte ich. »Ich komme zweimal im Jahr nach China, und ich warte gerne bis zum nächsten oder übernächsten Mal. Ich sammele diese mündlichen Berichte für unsere jüngeren Generationen, damit sie das Leben ihrer Ahnen und die Geschichte des modernen China besser verstehen. Nach hundert Jahren Chaos und Umwälzungen in unserem Land sind die geschichtlichen Aufzeichnung sehr lückenhaft und obendrein gefärbt vom verzerrten Blick unserer Regierung auf die Vergangenheit. Jeder Einzelne ist Teil des Erbes seines Volkes und seines Landes. Wir sollten einen allumfassenden Blick auf die Geschichte hinterlassen, der vielfältig und vollständig ist.«
Darauf sagte die alte Dame leise: »Es braucht viel Kraft, um eine so schwere Tür zu öffnen.«
Ich verstand sofort, was für eine Art Kraft sie meinte. Es ist eine

Form von Mut, die für ältere Chinesen zu einem Teil des Alltags geworden ist und die ihre Gedanken bei Tag und ihre Träume bei Nacht beherrscht: der Mut, sich mit sich selbst und dem eigenen Platz in der Geschichte auseinanderzusetzen.

Ich war daher sehr überrascht, als die alte Dame mich am nächsten Vormittag gegen halb zwölf anrief. Sie schlug vor, uns um zwei im obersten Stock eines Einkaufszentrums in der Nähe ihres Domizils zum Tee zu treffen.

Im Lauf der Jahre habe ich mir für diese Art von Gesprächen ein paar Grundregeln zu eigen gemacht. Erstens sehe ich zu, dass ich eher am Treffpunkt bin, um mich mit der Umgebung vertraut zu machen. Zweitens schaue ich, was es zu essen und zu trinken gibt. Und drittens wähle ich – oder warte auf – einen ruhigen, etwas abseits gelegenen Tisch, damit die Person, mit der ich sprechen will, sich wohlfühlt und nicht von dem, was um sie herum passiert, abgelenkt wird.

Die meisten älteren Chinesen hatten nie die Möglichkeit, in Frieden und Freiheit zu leben, weil sie nichts anderes gekannt haben als Selbstaufopferung und Angst. Sie wollen Fremden gegenüber keine übermäßigen Gefühle zeigen, weil die Erfahrung sie gelehrt hat, dass man dies als Beweis für mangelnden Respekt, einen schwachen oder womöglich gar unehrlichen Charakter gegen sie verwenden könnte.

An dem Tag hatte ich großes Glück. Als ich in dem verabredeten Teehaus ankam, wurde der Tisch, den ich mir ausgeguckt hatte und an dem zwei Frauen mittleren Alters saßen, rasch frei. Ich setzte mich, bestellte einen *biluochun*-Tee und wartete auf die alte Dame. Meine Umgebung zu beobachten und ein Gefühl dafür zu entwickeln, ist für mich eine weitere Möglichkeit, zu erforschen und zu analysieren, wie die Gesellschaft funktioniert. China hat sich in einem so erstaunlichen Tempo weiterentwickelt, dass ich mir bei meinen halbjährlichen Besuchen oft vorkomme wie eine alte Frau, die mühsam hinter ihrem kleinen Enkel herläuft!

Von meinem Sitzplatz aus hatte ich den breiten Strom von Menschen im Blick, die in den umliegenden Geschäften ein und aus gingen, ein Gewimmel, wie man es in allen großen Städten Chinas in den Einkaufszentren beobachten kann.
Es gibt riesige Parkhäuser mit Platz genug für tausend Autos. Das ist wichtig, weil im heutigen China niemand etwas gilt, der kein Auto hat. Selbst wenn das Büro nur fünfhundert Meter entfernt ist, fährt man mit dem Auto dorthin, aus Angst, das Gesicht zu verlieren. Es ist also nichts Ungewöhnliches, wenn ein Drei-Personen-Haushalt über drei Autos verfügt.
In den oberen drei bis fünf Etagen befinden sich die Geschäfte, wo die *fu'er dai* – die jungen Neureichen der zweiten Generation – völlig überteuerte ausländische Waren kaufen, um mit den angesagten internationalen Modetrends mitzuhalten. Gleichzeitig bieten sie normalen Leuten, die diese Dinge nur bestaunen, sich aber niemals leisten können, die Gelegenheit, eine Idee davon zu bekommen, wie das Leben außerhalb von China aussieht.
Verbunden werden die Etagen durch etliche riesige Aufzüge, die wie Adern die Kaufversessenen transportieren, die gleichsam das Lebensblut dieser gewaltigen Konsumtempel bilden.
Die Menschen, die dort hindurchströmen, kommen aus allen Schichten, und in dieser großen Menge genießen sie eine Gleichheit, die in ihrem normalen Leben nicht existiert. Ihre Begeisterung für das Shoppen wird von der Werbung und einer verzerrten Vision des »Going Global« zu einer mächtigen Woge aufgepeitscht. Im Kleinen äußert sich das vielleicht darin, japanische Küchenutensilien oder Badezimmerprodukte zu kaufen, im Großen sind es dann Häuser und Grundstücke in Großstädten der gesamten westlichen Welt – ein Phänomen, das bei den Chinesen, die im Ausland leben, zu einer wachsenden Identitätskrise geführt hat.
Ich weiß nicht, wie lange ich dort so gesessen hatte, als mir in der Menge auf einmal eine alte Dame in einer beigefarbenen Samtjacke auffiel. Mit ihrer aufrechten Haltung und dem kurzen silbrigen Haar wirkte sie inmitten des lärmenden Getümmels wie

eine Göttin. Dicht hinter ihr ging unsere gemeinsame Freundin. Dies war also tatsächlich mein Ehrengast, auf den ich wartete! Mein Herz begann aufgeregt zu pochen.

Unsere Freundin stellte mich zunächst dieser »Göttin« vor, dann wandte sie sich zu mir und sagte: »Xinran, das ist Mrs Han Anhong – Red.«

Ich konnte kaum den Blick von ihr lösen und dachte: Ist sie wirklich schon über neunzig? Doch dann bemerkte ich, wie als Antwort auf die Frage, ihre faltigen, zittrigen und mit Leberflecken übersäten Hände.

Nachdem wir Platz genommen hatten, bestellten wir auf den Vorschlag der alten Dame hin eine Kanne *pu'er*-Tee für uns alle. Sie sagte: »Xinran, Sie trinken *biluochun,* nicht wahr? Für Menschen wie Sie, die den ganzen Tag am Computer sitzen, ist das durchaus gesund. Aber wir Chinesen trinken Tee nach der Jahreszeit – Blütentee im Frühling, grünen Tee im Sommer, Oolong im Herbst und schwarzen Tee im Winter.«

In dem folgenden Gespräch war es eher sie, die mich interviewte. Die alte Dame fragte mich nach meiner Arbeit, meinen Ansichten über die chinesische Gesellschaft und den Büchern, die ich geschrieben hatte. Als ich ihr von der Generalin erzählte, die ich in *Gerettete Worte* vorgestellt hatte, leuchteten die Augen der alten Dame in freudiger Überraschung auf. »Sie kennen Phoebe?«

»Ja«, sagte ich. »Generalin Phoebe ist eine alte Freundin der Familie. Sie kennt mich von klein auf und war in vielerlei Hinsicht eine Mentorin für mich. Als ich in den Neunzigerjahren begann, diese mündlichen Geschichten aufzuzeichnen, hat Generalin Phoebe mir Mut zugesprochen und mich immer wieder ermuntert weiterzumachen. Sie sagte, durch das Chaos des Krieges und durch Angst und Unwissenheit seien bereits so viele Zeugnisse der chinesischen Geschichte zerstört worden. Wenn wir diese persönlichen Geschichten und Berichte jetzt nicht festhalten, wird es einen Bruch zwischen Chinas Zukunft und seiner Vergangenheit geben. Unsere Kinder werden gezwungen sein, die Fehler der Vergangenheit zu wiederholen, und unsere künftigen

Nachkommen werden dasselbe Durcheinander erleben, mit dem wir gekämpft haben.«

»Ja, genau!« In den Augen der alten Dame glitzerten Tränen. Sie wirkte sehr berührt. »Viele aus unserer Generation versuchen die Erinnerungen an das, was sie durchgemacht haben, zu verdrängen, und manche erfinden sich sogar eine neue Vergangenheit. Aber diese Menschen haben kein Bewusstsein für ihre historische Verantwortung – sie haben nicht den Mut, sich ihrer Geschichte zu stellen. Sie haben nicht einmal den Mut, die Fragen ihrer eigenen Kinder zu beantworten.«

Meine Freundin starrte sie angesichts der Vehemenz, mit der sie sprach, an, als hätte sie eine Fremde vor sich, und konnte ihre Überraschung kaum verbergen. An dem Abend rief sie mich an und sagte: »Bisher war die alte Dame nahezu stumm. Sie hat fast nur mit Mimik und Gestik kommuniziert und kaum ein Wort von sich gegeben. Aber heute war sie wie ausgewechselt.«

Doch in Wirklichkeit hatte die alte Dame an dem Tag kaum etwas gesagt, zumindest nicht über sich selbst.

Zwei Tage später lud die alte Dame uns zu einem Treffen in einem Park in der Nähe ihres Hauses ein. Zufälligerweise hatten Generalin Phoebe und ich uns früher gelegentlich dort getroffen, um spazieren zu gehen und uns zu unterhalten. Ich erinnere mich immer noch gerne daran, wie wir zunächst stets über die jahreszeitlichen Veränderungen an den Bäumen sprachen, bevor wir uns anderen, ernsteren Themen zuwandten.

Und als wir nun einen geschwungenen Weg am See entlanggingen, begann die alte Dame, sich tatsächlich ein wenig meinen Fragen zu öffnen. Obwohl es nur um ein paar Einzelheiten ihrer Familiengeschichte ging, merkte ich, dass ich allmählich ihr Vertrauen gewann, denn sie gewährte mir einen ersten Blick in ihre Vergangenheit. Doch als ich ganz vorsichtig versuchte, das Gespräch auf sensiblere Themen zu lenken, unterbrach sie mich. »Lassen Sie uns nächste Woche weiterreden. Ich brauche noch ein wenig Zeit, um meine Gedanken zu ordnen. Was ich erlebt habe, ist nicht unbedingt das, was man als ›normal‹ bezeichnen würde. Kommen Sie nächste Woche zu mir, dann erzähle ich Ihnen meine Geschichte. Einverstanden?«

Die Woche kam mir vor wie ein Jahr. In mein Interview-Notizbuch schrieb ich eine Liste mit all den Dingen, die die Generation dieser neunzig Jahre alten Dame mitgemacht hatte: die unaufhörlichen Kämpfe der Warlord-Ära, den Japanisch-Chinesischen Krieg, den Bürgerkrieg, den Koreakrieg (oder, wie die Chinesen ihn nennen: Krieg zum Widerstand gegen die USA und zur Hilfe für Korea), die Drei-Anti-Bewegung und die Fünf-Anti-Kampagne und die Kulturrevolution. Sie schienen überhaupt niemals Frieden erlebt zu haben.

Doch als die nächste Woche endlich kam und ich die alte Dame anrief, bekam ich nicht die Antwort, auf die ich gehofft hatte.

»Warten Sie noch ein wenig länger, ja?«

Ich musste Druck machen. »Nächsten Freitag fliege ich zurück nach England. Können wir dann am Telefon sprechen?«

Am anderen Ende herrschte zunächst Schweigen, dann sagte die alte Dame: »Wie wäre es nächste Woche? Oder vielleicht am Wochenende? Oder Montag? Ja, nächsten Montag. Sie können zu mir kommen.«

Die Seniorenwohnanlage des Militärs, in dem die alte Dame lebte, war in Beijing – eine Stadt, in der man immer wieder überraschende Wunder entdecken kann. Von außen wirkte das Areal eher wie eine Mischung aus Luxushotel und botanischem Garten. Wenn man durch das Eingangstor trat, umgeben von Blumen und grünen Bäumen, spürte man eine besondere Atmosphäre, ganz anders als inmitten der zahllosen Wolkenkratzer in den Wohnbezirken sonst. Wahrscheinlich zwitscherten hier Tag und Nacht Vögel.

Als ich vor der mächtigen Tür der alten Dame stand, kam es mir so vor, als würde ich gleich einen Palast betreten, und bevor ich klingelte, vergewisserte ich mich unwillkürlich, ob meine Hände auch richtig sauber waren. Die Tür öffnete sich langsam, und die alte Dame begrüßte mich mit einem Lächeln. An diesem Tag war sie von Kopf bis Fuß in ein helles Grau gekleidet, das perfekt zu ihrem silbrigen, seidigen Haar passte, und sie bewegte sich mit der ruhigen Eleganz einer Adligen.

Die alte Dame führte mich durch einen Flur, dessen Wände mit militärischen Auszeichnungen und Zeugnissen bedeckt waren, in ihr Wohnzimmer. Als wir den Raum betraten, traute ich meinen Augen nicht. Das Haus, das von außen so luxuriös aussah, war leer. Als wäre die Familie vollkommen verarmt!

Von der Mitte des Wohnzimmers aus konnte ich durch die offenen Türen in alle anderen Zimmer schauen. Ich sah zwei Schlafzimmer, in denen jeweils zwei einzelne Betten standen, ein großes Arbeitszimmer mit einem Stuhl und einem Schreibtisch, auf dem etwas lag, das wie ein Manuskript aussah, und eine geräumige Küche, die offenbar ebenfalls als Arbeitszimmer genutzt wurde, denn abgesehen von einer kleinen Teekanne befanden sich darin nur diverse Bücher sowie Schreib- und Malutensilien, dazu Kleinkunst. Außerdem gab es zwei Badezimmer, wie ich durch die halb offenen Türen erkennen konnte.

Das Wohnzimmer selbst maß etwa hundertfünfzig Quadratmeter und war leer bis auf einen ramponierten alten Korbstuhl, der in der Zimmermitte einsam über einen kleinen Beistelltisch wachte, und einen kleinen uralten Schwarzweißfernseher – wie ich ihn selbst nur zu gut von früher kannte –, der auf drei übereinander gestapelten Pappkartons stand.

Das Interessanteste waren für mich die beiden Schlafzimmer. In jedem standen zwei Einzelbetten mit jeweils einem eigenen Nachttisch. Im ersten Moment dachte ich, es wären auch zwei Schränke darin, doch dann sah ich, dass es nur alte Militärregale waren, auf denen die Kleider der alten Dame sorgfältig zusammengefaltet lagen. Abgesehen von der Unterwäsche war das meiste davon Armeeausstattung von früher. Gegenüber den beiden Betten stand ein Korbstuhl wie der im Wohnzimmer.

Ich hatte das Gefühl, diese Schlafzimmer stammten aus einer anderen Welt, die mit unserer nichts zu tun hatte.

Die alte Dame schenkte mir eine Tasse heißes Wasser ein, während sie selbst aus einer alten Warmhalteflasche trank. Ich kannte diese Art Flasche mit Glaseinsatz gut. Sie stammte aus den späteren Jahren der Kulturrevolution, als die Menschen in China so arm waren, dass sie auf Essensmarken angewiesen waren, um zu überleben. Aber für die Familien, die das Glück hatten, eine solche Warmhalteflasche zu besitzen, war sie noch kostbarer als alles Nahrhafte, das man hineintun konnte.

Früher hatte ich oft davon geträumt, eine solche Flasche zu besitzen, und mir vorgestellt, wie neidisch meine Klassenkameraden sein würden. Doch als ich dann endlich eine besaß, hatten alle um mich herum schon eine moderne Thermosflasche – wieder einmal hinkte ich der Zeit hinterher. Wie auch immer, als ich die Warmhalteflasche in der Hand der alten Dame sah, überkam mich ein merkwürdiges Gefühl. Wurde ich zurück in die Vergangenheit versetzt, oder holte die Vergangenheit mich schließlich doch noch ein?

Die alte Dame bedeutete mir, den zweiten Korbstuhl zu holen. Wir setzten uns, und sie lehnte sich zurück, legte langsam den Kopf in den Nacken und blickte zur Decke.

»Wir können jetzt unser Gespräch führen, aber unterbrechen Sie mich nicht. Meine Erinnerungen sind in einem alten Teil meines Gehirns gelagert, und ich fürchte, wenn es ins Stocken gerät, kommt es nicht wieder in Gang.«

Bevor ich etwas sagen konnte, begann der sanfte Strom ihrer Geschichte zu fließen.

Mein richtiger Name ist Anhong, aber man hat mich immer Yaohong genannt – *yao* bedeutet schwanken, wie das Boot auf dem Wasser, und *hong* bedeutet rot, wie die Farbe. Die meisten Leute nennen mich einfach Red. Als ich neun Jahre alt war, arrangierte mein Vater, dass ich den Sohn seines Freundes heiraten sollte, der damals dreizehn war. Sein Name war Fang Baogang. Die Leute sagten, er sei so etwas wie ein Wunderkind, denn er konnte die

Klassiker auswendig aufsagen, sehr schöne Kalligraphie schreiben und aus dem Stand kleine Reimgedichte verfassen.
Die Familie Fang besaß ein florierendes Frachtunternehmen in Südchina; sie handelten hauptsächlich mit Waffen und Munition. Während der Wirren der Warlord-Ära, die 1911 begann, erwarben die Fangs ein kleines Vermögen, indem sie »Kriegsanleihen« ausgaben. Nach der Invasion der Japaner, die sich die Schiffsflotte der Familie aneigneten, verkauften die Fangs alles, was sie noch besaßen, und zogen nach Beiping, wie die chinesische Hauptstadt von 1928 bis 1949 genannt wurde. Dort wurden sie zu einem der Hauptwaffenlieferanten für den Warlord Feng Yuxiang, der in Nordchina die Japaner zurückzudrängen versuchte, in den Folgejahren sogar als Vizepremier der Republik China. Später schickte die Familie drei ihrer Söhne zur Armee des Nationalisten Fu Zuoyi, der gegen die Kommunisten kämpfte; Sie werden ihn vielleicht kennen wegen seines Einsatzes gegen die japanischen Truppen.
Ende 1948 begann General Fu, heimlich mit der 4. Feldarmee der Volksbefreiungsarmee, damals noch Rote Armee genannt, zu verhandeln. Am 22. Januar 1949 einigte man sich, Beiping friedlich zu befreien, indem General Fu seine Truppen an den Außenrand der Stadt zurückzog und sie in das Heer der Kommunisten integrierte. Als die Volksbefreiungsarmee am 31. Januar 1949 offiziell in Beiping einmarschierte, nutzte Baogang die Gelegenheit und nahm Urlaub, um seine Familie zu besuchen.
Die Fangs ließen sofort meinen Vater kommen. Es wurde beschlossen, dass wir zwei, deren Leben so viele Jahre von den Wirren des Krieges beherrscht worden war, nun endlich verheiratet werden sollten. Damals war ich schon achtundzwanzig. Nach den alten Traditionen, die meine Familie noch befolgte, hatte eine verlobte Frau »ihr Haar gebunden« – traditionell trug man es in besonderer Weise geflochten für die Zeit der Verlobung, gelöst wurde es erst in der Hochzeitsnacht – was bedeutete, dass sie keinem anderen Mann mehr versprochen werden konnte.
Da wir noch unter den Folgen des Kriegs litten, gaben sich unsere

Eltern nicht viel Mühe mit der Hochzeit. Sie beachteten nicht einmal das alte Ritual der Drei Briefe und Sechs Bräuche. Was nicht heißen soll, dass es bei der Zeremonie gar keine traditionellen Elemente gab. Wir befolgten durchaus einige der Regeln, die unsere Ahnen an uns weitergegeben hatten, zum Beispiel:

Die Braut wird in einer Sänfte zum Haus des Bräutigams gebracht.
Am Eingang des Hauses wird die Braut in einer feierlichen Zeremonie begrüßt.
Braut und Bräutigam verneigen sich vor den Gräbern ihrer Ahnen.
Braut und Bräutigam erweisen den Ältesten beider Familien ihren Respekt.
Es wird auf die Gesundheit beider Familien angestoßen.
Nach der Hochzeit besucht das Paar die neuen Schwiegereltern.
Erdnüsse, Datteln und andere Nahrungsmittel, die wegen gleicher Lautung im Chinesischen als glückbringend gelten, werden unter die Matratze des Ehebetts gelegt. Sie symbolisieren außerdem die Hoffnung, dass die Braut bald *zao sheng guizi* – einen Sohn gebärt.

Wir hatten nur wenige Freunde, und fast alle aus unseren Familien waren bereits ausgewandert. Von den übrigen waren die meisten Bedienstete, die es niemals gewagt hätten, uns Ärger zu machen, und ich vermute, das war der Grund, weshalb uns die berüchtigten *nao dong fang* erspart blieben – allerlei üble Streiche, die Frischverheirateten sonst gerne gespielt werden.
Baogang betrat in unserer Hochzeitsnacht nicht einmal das Schlafzimmer. Er entschuldigte sich damit, dass er zu viel Wein getrunken habe und noch arbeiten müsse. Am nächsten Tag sollten wir in die Wohnung ziehen, die die Armee uns zugeteilt hatte und die in einer der Kasernen lag, direkt gegenüber dem Eingangstor. Gleichzeitig packten auch unsere Väter die Koffer, da sie in Hongkong ein neues Familienunternehmen aufbauen wollten.

Zu der Zeit war die politische Lage ein einziges Durcheinander – überall kursierten Gerüchte, und alle hatten Angst. Laut meinem Vater wagten es nur sehr wenige von den Kaufleuten, die die Nationalisten unterstützt hatten, im von den Kommunisten beherrschten Norden zu bleiben. Wer Glück hatte, schaffte es, seine Familie nach Hongkong oder an andere Orte im Süden zu bringen, der noch immer in der Hand der Nationalisten war; wer weniger Glück hatte, versuchte alles, um das Land zu verlassen. Die Leute fürchteten, dass die Kommunisten ihnen alles wegnehmen würden, was sie besaßen, um es an die Armen zu verteilen.

Und natürlich kann man wegen einer Hochzeit, auch wenn es ein wichtiger Anlass ist, nicht seine Flucht verschieben! Außerdem ist es das Schicksal einer Tochter, den Entscheidungen ihrer Familienältesten zu folgen. Ich bin nur froh, dass meine Mutter damals schon verstorben war und sich nicht mehr um ihre Kinder sorgen musste.

Red verstummte plötzlich. Sie schwieg einen Moment, fasste sich und sagte dann leise: »An dem Tag begann auch meine Ehestrafe.«

Am zweiten Tag unserer Ehe, als wir in die Kaserne zogen, stellte Baogang zwei Burschen ab, um mir beim Auspacken zu helfen. Alle waren sehr nett zu uns; sie hatten sogar unsere neue Wohnung festlich geschmückt. Die Einrichtung war sehr einfach – ein Bett mit Kissen und Decke, eine Art Kleiderregal und ein kleiner Holztisch mit zwei Stühlen – aber alles war nagelneu.

Baogang sagte, wir bräuchten nicht viele Möbel, weil ein Soldat immer unterwegs war, und eine Küche bräuchten wir ebenfalls nicht, weil die Kantine gleich um die Ecke lag.

Ich weiß noch, dass ich sehr neugierig auf meine neue Umgebung war. Alles fühlte sich so anders an. Ich war in einem Wohngehöft, einem Vierseitenhaus aufgewachsen, das von hohen Mauern umgeben war und wo die nackte Realität der Außenwelt mir ebenso unwirklich erschien wie die Fantasiewelten in meinen Büchern. Nicht einen Gedanken hatte ich daran verschwendet, wo und wie ich mit diesem Mann leben würde. Zeiten des Krieges sind wie große Irrgärten – man findet einfach keinen Weg, auf dem man das Gefühl hat, selbst Herr über sein Schicksal zu sein.

Baogang verbrachte den Tag mit Arbeit im Büro nebenan. Abends ging er mit mir in die Kantine. Das Essen dort schmeckte nicht so gut wie Selbstgekochtes, aber zwischen all diesen jungen Soldaten zu sitzen, deren Augen leuchteten und die voller Energie und Optimismus in die Zukunft schauten, war so … erhebend! Nur schade, dass keiner von ihnen kam, um mit mir ein Wort zu wechseln.

Nach dem Essen verschwand Baogang direkt wieder in seinem Büro, was ich als Zeichen interpretierte, dass er mir Zeit geben wollte, mich zu waschen und für die Nacht vorzubereiten.

Nachdem ich mich frischgemacht hatte, zündete ich zwei besondere rote Kerzen an und stellte sie ans Kopfende des Bettes. Ich hatte sie in der Schmuckschatulle gefunden, die meine Mutter mir hinterlassen hatte; in beide war mein Rufname Yaohong eingeritzt.

Die Schatulle selbst war aus Elfenbein, und in den Deckel waren zwei Wildgänse eingraviert, die Seite an Seite flogen, das Symbol für ewige Liebe. Im Innern fand ich außer einigen wenigen Schmuckstücken ein kleines Fläschchen, das mit den traditionellen *baizitu*-Bildern von den hundert Söhnen bemalt war und in dem sich eine Art Opiumpulver befand. Außerdem war noch eine Seite mit handgemalten Zeichnungen darin, wie man sie im Kama Sutra findet, und ein rosafarbenes Seidentaschentuch, bestickt mit einem kleinen Gedicht aus rotgoldendem Seidenfaden:

Ihrer Natur folgend, fliegen sie gen Süden,
weichen niemals von der Seite ihres Liebsten.
Das Yin zu seinem Yang, treu bis ans Ende.

Im scheuen Flackern der Kerzen rief mein Herz meiner Mutter

im Himmel zu: »Ja, deine Tochter ist endlich eine Ehefrau!« Ich zog mich langsam aus und legte mich auf das Bett. Rauch stieg von den beiden Kerzen auf und warf Schatten an die Decke, die mir wie ein endloser Strom erotischer Bilder erschienen, Männer und Frauen in leidenschaftlicher Umarmung.

Meine Gedanken rasten, meine Wangen glühten, und mein Körper schien vor Erregung zu zittern, als Baogang leise das Zimmer betrat. Ich schloss die Augen und lauschte, während er zum Fenster ging. Ich konnte sogar seinen schweren Atem spüren! Die Gestalten an der Decke, die ich auch mit geschlossenen Augen immer noch sah, wanden sich ein letztes Mal, dann verloschen sie, als Baogang die Kerzen ausblies.

In der lautlosen Dunkelheit schlug mein Herz wie wild, während ich darauf wartete, »zur Frau zu werden«.

Ich wartete ziemlich lange. So lange, dass ich träumend in eine andere Welt entglitt, wo Engelsstimmen in meinen Ohren klangen und wunderschöne Gedichte sprachen.

Kein Puder kann die errötende Wange der Braut verbergen,
Rot wie das Kleid, das sanft über ihre zarte Haut gleitet.
Verzaubert, unwirklich erscheint ihr das Leben, wie ein Traum,
Wahrgemacht von ihm, den sie morgen heiraten wird.

Das haben Sie noch nie gehört, Xinran? Wirklich? Wie ist es denn mit diesem?

Ich denke an sie, und der Schlaf wird mich
heute Nacht nicht finden.
Ihr tiefrotes Kleid, ihr Haar, geschmückt mit Jade,
Bilder von Hochzeitskutschen huschen
durch meinen ruhelosen Geist.
Träume von der Vergangenheit bringen schwere Gedanken
Und Sehnsucht, dunkel und tief.

In der Nacht, als ich dort auf dem Bett lag, war es, als würde mein

Geist diese Gedichte eines nach dem anderen wie ein Projektor auf eine weiße Leinwand werfen. Sie lachen vielleicht darüber, aber es fühlte sich wirklich so an, als würde ich schweben. Ich hätte nicht sagen können, wo die Erde aufhörte und der Himmel begann.

Plötzlich brachte mich ein dumpfer Knall zurück ins Hier und Jetzt. Im kalten, einsamen Mondlicht sah ich eine Gestalt neben dem Bett knien, den Umriss des Mannes, den ich gerade geheiratet hatte.

»Bao... Baogang, bist du das? Was ist los?«, stammelte ich und richtete mich auf. Ich verstand nicht, was da geschah – ich hatte noch nie von einem Mann gehört, der vor einer Frau kniete.

»Anhong ... Nein, warte ... Du möchtest, dass ich dich Red nenne, stimmt's? Red, es ... es gibt da etwas, das ich dir sagen muss. In meinem Leben gibt es zwei Verlobungen. Ja, zwei.«

Ich setzte mich auf, damit ich ihm ins Gesicht sehen konnte, meine Lippen und Finger taub.

»Die erste ist die, die meine Eltern für mich arrangiert haben, als ich noch ein Kind war. Die zweite ist die mit der Frau, in die ich mich verliebt habe, der Frau meines Herzens. Aber ich ... ich kann keine von beiden aufgeben. Ich kann mich weder gegen den Willen meiner Eltern stellen, noch kann ich mich von der Frau abwenden, die ich liebe. Ich ...«

Baogang konnte kaum sprechen. Sein Körper war so weit vorgebeugt, dass sein Kopf fast die Erde berührte und sein Gesicht nicht zu sehen war.

Es war, als hätte mich ein Blitz getroffen und mich in tausend winzige Stücke zerschmettert. Zwei Verlobungen? »Die Frau, in die du dich verliebt hast, die Frau deines Herzens? Und das ... das bin nicht ich?«

Oh, ich war so verwirrt! Mir wurde eiskalt, ein Gefühl, an das ich mich bis heute erinnere – mein Blut war wie erstarrt, ich konnte kaum atmen, und es fühlte sich an, als würde ich in einen tiefen Abgrund stürzen.

Ich lag schweigend da, zu fassungslos, um irgendwie zu reagieren, und Baogang kniete weiter neben mir.

Drei Nächte hintereinander ging das so – drei Nächte! Tagsüber ging er ganz normal arbeiten, und wenn er nach Hause kam, kniete er im Dunkeln neben meinem Bett. Wir wussten beide nicht, was wir sagen sollten. Mir war, als hätte ich nichts mehr, wofür ich leben konnte.

Im Mondschein sah ich ihn da knien, die Stirn so tief, dass er fast auf dem Boden lag. Dennoch konnte ich die Stärke seines Willens spüren, und ich wusste, dass er auf meine Vergebung wartete.

Doch wie konnte ich ihm vergeben? Diese Ehe war von unseren Eltern für uns arrangiert worden, und wir konnten uns ihrem Willen nicht widersetzen, erst recht nicht, solange sie noch lebten. Davon abgesehen war das ganze Land im Aufruhr, es stand buchstäblich auf dem Kopf, und gegen eines der neuen Gesetze zu verstoßen war lebensgefährlich. Ich war vollkommen ratlos, was ich tun sollte.

Diese Hilflosigkeit war mir nur allzu bekannt. In den dreißig Jahren, die ich nun schon Interviews führe, habe ich sie in den Augen vieler Chinesinnen gesehen. Eine Scheidung nach unserem Verständnis gibt es erst in der modernen chinesischen Gesellschaft, doch bis zum Sturz des Feudalsystems 1911 konnte ein Mann seine Frau ganz einfach loswerden. Eine Frau hatte jedoch in dieser Sache nichts zu sagen. Die gewalttätigen politischen Umwälzungen des zwanzigsten Jahrhunderts brachten beides mit sich, Scheidung und die Möglichkeit der neuerlichen Heirat – und beides galt als legitimes Mittel zum Aufstieg auf der politischen Leiter hin zu einem besseren Leben. Allerdings hätte niemand je zugegeben, dass die eigene Scheidung nur eine Flucht darstellte aus einer lieblosen oder unerfüllten Ehe.

Erst seit den 1980er-Jahren dürfen Chinesen frei über ihre Ehe entscheiden, sich zu der Familie bekennen, die sie sich wirklich wünschen. Auch das Wort »Scheidung« wurde nun erstmals frei gebraucht. Inzwischen versuchen sogar einige junge Leute, ihre Eltern dazu zu bringen, sich scheiden zu lassen, damit diese endlich die wahre Liebe finden können, die ihnen in der Jugend vorenthalten worden war. Selten verstehen die jungen Menschen, dass es für die meisten der müden und vom Schicksal geplagten Seelen zu spät ist. Und Red ist sicher eine von ihnen.

Ich konnte sehen, dass Baogang stark abgenommen hatte. Manche Leute meinten, sein *fengshui* sei durch das Leben beim Militär durcheinandergeraten, andere sagten, Intellektuelle wie er litten immer am meisten, wenn ihr Land verwundet war. Manche schoben es sogar auf die »Bürde«, frisch verheiratet zu sein. Doch ich wusste, dass es Kummer, Schlafmangel und das schlechte Gewissen waren, die so schwer auf ihm lasteten.

Am vierten Abend machte ich Baogang nach dem Essen eine Tasse schwarzen Tee. Ich atmete tief durch, sah ihm direkt in die Augen und sagte: »Da du einen so sturen Willen hast und deiner Geliebten in unerschütterlicher Treue verbunden bist, und da wir uns nicht trennen können … nun ja, ich denke, wir sollten abwarten und schauen, ob sie zurückkommt. Wenn ja, denke ich mir irgendeinen Vorwand aus, um zu gehen, und dann könnt ihr zusammen sein. Bis dahin können wir das Bett teilen wie Bruder und Schwester. Du schläfst auf der linken Seite, ich auf der rechten. Einverstanden?«

Baogangs Augen leuchteten überrascht auf, und er stammelte: »Wirklich? Danke! Ich werde dein Vertrauen nicht missbrauchen, das verspreche ich dir!«

An dem Abend war Baogang so erschöpft, dass er sofort, als sein Kopf das Kissen berührte, in einen tiefen, tiefen Schlaf sank. Als ich sein leises Schnarchen hörte und den Umriss seines Körpers neben mir unter der Decke liegen sah, spürte ich, wie eine Mischung aus Zorn und Trauer in mir aufstieg. Neun lange Jahre hatte ich gewartet, und worauf? Auf das hier! Ich musste an die

Zeilen von Li Guan aus seinem Gedicht »Schmetterlinge, die Blumen lieben« denken:

Es gibt zehntausend Weisen, auf die ich dich vermisse,
Doch selbst die verlieren sich in der Weite des Universums.

Als ich mich unruhig hin und her wälzte, hörte ich zwei leise Worte von der anderen Seite des Bettes: »Schläfst du?«

»Wie könnte ich schlafen?«, gab ich gereizt zurück.

»Du musst doch müde sein, ruh dich aus.« Der Klang seiner Stimme kam von der Decke herunter und machte mich hellwach. Ohne darüber nachzudenken, was ich tat, platzte ich mit einer Frage heraus, die mich seit Tagen quälte.

»Wie hast du sie kennengelernt?« Ich sprach direkt zur Decke.

»Sie heißt Lin, und wir sind uns bei der Arbeit begegnet. Wir waren nicht in der Kampfeinheit, sondern beim Nachrichtendienst der Armee. Wir gaben Informationen über Einsatzbefehle weiter, verfassten militärische Berichte und dergleichen. Unsere Abteilung bestand nur aus drei Leuten, wir arbeiteten alle in einem Büro und waren dem Hauptquartier unterstellt.«

»Und wer war der oder die dritte?«, fragte ich.

»Ein Mann namens Luo Wen, nur ein paar Jahre älter als ich. Er mochte Lin auch sehr.«

»Aber wie …«

Baogang unterbrach mich, bevor ich die Frage aussprechen konnte. »Wie wir uns näher kennengelernt haben? Luo Wen war der Chef unserer Abteilung. Er war sehr begabt, sprach Englisch, Deutsch und Russisch, spielte mehrere Instrumente, konnte sehr schön schreiben und gut malen. Er war eher ein stiller Typ, aber immer sehr nett zu uns.

Nachdem Lins Vater im Bürgerkrieg gefallen war, sorgte ihr Onkel dafür, dass sie zusammen mit Luo Wen in Fu Zuoyis Nachrichtenabteilung arbeiten konnte. Lin hat oft gesagt, sie verdanke es der Erfahrung, die Luo Wen an sie weitergegeben hat, und der Tatsache, dass er sich so gut um sie gekümmert hat, dass sie schließlich wieder so fröhlich und offen wurde, wie sie es vor dem Tod ihres Vaters gewesen war. Als ich in die Abteilung kam, arbeiteten sie wie Bruder und Schwester zusammen.

Aber Lin und ich sind gleich alt. So ergab es sich, dass wir auch außerhalb der Arbeit viel Zeit miteinander verbrachten, und es dauerte nicht lange, bis wir uns ineinander verliebten.«

Das war unsere erste Nacht, in der wir gemeinsam an die Decke schauten. Wir lagen im Bett und blickten hoch. Der eine fragte, der andere antwortete. Ich weiß nicht, ob uns irgendwann die Fragen ausgingen, ob wir nicht die richtigen Antworten fanden, oder ob die Decke es einfach leid war, unsere Nachrichten weiterzugeben, jedenfalls glitten wir irgendwann beide in unsere eigenen Träume.

Auch in den folgenden Nächten blickten wir gemeinsam zur Decke hinauf und stellten uns einander vor.

Einige Tage später sagte Baogang zu mir: »Ich nehme an einer Übung teil, um unsere Truppen in die Volksbefreiungsarmee einzugliedern, und es kann sein, dass ich erst sehr spät zurückkomme. Ein Bursche wird dir helfen, Essen aus der Kantine zu holen, und sich um die Haushaltsdinge kümmern. Oh, und ich habe darum gebeten, dass man uns noch eine Decke bringt, damit du dir keine Sorgen machen musst, dass ich friere.«

An dem Abend kam er tatsächlich erst sehr spät zurück. Während ich so tat, als ob ich schliefe, kroch er ganz leise unter die zweite Decke, die der Bursche uns gebracht hatte.

Ich blickte zur Zimmerdecke und ging in meinem Herzen immer wieder das Gespräch mit Baogang durch.

»Weißt du, Baogang, als wir verlobt wurden, war ich zu jung, um wirklich zu verstehen, was das bedeutete, und ich fühlte auch nichts. Doch als ich vierzehn war, in der Blüte meiner Jugend, brauchte nur jemand deinen Namen zu sagen, und ich wurde ganz rot im Gesicht. Ich schätze, ungefähr um die Zeit kamst du wirklich in mein Leben. Mit sechzehn konnte ich es kaum erwarten, dich kennenzulernen, vor allem, als mein Vater anfing, die

Verlobung meiner Brüder und Schwestern zu planen. Ich konnte es kaum erwarten, bis ich an der Reihe war.

Als ich hörte, dass du dich zur Armee gemeldet hattest, fing ich an, die Nachrichten von der Front zu hören. Jeden Tag saß ich vor dem Familienradio und betete, dass die Durchsage kam, der Krieg sei zu Ende. Ich hatte noch nie die Mauern unseres Gehöfts verlassen, aber meine Sehnsucht nach dir trug mich hinaus in die Welt, auf die Schlachtfelder des Bürgerkriegs.

Ich vermisste dich am Tag, während ich zusah, wie die Jahreszeiten kamen und gingen, und ich vermisste dich in der Nacht, während ich zusah, wie die Sterne über den Himmel wanderten. Die kostbarsten Jahre meiner Jugend gingen dahin während dieser neun Jahre, die ich wartete. Dann kamst du endlich zurück. Aber …«

»Aber was?« Plötzlich erschien Baogangs Stimme an der Decke, die ich anstarrte.

Peinlich berührt, schwieg ich.

»Sprichst du mit der Decke?«, fragte Baogang nach einer Weile.

»Ich spreche auch mit der Zimmerdecke. Lin hat sie gebeten, mir Nachrichten von ihr zu übermitteln.«

»Wirklich? Nun, mir hat sie nichts erzählt«, erwiderte ich ziemlich schnippisch. »Ich rede nur mit mir selbst«, fügte ich kühl hinzu.

»Mit sich selbst zu reden kann sehr tröstlich und befreiend sein.« Ich vermute, er wollte mich besänftigen.

»Willst du immer noch Lins Geschichte hören?«, fragte er.

»Nur zu. Das ist ja sicher sehr *tröstlich* und *befreiend* für dich, oder?« Tatsächlich war es das jedoch auch für mich.

Er erwiderte nichts darauf, sondern ließ mich eine Weile warten, bevor er mit Lins Geschichte begann. Er sprach natürlich zur Decke, und ich lag da und lauschte, während die Worte von oben herabregneten und mein Herz tränkten.

In den folgenden Jahren erfuhr ich alles über Lin: ihren familiären Hintergrund, ihre Persönlichkeit, einfach alles.
Lin stammte aus dem Süden. Sie hatte schon früh ihre Mutter verloren, und ihr Vater schickte sie zum Studium nach England. Sobald sie ihren Abschluss hatte, kam sie mit einer Bande heißblütiger, patriotischer junger Chinesen zurück, um sich dem Widerstandskrieg gegen Japan anzuschließen.
Doch kurz nach ihrer Rückkehr kapitulierten die Japaner, und so half Lin ihrem Vater und seinen Truppen stattdessen, Gebiete, die zuvor unter feindlicher Herrschaft gestanden hatten, wieder einzunehmen.
Wenig später verwandelte die Auseinandersetzung zwischen den Kommunisten und den Nationalisten Nordchina in ein Schlachtfeld, und viele nationalistische Offiziere schickten ihre Familien in die Provinz Sichuan oder in andere Gebiete im Süden. Lin jedoch weigerte sich, ihren Vater zu verlassen, und der sorgte dafür, dass sie unter seinem älteren Bruder im Nachrichtendienst arbeiten konnte.
Als die Truppen der Volksbefreiungsarmee siegreich vom Nordosten Richtung zentralchinesische Ebene marschierten, fiel Lins Vater tragischerweise in der Schlacht. Chiang Kai-sheks Hauptarmee wurde gezwungen, sich nach Süden zurückzuziehen. Sogar die 35. Armee – General Fu Zuoyis Trumpfkarte – wurde von der Volksbefreiungsarmee niedergewalzt. Da sie nun ohne Anführer waren, nahmen die wenigen nationalistischen Offiziere, die sich noch in der zentralchinesischen Ebene befanden, ihr Schicksal notgedrungen in die eigenen Hände: Einige blieben dort und kämpften bis zum Tod gegen die Volksbefreiungsarmee, andere folgten Chiang und flohen nach Sichuan, und wieder andere konnten sich weder für das eine noch für das andere entscheiden.
Damals glaubte Chiang noch, er könne Sichuans einzigartige Geografie als Schutzschild benutzen und sich auf die Unterstüt-

zung der dortigen Warlords verlassen, wie er es nur wenige Jahre zuvor beim Kampf gegen die Japaner getan hatte.
Lin wurde von ihrem Onkel nach Chengdu gebracht – eine Stadt in Sichuan, die als Treffpunkt der führenden Nationalisten diente –, während Baogang dem Wunsch seiner Familie gehorchte und bei General Fus schwindender Armee in der zentralchinesischen Ebene blieb. Beide glaubten, sie würden nicht lange getrennt sein; schließlich hatten die Nationalisten die Unterstützung der USA und würden den »Aufstand« sicher im Nullkommanichts unterdrücken. Niemand, sagte Baogang, habe voraussehen können, was dann geschah.
In den folgenden Wochen und Monaten kamen immer mehr Nachrichten von vernichtenden Niederlagen und demütigenden Rückzügen der Nationalisten. Doch selbst da ahnte noch niemand, dass Chiangs Armee schließlich gezwungen sein würde, übers Meer ausgerechnet nach Taiwan zu fliehen, auf diese einsame Insel!
Die Radiosender beider Seiten verkündeten »überwältigende Siege« – die Kommunisten behaupteten, sie hätten den Süden von den tyrannischen Nationalisten befreit, die Nationalisten behaupteten, sie hätten den Norden von den aufrührerischen Kommunisten gesäubert. Die Zeitungen waren noch schlimmer und verbreiteten unablässig Gerüchte, um die jeweils andere Seite zu demoralisieren.
Als Baogang schließlich erkannte, dass die Volksbefreiungsarmee sich wie ein Buschfeuer über die zentralchinesische Ebene ausbreitete, war es bereits zu spät, um zu fliehen. Fu Zuoyis Armee saß fest.
Das letzte Mal, dass Baogang etwas von Lin hörte, war in einem Telegramm Ende Januar 1949, als sie ihm mitteilte, dass ihr Onkel beschlossen hatte, sich im Auftrag von Chiang Kai-shek noch weiter nach Süden zurückzuziehen, auf die Insel Hainan.
Laut Baogang war Lins Onkel an einer geheimen Operation beteiligt, um Geld aus den Staatsreserven abzuzweigen und Schätze aus der Verbotenen Stadt nach Taiwan zu schaffen. Wenn das

stimmte, dann müssen Chiang und seine hochrangigen Unterstützer gewusst haben, dass ihre Niederlage unmittelbar bevorstand. Umso bedauerlicher, dass Männer wie Lins Vater ihr Leben für eine zum Scheitern verurteilte Sache geopfert hatten.

Ich hätte nie gedacht, dass die leidenschaftlichen Gefühle, die Baogang für Lin hegte, dermaßen tief gingen. Monatelang schaffte er es kaum, die Woge der Sehnsucht zurückzudrängen, die in ihm aufwallte. Irgendwann vergaß ich, welche Rolle ich in alldem spielte und warum ich überhaupt dort neben ihm im Bett lag. Und die ganze Zeit über befand Lin sich zwischen uns und flüsterte dem Mann, den ich gerade geheiratet hatte, süße Nichtigkeiten ins Ohr.

Während der nächsten Monate, als er sein Integrationsprogramm bei der Volksbefreiungsarmee absolvierte, war Baogang übler Laune, aber er wollte nicht darüber reden. In der ersten Nacht, in der er in seiner neuen Uniform nach Hause kam, schlief er überhaupt nicht, sondern lag nur da und seufzte tief.

»Wie auch immer«, sagte er und seufzte erneut. »Viele dürfen während des Integrationsprogramms zwischendurch nach Hause, aber mich lassen sie nicht, weil ich zum Nachrichtendienst gehöre. Sie sagen, ich wäre wichtig für ihr Faktensammeln über die nationalistische Armee. Aber davon mal abgesehen, würde Lin mich denn überhaupt noch haben wollen, wenn ich diese Uniform trage? Bin ich auf ihrer Seite oder auf deren? Werden die Nationalisten erneut kämpfen? Und wenn, was soll ich dann tun?« Baogangs Stimme war voller Schmerz und Ratlosigkeit.

»Daran habe ich noch gar nicht gedacht. Ich habe nur gehört, dass Chiang Kai-shek vielleicht versuchen will, die zentralchinesische Ebene zurückzuerobern. Aber Beijing? Das ist so weit weg von Sichuan und Hainan. Und selbst wenn er hierher zurückkommt, wird es sicher noch eine Weile dauern.«

Während ich sprach, kam mir plötzlich ein Gedanke: Was, wenn Baogang versuchte zu fliehen? Was würde dann aus mir? Und dann kam, ebenso plötzlich, ein zweiter Gedanke: Das wäre vielleicht sogar gut!

Wenn er fortging, wäre unsere Ehe vorbei, und wir hätten beide unsere Freiheit. Wir bräuchten nicht einmal einen Vorwand; die Leute würden es einfach auf die unruhigen Zeiten schieben.

Als hätte er meine Gedanken gelesen, sagte Baogang: »Keine Sorge, ich gehe nirgendwohin.«

»Warum nicht?«, fragte ich.

»Lin und ich haben uns in Beijing getrennt, und wir haben verabredet, dass wir uns hier auch wieder treffen. Wenn ich nach Süden gehe und sie nach Norden kommt, verpassen wir uns wie Schiffe in der Nacht. Zurzeit herrscht überall Chaos, und solange wir keine Möglichkeit haben, uns zu kontaktieren, dürfen wir nichts Unüberlegtes tun. Vielleicht gibt es dann kein Zurück, und wir verlieren uns für immer!«

Ich starrte konzentriert an die Decke. »Ich kann hier mit dir warten. Wenn Lin zurückkommt, gehe ich.«

In der ersten Zeit, als wir gerade zusammengezogen waren, verbrachte Baogang fast den ganzen Tag im Büro. Aber er wollte nie mit mir über seine Arbeit sprechen. Damals waren die Kasernen fast leer; nur sehr wenige Soldaten hatten ihre Familie bei sich. Doch ab 1950 füllten sie sich zusehends, als Familien, die vom Krieg auseinandergerissen worden waren, wieder zusammenfanden.

Bei manchen Soldaten tauchten drei oder vier Frauen auf, jede mit Kindern im Schlepptau. Ohne Vaterschaftstests oder so mussten wir uns auf Bescheinigungen von Zeugen oder andere schriftliche Nachweise verlassen, um festzustellen, wer der Vater war.

Da in der Armee kaum jemand lesen und schreiben konnte und jemand sich um all die übrig gebliebenen Kinder kümmern musste, stellte Baogang einen Antrag, mich einzustellen. Ich war natürlich begeistert. China wurde neu aufgebaut und brauchte dringend fähige Leute, deshalb war die Bewerbung nicht weiter schwierig. Auf meiner allerersten Personalakte stand der Titel: Festangestellte Armeesekretärin. Von dem Moment an war ich ein Mitglied der Volksbefreiungsarmee.

Ungefähr zur gleichen Zeit wurde die Arbeit nach und nach zu einem wichtigen Teil unserer »Deckengespräche«, und wir stellten fest, dass wir mehr Gemeinsamkeiten hatten, als wir anfangs dachten. Beide betrauerten wir die Familien, die durch den Krieg auseinandergerissen worden waren, die Ereignisse, die uns hierhergeführt hatten, und den unauslöschlichen Stempel, den diese Zeit der Zukunft aufdrücken würde. Wir freuten uns gemeinsam, und wir trauerten gemeinsam. Manchmal lachten wir, und manchmal weinten wir. Aber wir stritten uns kaum.
Natürlich vermieden wir es, über unsere Zukunft zu sprechen, denn die war gänzlich ungewiss. Die Gerüchte über einen Gegenangriff von Chiang Kai-shek auf dem Festland verstummten mit der Zeit, und die Truppen der Volksbefreiungsarmee bereiteten sich nicht länger auf eine Invasion Taiwans vor.

»Warum haben Sie sich kaum gestritten?«, fragte ich.
Red löste den Blick von der Decke und sah mich an. »Wir haben nicht versucht, Streit aus dem Weg zu gehen, wir waren einfach nur in den meisten Dingen einer Meinung.«
Mit der Antwort hatte ich nicht gerechnet.
»Worüber haben Sie sich denn gestritten, wenn es mal vorkam?«, fragte ich neugierig.
Reds Blick wanderte wieder nach oben. »Unser erster richtiger Streit ... Ich glaube, da ging es um den Koreakrieg.«

Liebe und die Kulturrevolution

Eines Tages brachte ich eine Ausgabe der in Korea kämpfenden Freiwilligenarmee-Zeitung mit nach Hause – zu der Zeit gab es noch keine Volksbefreiungsarmee-Zeitung –, auf der die Schlagzeile prangte: »Amerikanische Imperialisten marschieren in Korea ein und versuchen, Chinas nördliches Tor zu durchbrechen!«
Als ich an dem Abend mit Baogang sprach, konnte ich meinen

Zorn kaum verbergen. »Warum können uns diese Amerikaner nicht in Ruhe lassen?«
Darauf sagte er: »Du kannst dem, was in den Zeitungen steht, nicht immer vertrauen. Die Vereinten Nationen haben beschlossen, Truppen zu entsenden, um den Norden daran zu hindern, in den Süden einzumarschieren.«
»Ich weiß, du kannst bei deiner Arbeit auch internationale Zeitungen lesen«, gab ich zurück, »aber willst du allen Ernstes behaupten, die Freiwilligenarmee-Zeitung irrt sich?«
»Fakten werden nicht von den Medien bestimmt. Wenn Zeitungen anfangen, Lügen zu verbreiten, beeinflussen sie die Leute und verzerren deren Vorstellung von richtig und falsch. Das kann ein ganzes Land und sogar ein ganzes Volk in den Abgrund treiben«, sagte Baogang ernst.
»Jetzt übertreibst du aber!« Mein Ärger war mir anzuhören.
Baogang seufzte, den Blick an die Decke gerichtet. »Eine Nachricht ist eine Nachricht. Sie sollte nicht zu etwas verformt werden, was sie nicht ist.«
Ich weiß nicht mehr, wie das Gespräch weiterging, aber einige Zeit später merkte ich, dass die »Fakten«, die er als Lügen bezeichnet hatte, sich tatsächlich als falsch erwiesen. Ich konnte nicht zurücknehmen, was ich gesagt hatte, aber ich hatte eine Lektion gelernt, die ich mein Leben lang nicht wieder vergessen sollte.
Ansonsten kann ich mich nur an einen anderen ernsthaften Streit zwischen uns erinnern …
1951 führte China nach dem Vorbild von Russland eine Reihe von Säuberungsaktionen durch. Viele nutzten die Drei- und Fünf-Anti-Kampagnen als Vorwand, um sich zu bereichern und persönliche Rachefeldzüge durchzuführen.
Die Zeitungen und Radiosender überboten sich gegenseitig mit Berichten vom Klassenkampf. Jeden Tag erschien eine neue skandalträchtige Schlagzeile, und viele von unseren Kollegen wurden von der Regierung verfolgt. Erst viel später fanden wir heraus, dass wir um ein Haar ebenfalls diesen Säuberungsaktio-

nen zum Opfer gefallen wären – Baogang wegen seiner früheren Zugehörigkeit zu General Fu Zuoyis Armee und ich wegen meines familiären Hintergrunds und der Verwandten im Ausland. Doch dank seiner Kommunikationsfähigkeiten und der Tatsache, dass er mehrere Fremdsprachen beherrschte, behielt Baogang seine Stellung. Somit verdankten wir es nur dem Mangel an Fachkräften in der Armee, dass wir nicht von dem gewaltigen politischen Sturm um uns herum hinweggefegt wurden.

Doch die Atmosphäre der Angst zu der Zeit machte mich ganz verrückt. Woher kamen all diese schrecklichen Leute? Wieso hatte ich nichts von ihnen geahnt? Wie konnten sie ihr Land verraten, Bestechungsgelder nehmen und hemmungslos gegen das Gesetz verstoßen?

Wenn ich so etwas sagte, stieß Baogang nur ein langgezogenes Stöhnen aus. »Du verstehst es einfach nicht, oder? Du verwechselst Wahrheit mit Lüge, Recht mit Unrecht. Du lässt dich von Unwissenheit und Angst beherrschen.«

Jedes Mal wenn wir uns vor dem Schlafen stritten, ganz gleich worüber, ging ich als Siegerin daraus hervor. Doch wenn ich am nächsten Morgen aufwachte, hatte ich stets eindeutig das Gefühl, dass er mich hatte gewinnen lassen. Und obendrein erwies sich hinterher meist, dass er recht gehabt hatte.

Kurz vor seinem Tod, als ich ihm für diese Geste dankte, sagte er sanft: »Ein Lehrer hat mir einst beigebracht, dass ein Gentleman nicht mit einer Dame streitet. Dich ruhig einschlafen zu lassen war vielleicht das Einzige, was ich dir geben konnte.«

Als die 1960er-Jahre vorbei waren und Lin in unseren nächtlichen Gesprächen kaum noch vorkam, fand Baogang gelegentlich einen Vorwand, um wieder über sie zu reden. Obwohl ich nach all der Zeit so daran gewöhnt war, über ihre Liebe zu sprechen – mittlerweile genoss ich es sogar ein wenig –, lebte ich im Grunde doch wie eine Witwe, während mein Mann neben mir lag. Meine sogenannte Ehe mit ihm war nichts anderes als ein seelisches und körperliches Gefängnis.

Jede Nacht, in der wir nicht über Lin sprachen, war wie ein

Atemholen, eine Erholung, ein Tag mit blauem Himmel, an dem ich zumindest ein wenig Freude aus meiner Ehe ziehen konnte. Der längste »Urlaub«, den ich während meiner lebenslänglichen Ehestrafe hatte, war vermutlich von 1966 bis 1976, während der Kulturrevolution.

Worüber sprachen wir in dieser Zeit? Nun, China hatte eine lange Zeit ununterbrochener Umwälzungen hinter sich. Große politische und wirtschaftliche Stürme hatten buchstäblich sämtliche Familien mit Landbesitz oder sonstigem Reichtum ausgelöscht, die Drei- und Fünf-Anti-Kampagnen brachten Chaos in alle Ecken des Landes, und die Neuorganisation der industriellen Landwirtschaft war ein Desaster. Dazu kamen der Irrsinn des Großen Sprungs nach vorn, der Bruch zwischen den kommunistischen Führern bei der Konferenz von Lushan und die Verschlechterung der sowjetisch-chinesischen Beziehungen, die in den Zwischenfall am Ussuri mündeten.

Da unsere Arbeit jedoch im Wesentlichen darin bestand, Entwicklungen im Ausland zu analysieren und Informationen von dort zu sammeln, lebten wir im »Shangri-La« der Staatssicherheit, einem Königreich innerhalb der Armee.

Baogang sagte oft, obwohl unser Land ein Jahrhundert ständiger Umbrüche durchgemacht habe, sei das kommunistische China zumindest kein Sklave einer anderen Nation. Aber warum war das so? Nun, zunächst einmal weil die Bauern, die den größten Teil dieser riesigen, landwirtschaftlich geprägten Nation ausmachten, vom Bürgerkrieg so ausgelaugt waren, dass sie keine Kraft mehr hatten zu rebellieren. Dann ließ die tyrannische und autokratische Kommunistische Partei nicht zu, dass andere politische Gruppierungen ihre Herrschaft gefährdeten, wodurch ein erneuter Bürgerkrieg verhindert wurde. Und schließlich unterdrückte Chinas zutiefst patriarchalische Kultur aus sich heraus jegliche Form von religiösem Glauben oder extremem Verhalten.

Doch was beim Ausbruch der Kulturrevolution geschah, war einfach beispiellos. Und zu allem Überfluss wurden unsere Ängste wegen des Geschehens im Inland weiter verstärkt durch die Sorge über die Atomversuche der Sowjets. Sogar unser Team aus dem Zentrum der Staatssicherheit wurde von Beijing verlagert nach Daxing in der Provinz Hebei, am Fuß der Großen Mauer (was heutzutage übrigens zu Beijing gehört).

Die Kasernen, in denen wir wohnten, gab es schon eine Weile, und zu dem Zeitpunkt, als wir dort einzogen, war die Infrastruktur hervorragend. Wie ich gehört habe, stehen die Gebäude seit 1985, als das Militär sich aus der Gegend zurückgezogen hat, leer. Das finde ich sehr schade. Manchmal überlege ich, ob ich nicht mal hinfahren und mich dort umschauen soll.

Wie dem auch sei, als wir dort wohnten, wurden die Quartiere entsprechend dem Rang zugeteilt. Obwohl Baogang und ich nie körperlich angegriffen wurden, hatte man uns wegen unseres »suspekten politischen Hintergrunds« und der »Verbindungen nach Übersee« in eine sehr einfache Wohnanlage einquartiert, die aus Reihen kleiner einstöckiger Häuser bestand.

Alle Häuser waren durch ein Lüftungsrohr verbunden, das unter der Decke entlanglief. Sein eigentlicher Zweck war vermutlich, eine Kohlenmonoxidvergiftung zu verhindern, aber es leitete auch alle Gespräche von unseren Nachbarn weiter – Ältere, die Jüngere zurechtwiesen, streitende Paare, Kindergeschrei. Und auch andere Geräusche waren gut zu hören – wenn etwas herunterfiel, wenn jemand kochte, sogar wenn jemand den Nachttopf benutzte! Baogang scherzte oft, er hätte nie gedacht, dass wir mal in einem Reality-Radio-Drama leben würden.

Kurz danach begann der interne Machtkampf der Kulturrevolution, und da sank die Lautstärke des Radio-Dramas merklich, weil die Leute die Ohren spitzten und nach Vorwänden suchten, um andere zu denunzieren. Baogang und ich hörten auf, über die aktuellen politischen Ereignisse zu sprechen, und redeten mehr über unsere Familien und darüber, wie sehr wir diejenigen vermissten, die nicht mehr bei uns waren.

Baogang liebte es, Geschichten von meiner Familie zu hören. Warum? Ich nehme an, mein künstlerisches Erbe sprach den

Dichter in ihm an. Baogang hatte schon mit drei Jahren angefangen, Kalligraphie zu üben, und er schrieb sehr schön, ließ seinen Gedanken freien Lauf. Manchmal erklärte er als kleiner Junge den Älteren altklug und ganz unbedarft, welche Wörter er am liebsten mochte, und das sorgte für große Erheiterung.

Später in der Schule schalt ihn der alte Lehrer: »In der Dichtkunst geht es nicht nur um Worte. Es geht auch um Rhythmus, Länge, Kontext – das Ganze ist mehr als die Summe seiner Teile! Du kannst Gedichte nicht analysieren, indem du sie einfach auseinandernimmst.« Doch dann merkte er, dass der Junge furchtlos war – wie ein neugeborenes Kalb, das sich gegen einen bedrohlichen Tiger stellt. Baogang nahm sich die Worte seines Lehrers zu Herzen und machte sich wie ein Besessener daran, klassische Gedichte zu lesen und zu analysieren, und manchmal übersetzte er sie auch in die Alltagssprache.

Und das war mehr oder weniger alles, worüber wir während der Kulturrevolution bei unseren »Deckengesprächen« redeten – die Hauptformen der klassischen Poesie: *ci*, *fu* und *shi*. Deshalb war diese Zeit für mich wie ein Urlaub von meiner Ehestrafe, denn Baogang wagte es nicht, auch nur Lins Namen zu erwähnen, geschweige denn über sie zu reden. In dieser Zeit schlief sie nicht zwischen uns.

Die Geschichte von Reds Eltern

»Das klingt ja fast so, als hätten Sie die Kulturrevolution genossen«, sagte ich zu Red.

Sie sah mich ein wenig erschrocken an. »Warum sagen Sie das? Ist es so offensichtlich? Merkt man es mir an? Nun ja, unsere Deckengespräche in der Zeit habe ich wirklich genossen. Auch wenn ich das vielleicht nicht sagen sollte, schließlich war es eine Zeit großen Leids.« Sie klang geradezu übermütig.

Vielleicht sind nur wir Chinesen fähig, in dem schmalen Raum zwischen Leben und Tod solchen Trost zu finden. Ich betrachtete Red und spürte einen dumpfen Schmerz in meinem Herzen. Ohne zu bemerken, dass ich sie unverwandt ansah und versuchte, sie und ihre Lebensgeschichte zu verstehen, fuhr Red fort, den Blick wieder an die Decke gerichtet und wie im Rausch.

Davor war es immer Baogang, der unsere Gespräche begann. Das lag wahrscheinlich an meiner Erziehung – man hatte mir beigebracht, dass Frauen immer nach der Pfeife des Mannes zu tanzen hatten. Heutzutage ist das ja alles ganz anders. Damals wuchsen wir hinter verschlossenen Türen auf, verwurzelt in den Werten unserer jeweiligen Familie und mit unseren ganz eigenen Regeln und Ansichten.

Baogang mochte keinen Small Talk. Abgesehen von Lin wollte er nur über Dinge von großer historischer Bedeutung sprechen – aktuelle internationale Ereignisse, Nachrichten aus dem Inland, alte Parabeln und Naturwissenschaftliches. Nie über das alltägliche Leben.

Wobei unser Alltag auch wenig Stoff bot. Abgesehen von den Nächten, in denen wir gezwungenermaßen nebeneinander im Bett lagen und so taten, als wären wir Mann und Frau, verbrachten wir den größten Teil unserer Zeit bei der Arbeit. Über seine Familie sprach er kaum. Vor der Kulturrevolution waren unsere Familien nie ein Thema gewesen. Vielleicht wollte er damit unterstreichen, dass wir in keiner Weise verwandt waren, oder es war seine Art zu beweisen, dass in seinem Herzen nur Platz für eine Frau war.

Aber als er mich das erste Mal nach meiner Familie fragte, war es, als wäre wie durch Zauberei eine verborgene Quelle zum Sprudeln gebracht worden. Nach zwanzig Jahren, in denen ich mein Zuhause vermisst hatte, und den zwanzig Jahren davor, als ich einfach nur auf die Hochzeit wartete, begann auf einmal dieses Wasser in einem unablässigen Strom aufzusteigen, aus meinem Herzen, meinem Geist, meinem tiefsten Innern. Ich sprach die

ganze Nacht, erzählte eine Erinnerung nach der anderen, und Baogang lauschte gebannt jedem Wort.
Vielleicht war dies das erste Mal, dass er erkannte, wie viele Geschichten ich zu erzählen hatte. Und ich fand nie heraus, warum er immer nur zuhören und nicht selbst sprechen wollte. Es kam mir gar nicht in den Sinn, danach zu fragen. Nach und nach überließ er mir die Führung in unseren Gesprächen, vor allem wenn ich von der Liebe meiner Eltern zur Dichtkunst sprach.
Und es war vielleicht das erste Mal, dass er ein wenig Interesse an mir zeigte.
Meine Eltern kamen beide aus angesehenen Familien. Der eine Familienzweig entstammte der Welt des Beamtentums, deren Schicksal Höhen und Tiefen erlebte, der andere Familienzweig kam aus der Welt des Handels, die auch viele schwere Zeiten durchmachte.
Meine Mutter stammte von einem mächtigen Beamten im Süden ab, der sein Land und seinen Titel vom Kaiser höchstpersönlich bekommen hatte. Ein anderer von ihren Ahnen war weniger vom Glück gesegnet – ein begnadeter Gelehrter, der in die fernen Berge von Guizhou verbannt wurde, weil er die kaiserlichen Zensoren beleidigt hatte.
Mein Vater kam aus einer Familie von Kaufleuten, die sich zu Zeiten der Ming-Dynastie durch ihre Rolle beim Bau des Großen Kanals, der von Beijing nach Hangzhou führt, einen Namen gemacht hat. Von da an folgten alle Familienmitglieder einem vorgegebenen Weg – als Kinder begleiteten sie ihre Väter auf den Booten, in ihrer Jugend saßen sie am Ruder, und als Erwachsene übernahmen sie dann schließlich das Geschäft.
Nach den Opiumkriegen entwickelte sich ein erbitterter Streit zwischen zwei entgegengesetzten Lagern – denen, die den Kontakt mit dem Ausland befürworteten, und denen, die dagegen waren. Der Großvater meiner Mutter gehörte zum Lager der Gegner und wurde von den einflussreichen Befürwortern gezwungen, nach Shijiazhuang ins Exil zu gehen, damals ein kleiner Marktflecken in der Provinz Hebei. Von dem Moment an, als

Schiffe aus dem Westen in den Hafen von Tianjin einliefen, wurde der Opiumhandel ein fester Bestandteil des Kanalhandels, und das führte wiederum dazu, dass etliche Kaufleute opiumabhängig wurden. Was als schlichte Neugier auf eine neue, exotische Importware begann, endete mit der Zerstörung zahlloser Familien. Das Netzwerk von Verbindungen, das die Familie meines Vaters im Schiffshandel aufgebaut hatte, zerriss.

Die Abdankung des letzten Kaisers 1911 führte zur Anarchie der Warlord-Ära. Ohne einen anerkannten Herrscher verteilte sich die Macht auf mehrere rivalisierende Gruppen überall im Land, die die einfachen Leute immer stärker besteuerten, um Geld für neue Waffen zu bekommen. Die politische Macht wechselte ständig, und die Geschäfte litten massiv. Die Großeltern meiner Eltern waren damals schon alt und sorgten sich unablässig, dass die Männer der Familie gegen ihren Willen eingezogen und auf irgendein fernes Schlachtfeld geschickt würden. Die Familien waren nicht reich, aber beide besaßen ein wenig Land und hatten ein bescheidenes Einkommen, das sie nicht verlieren wollten.

Dann begann der Bürgerkrieg zwischen den Kommunisten und Nationalisten – so kurz nach dem Ende des Zweiten Weltkriegs – und zerstörte auch die letzte Hoffnung der Menschen auf Frieden. Viele begannen, sich angesichts der instabilen Lage zu fragen, ob es klug war, auf dem Festland zu bleiben. Die Familie meines Vaters verlegte nach und nach ihr Geschäft nach Hongkong und baute die Repräsentanzen in Südchina aus. Die Familie meiner Mutter emigrierte in die USA. Deshalb habe ich außer zwei jüngeren Schwestern kaum noch Verwandte auf dem Festland.

Vielleicht ist das das Schicksal des gesamten chinesischen Volkes. Wenn man davon ausgeht, dass jeder Mensch seinen ganz eigenen Charakter hat, dann könnte man dasselbe auch über jede Familie sagen – sie alle haben ihre eigene DNA, die ihr Verhalten bestimmt. In den Genen meiner Familie liegt eine große Liebe für die Dichtkunst, und ich vermute, sie war der Grund, weshalb

die beiden Linien meiner Ahnen überhaupt zusammengekommen sind.
Im Frühjahr 1919 brachte mein Vater meine Mutter in einer Sänfte von Shijiazhuang zum Haus seiner Familie in den Bergen von Chengde. Ungefähr einen Kilometer vor dem Haus blickte meine Mutter auf und sah, dass die Baumstämme zu beiden Seiten der Straße mit bunten Bändern umwickelt waren, die im Wind flatterten. Neugierig geworden, bat sie darum, abgesetzt zu werden, um es sich genauer anzusehen.
Mein Vater, der in einer Kutsche vor ihr saß, stieg aus, um meiner Mutter zu helfen. Vorsichtig hielt er ihren Arm, während sie auf ihren gebundenen Füßen hinüberschwankte. Später erzählte meine Mutter mir, sie sei von den Bändern so verzaubert gewesen, dass sie ihre winzigen »Lilienfüße« und den unebenen Boden völlig vergessen habe. Taumelnd eilte sie von Baum zu Baum. Wenn mein Vater sie nicht gestützt hätte, wäre sie kaum in der Lage gewesen, sich auf den Beinen zu halten.
Warum tat sie das? Nun, weil auf jedem der Bänder ein Gedicht stand!
Als meine Mutter ihr neues Zuhause betrat, sah sie zahllose Schriftrollen mit Gedichten an den Wänden hängen, und überall standen Tintenfässer und Pinsel. Damals hatte mein Vater gerade erst das Familienunternehmen übernommen, und er war oft lange Zeit fort. Er hatte nicht nur ein schlechtes Gewissen deswegen, sondern auch Angst, dass seine Frau sich in ihrem neuen Leben einsam fühlen oder langweilen könnte oder womöglich sogar bedauern würde, dass sie in eine unkultivierte Familie eingeheiratet hatte, die zwar mit einem Rechenbrett umgehen konnte, aber nicht mit einem Pinsel.
Deshalb hatte sich mein Vater so große Mühe gegeben, alles auf eine Weise zu schmücken, die meiner Mutter gefallen würde, damit sie die Wärme ihres neuen Zuhauses und die Liebe ihres neuen Ehemanns spürte.
Das war auf dem Höhepunkt der Warlord-Ära, als es so schien, als würden die Kämpfe niemals aufhören. Zusätzlich machten

sich in Großstädten wie Nanjing, Shanghai und Beijing die Auswirkungen der Neue-Kultur-Bewegung bemerkbar, einer spirituellen, kulturellen und literarischen Bewegung, die von einer Gruppe westlich ausgebildeter Studenten gegründet worden war und nicht nur gegen die Traditionen, die konfuzianische Weltsicht und die chinesischen Klassiker rebellierte, sondern auch gegen den Feudalismus – also gegen die gesamte traditionelle chinesische Kultur.

Ich bin bis heute der Ansicht, dass die Neue-Kultur-Bewegung die erste chinesische Kulturrevolution war, da sie weite Bereiche unserer klassischen Kultur zerstört hat.

Als Frau war es meiner Mutter nicht erlaubt, den näheren Umkreis des Hauses zu verlassen, und sie hatte auch kein Mitspracherecht bei wichtigen familiären Entscheidungen. Daher waren Nachrichten aus der Außenwelt im Grunde nur über die Gäste zu bekommen, die gelegentlich das Haus besuchten. Doch dank des endlosen Stroms von Briefen, die mein Vater ihr schickte, wurde meine Mutter bald zur Informationsquelle für die Frauen des Hauses.

Zu einer Zeit, als die meisten Leute nicht einmal den Unterschied zwischen *shi*- und *fu*-Dichtung kannten, dachten meine Eltern sich ein geniales System aus, wie sie in den Gedichten, die sie einander schrieben, geheime Botschaften verstecken konnten. Die wahre Bedeutung jedes Briefes war entweder im ersten oder im letzten Wort einer jeden Gedichtzeile verborgen. Manchmal auch in einer Zickzacklinie. Spannend, nicht? Somit waren ihre Liebesbriefe zugleich Berichte über das, was anderswo im Land vor sich ging.

Manchmal möchte ich die jungen Leute von heute fragen: »Was ist so toll an eurem Liebesleben?« Mir kommen die modernen Beziehungen vor wie eine Reihe glorifizierter Tauschgeschäfte, als würden die Leute in der Liebe ein Mittel sehen, um irgendwie die Oberhand zu gewinnen. Ich verstehe das nicht; ich dachte, die menschliche Rasse hätte sich weiterentwickelt.

Als ich sah, wie erregt Red war, begann ich mir Sorgen zu machen, sie könnte müde werden, deshalb schlug ich höflich vor, eine Pause einzulegen und etwas zu essen.
Die alte Dame, die wohl nicht damit gerechnet hatte, unterbrochen zu werden, sah mich mit seltsamer Miene an. »Bin ich hungrig? Nun ja, vielleicht sollte ich wirklich etwas essen und mich ein wenig ausruhen. Reden wir morgen weiter.«
So besuchte ich Red am nächsten Tag wieder. Ich saß in dem Schlafzimmer, in dem einst dieses geheimnisvolle alte Paar gewohnt hatte, unter der Decke, die getränkt war mit so vielen Erinnerungen an Liebe und Familie, auf dem alten Korbstuhl, dessen zerschlissene Fasern in gewisser Weise ein Abbild der Härten ihres Lebens war. Und ich hörte weiter zu, wie Red ihre Geschichte erzählte.

Ich bin die Älteste von neun Geschwistern.
Meine Mutter wurde noch im Jahr ihrer Heirat mit mir schwanger. Sobald die Familie meines Vaters hörte, dass sie ein Kind erwartete, holten sie einen Wahrsager, um herauszufinden, ob es ein Junge war. Damals glaubten die Leute wirklich, dass die Kraft des *fengshui* der Familie helfen konnte, einen Sohn zu bekommen und die Kerze ihrer Ahnenreihe weiter hell leuchten zu lassen.
Einen Monat vor dem Geburtstermin kehrte mein Vater von den Salzdocks in Tianjin nach Chengde zurück, um die Ankunft seines Sohnes zu erleben.
Doch zur großen Enttäuschung der Familienältesten wurde 1920 dann ich geboren. Es heißt, als ich meinen ersten Schrei ausgestoßen habe, hätten sie nur geseufzt und sich abgewandt. Doch ihr Schweigen sagte alles – meine Eltern waren ihrer Pflicht nicht nachgekommen.
Am Abend meiner Geburt nahm mein Vater ein seidenes Taschentuch meiner Mutter und schrieb darauf, um sie zu trösten, ein Gedicht von Bao Zhao aus der Liu-Song-Dynastie. Es stammt aus einer Sammlung von achtzehn Gedichten mit dem Titel *Die*

gewundene Straße, die meine Mutter mir so oft vorgelesen hat, dass sie mir alle förmlich ins Gehirn gebrannt sind.

Ich schenke dir, liebe Freundin, einen goldenen Kelch edlen Weins,
Eine kunstvoll verzierte Zither aus Jade, einen fedrigen Schleier
schillernd regenbogenbunter Seide
Und eine Seidendecke, geschmückt mit leuchtenden Blüten.

Doch nun, da der Winter naht und das Licht
zu schwinden beginnt,
Nun, da du deine Schönheit, deine Jugend verlierst,
Wünschte ich, meine liebe Freundin, du hörtest statt
der Echos aus der Vergangenheit
Die Töne dieses Liedes.

Hörst du nicht Musik im Wind?

Baogang war ein wenig überrascht, dass mein Vater dieses Gedicht gewählt hatte, wegen der Dekadenz der ersten Zeilen und der Melancholie am Ende. Er sagte, er hätte gedacht, das Leben würde mit dem Alter besser werden!
Doch mein Vater liebte das Bild vom »fedrigen Schleier schillernd regenbogenbunter Seide« – sogar so sehr, dass meine jüngste Schwester ihren Rufnamen danach bekam.
Am Morgen nach meiner Geburt fand mein Vater auf seinem Frühstückstablett ein wunderschönes Blatt Papier, auf das meine Mutter als Gegengeschenk das Gedicht »Meine liebe Freundin« von Wang Shen geschrieben hatte:

Das rote Kerzenlicht flackert in tiefer Nacht.
Mit schwerem Herzen erwache ich aus trunkenem Schlaf.
Das Lied, das ich bei unserem Abschied für dich sang,
ist nur noch ein Echo,
Und du bist weit fort.

Alle Hoffnung ist verloren, zerstoben wie die Wolken.
Ich stütze mich auf das Geländer und starre in die Ferne.
Ein östlicher Wind weht die Tränen von meinem Gesicht.

Der Holzapfelbaum welkt,
Die Schwalben fliegen zurück zu ihrem Nest,
Und müde senkt sich die Dämmerung auf meinen Garten.

Mein Vater war sehr bewegt und lief sofort zu meiner Mutter, die noch ruhte, um sich von der Geburt zu erholen, wie es der *Zuo Yue Zi* vorschreibt, dieser jahrtausendealte Brauch, der zurückgeht bis zum *Buch der Riten*. »Der Name unserer Tochter wird zwar von den Familienältesten bestimmt, aber ich möchte, dass wir ihr den Spitznamen *Yaohong* geben – Flackerndes, unstet schwankendes Rot.«

Von da an bekamen alle meine Brüder und Schwestern zwar traditionsgemäß einen Namen vom Familienpatriarchen, aber benutzt wurden die Rufnamen, die meine Eltern ihnen gaben. Baogang sagte, in seiner Familie sei es ebenso gehandhabt worden.

Im Spätherbst 1921 kamen meine Zwillingsschwestern sechs Wochen zu früh auf die Welt. Sie bekamen die Spitznamen Yellow Orange und Green Tangerine, zum Rot kamen Gelborange und Mandaringrün hinzu.

Ihre Geburt wurde von den Verwandten meines Vaters mit gemischten Gefühlen aufgenommen. Einerseits sorgten sie sich, weil ihre Ahnenreihe noch keinen männlichen Erben hatte, andererseits freuten sie sich, weil die Geburt von Zwillingen im Spätherbst laut den *fengshui*-Meistern Glück verhieß.

Meine Mutter musste gewusst haben, dass sie Zwillinge erwartete, denn sie hatte bereits zwei Taschentücher für sie genäht – ein gelbes und ein grünes. Als meine Schwestern geboren waren, bat meine Mutter jemanden aus der Verwandschaft, die Taschentücher auf ihre Babysachen zu nähen.

Erst als meine Schwestern schon fast einen Monat alt waren, konnte mein Vater nach Hause kommen, um sie sich anzusehen.

Als er hörte, dass meine Mutter ihnen die Spitznamen Yellow Orange und Green Tangerine gegeben hatte, fragte er sie, ob das aus »Für Liu Jingwen« von Su Shi stammte. Statt einer Antwort schrieb meine Mutter den Abschnitt auf, den sie beide meinten:

Der erschöpfte Lotos faltet seine Kuppel,
Die Chrysanthemenzweige sind vom Frost überhaucht.
Doch vergiss nicht, liebe Freundin,
Dies ist die süßeste Zeit des Jahres,
Die Zeit der gelben Orangen
und grünen Mandarinen.

Baogang dachte eine Weile darüber nach. »Deine Mutter meinte damit, dass die Familie annahm, ohne einen Sohn sei alles dem Untergang geweiht. Doch das Leben geht mit den Jahreszeiten, und was nach dem Frühling und dem Sommer kommt, ist nicht Verfall, sondern die wunderbare Zeit der gelben Orangen und grünen Mandarinen.«

Er hatte natürlich recht. Wenn der Sommer endet und der Herbst kommt, beginnen die Lotosblätter zu welken und verlieren ihre Schönheit und Eleganz, und die starren, kahlen Zweige der Chrysanthemenbäume sind bereits vom ersten Frost bedeckt. Aber das heißt nicht, dass die Schönheit des Lebens auf Frühling und Sommer beschränkt ist – im Gegenteil, die schönste Zeit ist der Spätherbst und der Beginn des Winters. Wenn ich jetzt so darüber nachdenke, bin ich sicher, dass meine Mutter unsere Namen nach den Jahreszeiten ausgewählt hat, in denen wir geboren sind: Red, Yellow, Green – meinen Sie nicht auch?

Mein erster Bruder wurde 1923 geboren. Außer der Vorsilbe An im Namen, die alle aus unserer Generation bekommen haben, gaben die Ältesten ihm noch den Beinamen Qing, was so viel bedeutet wie »hoher Beamter«, in der Hoffnung, dass er eines Tages ein Mann von großem Einfluss sein würde. Sein voller Name lautete also Han Anqing, und sein Spitzname war Cyan wie das lichte Blau.

Obwohl meinem Urgroßvater der Wunsch erfüllt wurde, die Geburt seines Urenkels noch zu erleben, starb er kurz danach. Und so begrüßte die Familie die Geburt eines Kindes erneut mit einer Mischung aus Freude und Trauer – Freude über den Jungen, der die Ahnenreihe fortführen würde, und Trauer über den Tod des alten Mannes.

Den Spitznamen Cyan – Himmelblau – hatte mein Vater ausgewählt. Er hatte schon zuvor beschlossen, dass sein nächstes Kind, ganz gleich ob Junge oder Mädchen, Cyan heißen sollte, entsprechend dem Wunsch meiner Mutter, dass alle ihre Kinder eine Farbe als Rufnamen erhalten sollten. Meine Mutter hat mir sogar einmal erzählt, seit dem Tag, als mein Vater ihr *Die gewundene Straße* geschenkt hatte, hätte sich die Zeile »ein fedriger Schleier schillernd regenbogenbunter Seide« als Symbol ihrer Liebe zu ihm in ihr Herz gegraben. Sie wollte ihm sieben wunderschöne Kinder schenken – alle Farben des Regenbogens –, um ihm und seinen Ahnen Ehre zu erweisen.

Da mein Bruder im zeitigen Frühjahr zur Welt kam, schien Cyan ein passender Name für ihn. Außerdem hatte mein Vater die Farbe in einem Gedicht von Su Shi mit dem Titel »Birnenblüte am östlichen Zaun« gefunden:

Blasse Birnenblüten, weiß vor den himmelblauen Weiden.
Kätzchen wirbeln durch die Luft, fliegen Richtung Stadt.
Am östlichen Zaun steht ein Birnbaum, ganz allein.
Wie viel vom Leben nehmen wir wirklich wahr?

Meine Mutter sagte, als mein Vater dieses Gedicht sprach, habe sie hinunter auf meinen winzigen Bruder geblickt, während vom Nebenraum die Geräusche der Trauernden hereindrangen, die um seinen Urgroßvater weinten. Unwillkürlich habe sie gezeufzt, wegen der Vergänglichkeit des Frühlings und des Lebens selbst. Aber war das nicht genau der Sinn des Gedichts? Wenn die Birnbäume blühen, ist alles weiß; auch die Weide sieht aus, als wäre sie mit Schnee bedeckt. Und dann ist da der einsame Birnbaum. Das

Leben ist voll Trauer, aber dieser Baum wächst trotz allen Kummers weiter.

Meine vierte Schwester wurde an einem Herbsttag 1925 geboren, während ein alter Freund meines Vaters bei uns zu Besuch war. Die beiden saßen bis spätabends im klaren Schein des Herbstmondes zusammen, rezitierten Gedichte und dachten sich Reime aus. Damals begannen sich bei den meisten Menschen mit vierzig erste Zeichen des Alterns zu zeigen, und mit fünfzig galt man als alt. Nun, dieser Freund war bereits über sechzig! Als er hörte, dass Vierte Schwester den Rufnamen Blue River bekommen sollte, rief er: »Blue River? Zu dem Namen weiß ich das perfekte Gedicht! ›In Cuis Villa in Lantian am Doppel-Neun-Fest‹ von Du Fu:

Obwohl ich den nahenden Winter meiner Jahre betrauere,
Freue ich mich, diesen Tag mit Freunden verbracht zu haben.

Mein Hut löst sich, zu dünn das Haar, zu schwankend der Schritt.
Ein anderer Gast muss mir helfen, ihn wieder aufzusetzen.

Der Blaue Fluss kommt von weither,
gespeist von tausend fernen Bächen.
Der Jadeberg ist hoch und sein Zwillingsgipfel kalt.

Wer wird nächstes Jahr um diese Zeit noch unter uns sein?
Trunken lasse ich meine Gedanken in die Zukunft wandern.«

Baogang liebte dieses Gedicht – so sehr, dass er es sogar in sein Notizbuch schrieb, um es Lin schicken zu können. Er scherzte, vielleicht sei er, wenn sie sich eines Tages wiedersähen, auch so alt, dass auf seinem halb kahlen Kopf kein Hut mehr hielt.

Doch als ich hörte, wie gegenwärtig Lin noch immer in seinen Gedanken war, entfuhr mir ein Seufzer. Vielleicht, dachte ich, warten sie in ihren Träumen immer noch auf ein Wiedersehen, wenn jene klaren blauen Bergbäche längst versiegt sind.

Und so bekam Vierte Schwester ihren Spitznamen Blue River

oder einfach Blue. Ich weiß noch, wie sie mit ungefähr drei Jahren ein Riesentheater veranstaltete, weil sie unbedingt den Blauen Fluss sehen wollte. Meine Mutter zeigte zu den schwachen Umrissen einer fernen Bergkette und sagte: »Wenn du groß bist, wenn deine Beine so lang sind wie die von deinem Vater, und wenn du ganz weit gehen kannst, dann gehen wir zu dem purpurnen Berg und sehen uns den Blauen Fluss an. Einverstanden?«

Arme Vierte Schwester. Ihre Beine wurden nie so lang wie die von unserem Vater, und sie lebte auch nicht lange genug, um zu verstehen, warum die Berge am Horizont purpurn schimmerten.

Im Sommer 1927 kam mein jüngster Bruder auf die Welt. Mein Vater fragte seinen Vater, den Patriarchen der Familie, ob er gestatte, dass sie ihn Zi – Purpur – nannten, weil das gut zu dem Himmelblau seines älteren Bruders passen und diese Namensverbindung unserer Familie Gesundheit und Wohlstand bringen würde. Sein Vater willigte ein, und so bekam mein kleiner Bruder den Spitznamen Purple. Dazu kam, dass die beiden richtigen Namen meiner Brüder – Anqing und Anzi – ganz ähnlich lauteten wie ihre Spitznamen – Qing und Zi, Cyan und Purple.

Das Purpur im Namen meines Bruders stammte aus dem »Sommer-Vierzeiler« von Lu You:

Wenn die roten und purpurnen Blüten zu Staub zerfallen
Und der Ruf des Kuckucks den nahenden Sommer verkündet,
Gehe ich diesen Pfad entlang, zwischen Reihen von Maulbeerbäumen,
Und ich erkenne, dass ich in einer Welt des Friedens lebe.

Meine Mutter glaubte, dass die Geburt meines kleinen Bruders endlich die Sorge der Familie meines Vaters wegen der Fortführung ihrer Ahnenreihe beruhigen würde. Die sieben Farben und sieben Kinder waren nun vollständig – ein ganzer Regenbogen. Sie verstand das Gedicht so, dass man zwar sieht, wie die Farben des Frühlings zur Erde zurückkehren, aber zugleich erinnert der Ruf des Vogels an das Glück des Sommers. Während man zwi-

schen den Bäumen hindurchgeht, ist man erfüllt von Dankbarkeit, weil man mit Glück und Frieden gesegnet ist.
Doch als ich das Baogang sagte, war er nicht überzeugt von diesem guten Omen. »Ich an der Stelle deiner Mutter hätte mir Sorgen gemacht, dass das Wort ›Staub‹ einen Fluch über das vermeintliche Glück legt.«
Ich traute meinen Ohren nicht! Ich war so schockiert, dass ich mich aufrichtete und zu ihm wandte. Doch Baogang bemerkte es nicht und sah weiter an die Decke. »Das erinnert mich an ein anderes Gedicht«, fuhr er fort. »Ich glaube, es ist aus dem ersten Band von *Der Traum der Roten Kammer*:

Unfähig, den azurnen Himmel zu flicken
Lebte ich lange Jahre, ein törichter, sterblicher Mann aus Staub.
Auf diesem Stein steht mein Leben in beiden Welten geschrieben.
Sag, wen kann ich bitten, ihn weiterzugeben?

Wie konnte er solch einen Weitblick haben? Ich hatte ganz vergessen, dass im *Traum der Roten Kammer* mehrere Gedichte vorkommen, und musste dann selbst später noch mal nachschlagen. Doch er hatte recht, die Ankunft meines jüngsten Bruders brachte keinen Frieden in unser Leben. Kurz nach seiner Geburt rafften die Windpocken meine kleinen Zwillingsschwestern Yellow Orange und Tangerine Green dahin. Bei ihrer Beerdigung hatten sie beide die seidenen Taschentücher, die meine Mutter ihnen genäht hatte, in ihr Haar geflochten. Sie wurden nur sechs Jahre alt.
In den Monaten nachdem wir uns von den Zwillingen verabschiedet hatten, verließ meine Mutter das Haus oft tagelang nicht. Wenn sie doch einmal herauskam, dann nicht, um mit uns zu spielen, sondern um zum Tempel zu gehen, Weihrauch zu verbrennen und zu beten. Meine jüngeren Geschwister und ich begleiteten sie und knieten an ihrer Seite, aber ich hörte ihren Gebeten nie zu, sondern flehte die Götter an, den Kummer meiner Mutter zu erleichtern.

Ich weiß nicht, ob sie mich erhörten oder ob der Himmel gerührt war von der hingebungsvollen Liebe meiner Mutter – in jedem Fall schenkte ihr das Schicksal einige Zeit später zwei weitere Töchter.
Zum Dank für dieses Glück bekam Fünfte Schwester bei ihrer Geburt im Sommer 1930 den Rufnamen Orange. Das war der Wunsch meiner Mutter, und mein Großvater hatte nichts dagegen. Da wir als Mädchen die Ahnenreihe nicht fortführten, wurden wir nicht als wichtig angesehen.
Oranges Name war auch inspiriert von dem Gedicht »Der wandernde junge Mann« von Zhou Bangyan, einem Dichter der nördlichen Song-Dynastie.

Ein Messer aus Bing ist scharf wie Wasser,
Salz aus Wu ist weiß wie Schnee,
Ihre schmalen Finger zerteilen für ihn eine frische Orange.

Hinter dem Vorhang aus Brokat
Steigt unaufhörlich Weihrauch auf,
Während sie einander ansehen und
ihre Flöten aufeinander einstimmen.

Leise fragt sie:
Wo wirst du die Nacht verbringen?
Dunkelheit sinkt auf die Stadtmauern nieder,
Frost macht sich breit, und die Straßen sind nicht sicher.
Lass mich nicht hier allein,
Wenn kaum eine Seele durch die Nacht streift.

Als er das hörte, sagte Baogang: »Das Gedicht hat deine Mutter bestimmt für deinen Vater ausgewählt. Obwohl es ihre Trauer um ihre verlorenen Töchter wiedergibt, ist es auch eine Botschaft, eine Warnung, dass er nicht jünger wird und aufhören muss, die ganze Zeit von hier nach da zu eilen.«
Er erzählte mir auch, dass die alte Provinz Bing in der Zeit vor

der südlichen Song-Dynastie ungefähr dort lag, wo heute Taiyuan ist. Es hieß, die Messer, die dort hergestellt wurden, wären besonders scharf. Die Provinz Wu war dort, wo heute der See Hu liegt, und das Salz, das man dort fand, war strahlend weiß. Anscheinend waren beide Orte im alten China berühmt.

Fünfte Schwester wurde alsbald von Sechster Schwester gefolgt, die an einem Frühlingstag 1932 das Licht der Welt erblickte. Sie bekam den Rufnamen Green, anstelle unserer verstorbenen Dritten Schwester, aber auch wegen eines Gedichts, das mein Vater auswählte: »Das Mädchen, das lebte«, verfasst vom berühmten Dichter Feng Yansi in der turbulenten Zeit der Fünf Dynastien und Zehn Reiche um 900 vor Christus. Natürlich entsprach es auch dem Wunsch meiner Mutter für ihre neu geborene Tochter.

Bei diesem Fest
An diesem Frühlingstag
Mit grünem Wein in der Hand, verneige ich
mich vor dir und bete:

Mögest du viele Jahre leben,
Und keines davon ohne mich.
Wie ein Paar Frühlingsschwalben werden wir zusammen sein.

Baogang gefiel das Gedicht auch. Seit uralten Zeiten, sagte er, hätten die Chinesen immer wieder schwierige Phasen durchstehen müssen. Das zeige sich in Gedichten und Musik in Form von Gehemmtheit und Ängsten, in der Kunst durch viel Schwarz und Grau. Die *fu*-Lyrik verwende Bilder von den vier Jahreszeiten und vieles andere mehr, um die entsprechenden Gefühle im Leser zu erwecken.

Doch dieses Gedicht ist ganz leicht zu verstehen. Eine Familie unternimmt im Frühling ein gemütliches Picknick, und als sie die Gläser erheben, äußert die Frau drei Wünsche: dass ihr Mann ein langes Leben hat, dass auch sie glücklich und gesund bleibt,

und schließlich dass sie zusammen alt werden wie ein Paar Frühlingsschwalben, zwei Teile eines Ganzen.
Im Jahr 1935 starb meine Mutter bei der Geburt meiner siebten Schwester. Vater versank in tiefer Trauer.
Aus Respekt gestattete der Patriarch es der Familie meiner Mutter, den Rufnamen des Kindes auszuwählen – das erste und natürlich auch das letzte Mal, dass so etwas vorkam. Sie entschieden sich für Rainbow, entsprechend dem Wunsch meiner Mutter, uns allen Namen in den Farben des Regenbogens zu geben.
Vater nahm sich später zwei Geliebte. Obwohl sie jung und hübsch waren, weckte keine von ihnen in ihm Gefühle, wie er für meine Mutter empfunden hatte. Sie lebten zwar mit meinem Vater zusammen, aber sie kamen ihm nicht wirklich nahe, und was auch immer sie sagten, es bedeutete ihm nichts. Kurzum: Keine von beiden gewann je seine Liebe.

Red schwieg lange, die Augen zur Decke gerichtet, als wollte sie sich die Bilder wieder ins Gedächtnis rufen, als fände sie dort die Liebe ihrer Eltern: Liebe, die sie selbst nie gekannt hatte. Ich beobachtete jede ihrer Bewegungen, beeindruckt von ihrem Ernst, und mir fiel auf, wie ihre Hände einander streichelten, sanft, ganz sanft. Hatte sie darauf ein Leben lang gewartet, eine liebevolle Berührung?
Schließlich sagte sie ganz leise: »Keines von uns Geschwistern hat je die Art von Liebe gefunden, wie meine Eltern sie hatten.«
Als ich nicht reagierte, sah sie auf und wiederholte den Satz. Doch ich hatte ihre Worte sehr wohl gehört, und sie hatten mich tief berührt. Aber ich wusste nicht, was ich darauf erwidern sollte, denn auf ihnen lastete die Bürde der Geschichte. Ich habe schon viele Chinesen interviewt, und jedes Mal wenn ich diese Art von Bedauern und Traurigkeit zwischen den Generationen wahrnehme, muss ich an meine eigene Kindheit denken und an die lebenslange Sehnsucht nach meiner Familie.
Red schien meine Gedanken gelesen zu haben, denn sie sagte:

»Jedes Mal wenn ich über meine Familie spreche, überkommen mich diese Trauer und Verwirrung. Baogang hat oft versucht, mich zu trösten, indem er fragte: ›Welche Familie hätte dem Sturm der Geschichte entgehen können? Wie könnte ein einzelner Mensch gegen den Strom der Zeit anschwimmen, in der er lebt? Welche Liebe ist frei vom Einfluss der Gesellschaft?‹ Das Komische dabei ist – ihm schien nie aufzufallen, dass wir eine Pseudoehe führten, in der wir nur über Liebe *sprachen*.«

Wir waren also insgesamt neun Geschwister – natürlich einschließlich der armen kleinen Yellow Orange und Green Tangerine, die nur sechs Jahre alt wurden –, hineingeworfen in den vielleicht chaotischsten Abschnitt der chinesischen Geschichte. Chaotisch nicht nur deshalb, weil das Kaiserreich unterging und eine neue Herrschaft begann, sondern weil sämtliche Werte, die das Leben der Chinesen seit Tausenden von Jahren bestimmt hatten, plötzlich wegbrachen. Keinen Kaiser mehr zu haben war, als hätten wir keine Religion, keine Regeln und keine Ordnung mehr. Niemand wusste, wer das Heft in der Hand hatte.

Deshalb rückten die Familien enger zusammen, denn die Leute glaubten, Sicherheit fänden sie nur in der Gesellschaft von Menschen mit dem gleichen Namen. Zugleich führte die Verteilung der Macht auf verschiedene Gruppen zu den Unruhen der Warlord-Ära. Die meisten dieser Warlords behaupteten, sie kämpften auf der Seite der Gerechtigkeit: der Gerechtigkeit, den Kaiser wieder ins Amt zu setzen; der Gerechtigkeit, die letzten Überreste der Kaiserherrschaft zu vernichten; der Gerechtigkeit, die Reichen zu berauben, um die Armen zu retten.

Alle Familien bezahlten zu der Zeit einen hohen Preis, und viele Leben wurden ruiniert. Söhne wurden gegen ihren Willen in die Armee eingezogen, Eigentum wurde gestohlen, und dringend benötigte Vorräte wurden den Truppen zugeteilt. Auch die Frauen, Kinder und Alten wurden alle in diesen blutigen »Kampf für die Gerechtigkeit« hineingezogen.

Im Vergleich zur überwiegenden Mehrheit der Chinesen hatten wir noch Glück. Unsere gebildeten Eltern brachten mit Poesie, Musik und Liebe Freude in unser Leben und beschützten uns vor der harten Realität der Außenwelt. Das Zuhause, das sie für uns aufgebaut hatten, war ein Paradies auf Erden.

Unter ihrer Anleitung lernten wir Lesen und Schreiben, außerdem wie man malt, Schach spielt und Blumen kultiviert. Die Jungen lernten die Benutzung des Rechenbretts, die offizielle Dokumentenschrift und Buchführung, die Mädchen Sticken, Blumenbinden und Kinderpflege.

Meine Eltern taten, was sie konnten, um die Tore zu diesem Paradies zu bewachen, doch irgendwann brach das Chaos des Krieges durch die Mauern, und der Verlust der Unschuld zwang uns hinaus. In der Welt dort draußen waren wir völlig verloren, hin und her geworfen zwischen Glaube und Wahrheit, Gut und Böse, Wissen und Unwissenheit.

Ein altes chinesisches Sprichwort besagt: »Männer haben Angst, die falsche Arbeit zu bekommen, Frauen haben Angst, den falschen Ehemann zu bekommen.« Nun, zu dieser Zeit durchlebten zahllose Männer und Frauen diese Ängste, denn es gab nirgends gute Arbeit, und die Männer waren alle im Krieg.

Mein Bruder Cyan war der erste Sohn in meiner Generation in der Familie. Wie es schon immer gewesen war – und vielleicht immer noch ist –, hatte der Erstgeborene keinerlei Mitspracherecht, was seinen Lebensweg anging. Der Familientradition folgend, musste er das Geschäft von seinem Vater übernehmen, und die Frau, die er heiratete, wurde von den Ältesten ausgewählt.

1948 hatten die Nationalisten den Kampf so gut wie verloren, und überall kursierten Gerüchte, die Kommunisten wären im Anmarsch, um »deinen Besitz und deine Frau unter sich zu verteilen«. Die chinesischen Geschäftsleute, die davon ausgegangen waren, dass die USA intervenieren würden, um den Bürgerkrieg zu beenden, begannen nun, ihre Habe und sogar ihre Verwandten ins britisch regierte Hongkong zu bringen. Einige schickten ihre Kinder auch nach Amerika.

Cyan, der damals fünfundzwanzig war, hatte gerade erst die Firma übernommen, und um dem Krieg – und den Kommunisten – zu entkommen, sorgte Vater dafür, dass Cyan nach Hongkong ging und die Frau heiratete, mit der er verlobt war, seit er sechzehn Jahr alt geworden war. Im Grunde besiegelte die Hochzeit eher ein Geschäft. Seine Frau kam ebenfalls aus einer Familie mit einem bekannten Frachtunternehmen, das gut daran verdiente, Güter zwischen Südchina und den benachbarten Ländern hin und her zu transportieren.

Doch ihre Familie hatte nicht so viel Glück gehabt. Das Geschäft florierte zwar, doch eigenartigerweise hatte keiner der drei Brüder einen Sohn. Deshalb stellten sie Erkundigungen bei den namhafteren Familien der Gegend an, ob es dort nicht einen zukünftigen Schwiegersohn gab, der die Geschäfte weiterführen könnte, und so kamen unsere beiden Familien zusammen.

Mein Vater sagte oft: »Die Menschen, die ihren Lebensunterhalt auf dem Wasser verdienen, sind miteinander verbunden, so wie die Flüsse mit den Seen und dem Meer verbunden sind.« Bald darauf stellte eine Hochzeitsvermittlerin die beiden Familien einander vor und sagte voraus, dass unsere Lebenswege in der Tat eng verbunden sein würden. Alle freuten sich, als die Verlobung bekanntgegeben wurde.

Cyans Gemahlin war eine kluge und mitfühlende Frau. Obwohl sie im britisch regierten Hongkong geboren und aufgewachsen war und viele Jahre britisch geführte Schulen besucht hatte, war sie in ihren Ansichten ganz konventionell. Sie nahm sich das alte Sprichwort »Je mehr Söhne, desto besser« offenbar sehr zu Herzen, denn in den Jahren nach der Hochzeit brachte sie einen nach dem anderen auf die Welt. 1985, als Cyan und ich uns nach fast vierzig Jahren zum ersten Mal wiedersahen, bin ich seiner Frau zum ersten Mal begegnet. Sie bestand nur aus Haut und Knochen, hatte es aber irgendwie fertiggebracht, in nur zwanzig Jahren vierzehn Kinder zu bekommen.

Ich fragte meinen jüngeren Bruder, ob er immer noch gerne Gedichte mochte, und er antwortete: »O ja. Ich lese Gedichte, als wäre es eine Religion. Wenn ich das nicht täte, wäre ich schon längst im Meer der Hongkonger Handelsintrigen untergegangen!« Dann sagte er mit einem Seufzen: »Meine Frau interessiert sich nicht für Poesie, sie hat einfach keine Leidenschaft in sich.« Worauf ich ein wenig boshaft dachte, dass bei vierzehn Kindern aber schon ein wenig Leidenschaft da sein musste.

Meine vierte Schwester Blue wurde mit achtzehn an einen reichen und mächtigen Frachtunternehmer vom Jangtsekiang verheiratet. Vor der Hochzeit kannten die beiden nicht mehr als den Namen des anderen, sie waren einander noch nie begegnet. Nur drei Monate nachdem sie in Shanghai geheiratet hatten, wurde die gesamte Schiffsflotte samt Docks und Matrosen des Ehemanns von der japanischen Armee beschlagnahmt. 1945, als der Widerstandskrieg gegen Japan gewonnen war, wurde der Ehemann als Verräter verurteilt. Hätten nicht ein paar der alten Geschäftsfreunde meines Vaters für ihn gebürgt, wäre er höchstwahrscheinlich hingerichtet worden. Von da an hatten die beiden kaum genug zum Leben und waren stets auf die Unterstützung meines Vaters angewiesen.

Von 1949 an wurde in Shanghai der Kampf zwischen China und dem Westen mit aller Härte ausgetragen, sowohl offen wie auch verdeckt. Ständig kursierten Gerüchte, und es gab zahllose politische Terrorakte. Die arme Blue und ihr Mann erlebten während der Drei- und Fünf-Anti-Kampagnen der Kommunisten viel Leid, unter anderem den Tod ihres noch ganz kleinen Kindes. Schließlich wurde ihr Mann hingerichtet, weil er angeblich ein japanischer Spion war. Blue erkrankte schwer und starb allein und am Boden zerstört, bevor sie auch nur dreißig war.

Warum ihr niemand half? Xinran, zu der Zeit kämpfte jeder für sich. Niemand hätte einem geglaubt, wenn man sich für jemanden einsetzte, der eines Verbrechens angeklagt war, im Gegenteil, man riskierte damit, selbst Ärger auf sich zu ziehen. Galt man erst einmal als Verräter oder als bestechlich, war man verloren. Damals wurden sogar führende Parteimitglieder der Kommunisten hingerichtet!

Meinen zweiten Bruder Purple schickte mein Vater 1944 kurz nach seinem siebzehnten Geburtstag zum Studium in die USA. Natürlich steckte auch der Wunsch dahinter, ihn vor den Kriegswirren in Sicherheit zu bringen. Er heiratete später eine Amerikanerin, und wir haben uns erst 1989 wiedergesehen. Ich sprach kein Englisch und sie kein Wort Chinesisch, und nach fünfundvierzig Jahren im Ausland konnte mein Bruder mehr schlecht als recht für uns dolmetschen. Bis heute bedauere ich es, dass ich nicht in der Lage bin, mich mit meiner ausländischen Schwägerin richtig zu unterhalten.

Fünfte Schwester Orange begeisterte sich während ihres Studiums in Beiping 1947 für die kommunistische Untergrundbewegung, und zwar so sehr, dass sie einen Freund dazu überredete, unserem Vater eine Ausgabe des epischen Gedichts über die berühmte Kriegerin Hua Mulan, *Die Ballade von Mulan,* zu überbringen. Später verliebte sie sich in einen Revolutionär, und die beiden heirateten, obwohl unsere Familie nichts über den Mann wusste.

Einige Zeit später schrieb Orange noch einen Brief nach Hause, diesmal um uns mitzuteilen, dass sie und ihr Mann sich wahnsinnig liebten. Obwohl sie im gleichen Gebäude arbeiteten, schickten sie sich häufig Liebesbriefe oder kleine Gedichte und inspirierende Zitate. Sie sagte, nun könne sie verstehen, was unsere Eltern einst füreinander empfunden hatten.

Orange und ihr Mann machten sich einen Namen als Berichterstatter über den Bürgerkrieg. Anfangs hieß es, ihr Mann sei

Lektor an der Universität, später dann, er sei Mitglied der kommunistischen Untergrundbewegung. Wie auch immer, während der Kulturrevolution behaupteten die Roten Garden, in Wirklichkeit sei er ein Agent der Nationalisten, der verdeckt auf dem Festland arbeitete. Keine drei Wochen später war er tot.
Orange sollte sich nie von dem Trauma erholen, und sie leidet seither an einer Form von Demenz. Sie und ihr Mann hatten drei Kinder; die beiden Söhne wurden von ihren Großeltern väterlicherseits aufs Land geholt, um die Ahnenreihe fortzuführen, während die Tochter bei ihrer Mutter blieb. Sie ist mittlerweile selbst Mutter.

Sechste Schwester Green ging auf eine Mädchenschule in Beiping, als die Stadt befreit wurde. Sie konnte sehr gut schreiben und war besonders aktiv in der wachsenden kulturellen und literarischen Szene der Stadt. Dann lernte sie bei der großen Zeremonie anlässlich der Gründung der Volksrepublik China einen Offizier der Volksbefreiungsarmee kennen. Ich fand immer, dass er sie nicht wie eine Ehefrau behandelte, sondern eher wie eine Kameradin der Revolution, aber sie schienen glücklich miteinander zu sein. Innerhalb kürzester Zeit heirateten sie. Ihre Liebe war wie ein Buschfeuer.
Greens Ehemann stammte aus einer armen Familie in der Provinz Shandong, aber wie sich zeigte, war er ein freundlicher und aufmerksamer Mann. Oft reiste er mit Green in einige der ärmsten Gegenden des Landes und half den Menschen dort, so gut er konnte. Ich glaube, diese Reisen hatten eine tiefgreifende Wirkung auf Green. Sie war schockiert über den extremen Kontrast zwischen dem Land und der Stadt, aber zugleich berührte sie die herzliche Gastfreundschaft der Bauern, denen sie dort begegnete. Vor allem jedoch war sie unglaublich stolz auf das, was ihr Mann tat. Für Green machte dieser Lebensfunke, den sie in ihrem »Helden« sah, seinen Mangel an Bildung mehr als wett.
Unsere Familie war zunächst nicht begeistert von dieser Verbindung. Diejenigen von uns, die auf dem Festland geblieben waren,

warnten Green, dass diese Unterschiede in Herkunft und Bildung dazu führen könnten, dass sie ihre Entscheidung eines Tages bereute, wenn sie aus ihrem Traum erwachte. Ich selbst hielt ihr einen langen Vortrag über das Wesen des Feuers: »Ja, es ist ein Segen der Menschheit, weil es Licht und Wärme schenkt. Aber wenn du ihm zu nahe kommst, kann es zum Verhängnis werden!«

Trotz allem beharrte Green unerschütterlich darauf, dass es unsere Schuld war, wenn wir nicht zu schätzen wussten, wie edelmütig ihr Held in Wirklichkeit war. Aber meine kleine Schwester ist sehr chinesisch. Was ich damit meine? Nun, wir Chinesen glaubten dem Vorsitzenden Mao, als er sagte, der Mensch könne die Natur bezwingen, und tatsächlich entwickelten wir uns innerhalb von nur dreißig Jahren vom Gespött Asiens zu einem der mächtigsten Länder der Welt! Und was tat Green? Sie machte aus dem ungebildeten Armeeoffizier einen Dichter!

Übrigens, Xinran, ich würde Ihnen wirklich empfehlen, auch mit Green zu sprechen. Sie ist zwar meine Schwester, aber unsere Erfahrungen sind eigentlich eher die von zwei verschiedenen Generationen. Außerdem ist ihre Geschichte viel ergiebiger als meine und viel »chinesischer«.

Rainbow ist die Jüngste von uns. Sie hat unsere Mutter nie kennengelernt, aber sie war immer Vaters Liebling, so lange er lebte. Tatsächlich verwöhnte er die kleine Rainbow so sehr, dass es ihr nie so recht gelang, sich im wirklichen Leben zurechtzufinden. Kurz vor Gründung der Volksrepublik China im Oktober 1949 verkaufte Vater unser Haus in Chengde für sehr wenig Geld und ging mit Kleiner Schwester zu unserem Bruder Cyan nach Hongkong.

Da er seinem Sohn nicht zur Last fallen wollte, kaufte Vater ein kleines Haus in Kowloon, wo er allein mit seiner jüngsten Tochter lebte. Rainbow hat nie geheiratet.

Als Vater schwer erkrankte, herrschten immer noch große Spannungen zwischen China und Hongkong, und diejenigen von uns, die auf dem Festland geblieben waren, hatten keine Möglichkeit, mit ihm in Verbindung zu treten. Erst 1984 konnten wir Rainbow endlich erreichen, und sie sagte uns, dass unser Vater 1981 gestorben war. Die Einzigen, die ihm am Ende beigestanden hatten, waren sie, Cyan und Purple, der von Amerika herbeigeeilt war.

Offenbar hatte Vater vor seinem Tod davon gesprochen, wie sehr er es bedauerte, dass er nicht alle seine Kinder mit nach Hongkong genommen hatte, denn wenn er und Mutter wieder vereint wären, würde er ihr nichts von unserem Leben erzählen können. Natürlich wusste er nicht, dass seine Tochter Blue auch bereits dort oben war und zusammen mit Mutter auf ihn wartete.

Baogang hatte buchstäblich nichts mit meiner Familie zu tun. Die Einzige, mit der er je sprach, war meine Schwester Green, und das auch nur, weil sie 1988 in das Büro für Taiwan-Angelegenheiten beim chinesischen Staatsrat versetzt worden war. Baogang dachte, ihre Verbindungen könnten ihm vielleicht helfen, etwas über Lin zu erfahren.

»Hast du Lin schon gefunden?«

»Nein.«

Dieser Dialog wiederholte sich oft.

Baogang erreichte mit zweiundneunzig Jahren ein hohes Alter. Er war nicht gerade ein besonders gesunder oder robuster Mann, vielleicht war es also die Hoffnung, Lin eines Tages wiederzusehen, die ihn so lange am Leben hielt? Oder vielleicht hatte er auch einfach nur gut mit seiner Energie hausgehalten.

Ich ließ mir meine Zweifel an der Theorie der alten Dame nicht anmerken, aber ich konnte mich des Eindrucks nicht erwehren, dass Baogangs Besessenheit, was Lin betraf, sein Urteilsvermögen beeinträchtigt hatte, denn offenbar hatte er sich von den Medien zu beiden Seiten der Formosastraße austricksen lassen. Ein Teil seiner Arbeit hatte darin bestanden, ausländische Medienberichte zu sammeln und zu analysieren, somit dürfte er reichlich Gelegenheit gehabt haben, an Nachrichten aus Taiwan heranzukommen.

Bis zu Chiang Kai-sheks Tod 1975 hatte Taiwan immer wieder Berichte in die Welt gesetzt, dass es auf dem Festland ein ausgedehntes Geheimdienstnetz aufgebaut hatte. Gleichzeitig hatten die Medien auf dem Festland ihre ganz eigene Art, den Prozess der Vereinigung darzustellen – zuerst in den 1950er-Jahren mit dem Versprechen der Befreiung, dann in den 1960er- und 1970er-Jahren mit militärischen Drohungen, in den 1980er-Jahren mit der Verstärkung des Handels, in den 1990er-Jahren mit der Wiederaufnahme des Postverkehrs, bis es schließlich in den 2000er-Jahren vergleichsweise ruhig wurde. Es war, als würde das Festland immer wieder die Angel Richtung Taiwan auswerfen, meist mit dem Versprechen der Wiedervereinigung seit langem getrennter Familien als Köder. Und es war damit recht weit gekommen.

Doch ich behielt diese Gedanken für mich und lauschte weiter der Geschichte der alten Dame. Meine Erfahrung beschützte mich davor, sie zu unterbrechen und dadurch Türen zuzuwerfen, die sich sonst nicht wieder geöffnet hätten.

1953 bat Baogang mich, ihm dabei zu helfen, heimlich aus dem Land zu fliehen. Er wollte behaupten, ich sei krank und brauche seine Hilfe, um meine Schwester Blue, die im Sterben lag, in Shanghai zu besuchen. Doch als einstiger Soldat der Nationalisten bekam er keinen Urlaub. Und obendrein wurde ihm gesagt, wenn er trotzdem ginge, werde man ihn verfolgen und hinrichten.

Erst später erzählte Baogang mir, was wirklich dahintersteckte …

Zu der Zeit führte die Nationalistische Partei in Taiwan eine Reihe gewalttätiger Säuberungen durch, und Baogang fand heraus, dass Lins Onkel auf der Liste derjenigen stand, die hingerichtet werden sollten. Gleichzeitig verbreitete das taiwanesische Militär über das Radio den Befehl, dass die Familien der Soldaten, die versucht hatten, auf das Festland zu fliehen, augenblicklich in die Kasernen zurückkehren sollten. Baogang klammerte sich an die Hoffnung, dass Lin und ihre Familie vielleicht darunter wären. »Vielleicht ist es nur ein Traum«, sagte er, »aber vielleicht ist es auch wahr.«

1963 tauchte Baogang eines Abends völlig unerwartet in der Kantine auf, als ich beim Essen saß. Wir aßen normalerweise immer zu verschiedenen Zeiten – ich früh und er spät –, damit wir uns nicht mit anderen unterhalten mussten, weil wir Angst hatten, dass dann das Geheimnis unserer Pseudoehe herauskam. Baogang behauptete sogar, die vertrauliche Natur seiner Arbeit hindere ihn daran, sich in Gesellschaft zu begeben. An dem Tag jedoch setzte er sich demonstrativ zu mir an den Tisch und unterhielt sich mit den anderen.

Auf dem Heimweg schlug er ganz unvermittelt vor, einen Spaziergang zu machen. Mein Instinkt sagte mir, dass es etwas mit Taiwan zu tun haben musste, oder vielleicht sogar mit Lin. Er nahm meine Hand und führte mich in die Mitte des Übungsplatzes, der so groß war wie vier Fußballfelder. Wir waren ganz allein auf dem riesigen Platz.

Den Blick zum Himmel gerichtet, sagte Baogang zu mir: »China ist in großen Schwierigkeiten. Wir müssen Vorbereitungen treffen.«

»Was für Schwierigkeiten? Was für Vorbereitungen?« Ich war ziemlich erschrocken über seine Worte.

»Genaues weiß ich nicht, aber ich habe aus Hongkong gehört, dass in unseren ländlichen Gebieten sehr, sehr viele Menschen gestorben sind. In Henan, Shandong, Sichuan, Anhui, Hubei, Hunan und so weiter. Offenbar herrscht dort eine große Hungersnot, und als wäre das nicht schon schlimm genug, bringen sich die Leute dort auch noch im Kampf um die wenigen verbliebenen Vorräte um.«

Baogangs Stimme war todernst, trotzdem konnte ich nicht glauben, was er da sagte.
»Wie kann das denn sein? Ich habe gehört, in den Regionen wird mehr Nahrung produziert als je zuvor.«
»Hör zu. Taiwan konzentriert seine Einheiten rund um die Kinmen-Inseln, unter dem Vorwand, wenn es auf dem Festland eine Hungersnot gebe, sei es ihre Verantwortung, zu kommen und ihre Brüder zu ›retten‹! Es sieht ganz so aus, als würde es diesmal wirklich Krieg geben, und dann werde ich mit ziemlicher Sicherheit in den Süden versetzt.« Nun sah Baogang mich direkt an.
»Hast du schon eine entsprechende Anordnung bekommen?«
»Noch nicht. Aber du weißt ja, wie es heißt: Militärbefehle sind unverrückbar wie Berge. Für den Fall, dass wir aus irgendeinem Grund keine Gelegenheit mehr haben sollten, alles in Ruhe zu besprechen, möchte ich dir jetzt etwas sagen: Danke für deine Gesellschaft und dein Verständnis in all den Jahren. Wenn ich etwas von Lin höre, wirst du es als Erste erfahren. Schließlich sind wir wie Bruder und Schwester!«
Nur zwei Tage später machte Baogang wieder einen ›Spaziergang‹ mit mir. Diesmal war er regelrecht niedergeschlagen. »Präsident Kennedy hat gerade in einer Pressekonferenz verkündet, wenn Taiwan vorhat, das Festland anzugreifen, muss es das erst mit Amerika besprechen. Kurz gesagt, hat er seine Position klargestellt: Die USA werden Taiwan nicht bei einem Angriff auf das Festland unterstützen.«
»Es wird also nicht wieder Krieg geben?« Es war eine vollkommen instinktive Reaktion; ich war einfach so froh, diese Nachricht zu hören.
»Und es wird noch schwieriger werden, Lin zu finden«, sagte Baogang so leise, dass ich ihn kaum verstehen konnte.
Ich versuchte ihn zu trösten. »Sag das nicht. So, wie die Dinge liegen, weiß doch niemand, was als Nächstes geschieht. Vielleicht bietet sich bald eine andere Gelegenheit.«
Doch Baogang schüttelte nur stumm den Kopf.
Und wie es weiterging? Nun, mit Taiwan passierte nichts, aber

China bekam in der Tat große Probleme. Als die blutige Kulturrevolution begann, wurden Baogang und ich in das hügelige Daxing versetzt, einen Vorort von Beijing.
Dank unserer ständig wechselnden politischen Lage schauten wir im Lauf der Zeit auf etliche unterschiedliche Decken: Gips, Holz, Eisen, Lehm. Wir erlebten sogar ein paar Wochen unter den Sternen. Im Juli 1976, als das große Erdbeben Beijing und Tangshan erschütterte, wurden die umliegenden Gebiete ebenfalls in Mitleidenschaft gezogen, und so mussten wir draußen schlafen. Das war ungefähr die Zeit, als Baogangs Hoffnung, Lin wiederzusehen, allmählich erstarb und er sich erstmals für meine traurige Lebengeschichte zu interessieren begann.
1981 gingen wir beide in den Ruhestand. Unsere Arbeitseinheit war gut zu uns, sie bezogen sogar Baogangs Zeit unter General Fu Zuoyi bei seiner Pension mit ein, was sehr großzügig war. Da er jedoch beim Nachrichtendienst gearbeitet hatte, durfte er nicht das Land verlassen. Wieder wurden seine Hoffnungen zunichte gemacht.
1983 zogen wir in dieses Haus. Es hat drei Schlafzimmer, ein Arbeitszimmer, ein Wohnzimmer, zwei Bäder und eine riesige Küche. Als wir das erste Mal hier hereinkamen, wussten wir beide nicht, was wir mit all dem Platz anfangen sollten.
»Wie sollen wir diese ganzen Zimmer nur nutzen?«, fragte Baogang.
»Nun, wir können jetzt jeder unsere eigene Decke haben«, scherzte ich. »Und das Arbeitszimmer kannst du nutzen. All die Jahre über hast du ja fast die ganze Zeit im Büro verbracht. Wie willst du denn ohne ein anständiges Arbeitszimmer zurechtkommen?«
»Und was ist mit dir?« Baogang sah mich geradezu schuldbewusst an.
»Ich nehme einfach die Küche als Arbeitszimmer. Schließlich können wir beide nicht kochen, und zum Essen können wir weiter in die Kantine gehen.«
Baogang ging in das Schlafzimmer, während ich mir das größere

der beiden Gästezimmer ansah. Den Blick zur Decke gerichtet, sagte er: »Die sieht aus, als wäre sie groß genug, um ein paar von unseren Geschichten aufzunehmen!«

»Und schalldicht ist sie bestimmt auch!«, erwiderte ich, und wir lachten beide.

Doch um ehrlich zu sein, selbst nach all den Jahren waren die Tränen in meinem Herzen noch nicht getrocknet. Ich hatte mich nur daran gewöhnt, außen zu lächeln und innen zu weinen. Es hätte mich nicht im Mindesten überrascht, wenn er mit breitem Lächeln vorgeschlagen hätte, dass wir ein Zimmer für Lin freihalten sollten, für den Fall, dass sie doch noch käme.

Am ersten Abend, als wir jeder in seinem eigenen Schlafzimmer lagen, fühlte ich mich ganz leer und durcheinander. Über dreißig Jahre lang hatten wir fast jede Nacht im gleichen Bett gelegen, die Köpfe zwar auf verschiedenen Kissen, aber die Gedanken verbunden, getränkt vom harschen Regen der Zeiten, die wir durchmachten.

»Schläfst du?«, fragte Baogang leise von nebenan.

»Wie könnte ich schlafen?« Das stimmte – wie hätte ich schlafen können?

»Die Decke ist zu hoch! Ich habe Angst, dass du mich nicht hören kannst.« Baogangs Stimme war jetzt sehr laut.

»Die Türen sind offen, wir brauchen hier nicht die Decke zu benutzen«, erinnerte ich ihn.

»Ach ja, stimmt. Du konntest dich schon immer schneller anpassen.«

»So? Glaubst du das wirklich?« Das fragte ich ihn zumindest in Gedanken. Und mich selbst auch, denn ich rang seit über dreißig Jahren damit, mich an unsere lebenslange Ehestrafe anzupassen.

Aber warum konnte ich mich nicht befreien? Ich bin gebildet, habe viel gelesen und mit meiner Arbeit im Büro an der Revolution mitgewirkt. Warum also konnte ich nicht aus dieser Gefängniszelle ausbrechen? Was hemmte meinen Mut und beschränkte

meine Freiheit? Im Grunde stelle ich mir diese Fragen schon fast mein ganzes Leben lang.
Und die Antwort darauf? Ach, Xinran, ich habe die Antwort immer gewusst. Es ist der Vertrag, den mein Vater für mich unterschrieb, als er mich verlobte, und es sind die Werte, die meine Mutter an mich weitergab, als ich jung war. Wie ein Zauberbann haben sie es mir unmöglich gemacht, mich zu befreien.
In jener Nacht rasten meine Gedanken, sodass ich nicht schlafen konnte. Vielleicht wartete ich unbewusst auf den Klang von Baogangs Stimme.
Früh am nächsten Morgen, als ich benommen aufwachte, roch ich den fast vergessenen Duft von *biluochun*-Tee. Baogang stand neben dem Bett, einen Henkelmann in der Hand. Als er sah, dass ich die Augen öffnete, sagte er mit einem verlegenen Lächeln: »Ich konnte leider keine Tassen finden, deshalb habe ich den hier genommen.«
In dem Moment begannen die Tränen, die sich so lange in meinem Herzen angestaut hatten, über meine Wangen zu laufen. Baogang hatte die Szene von unserem ersten gemeinsamen Morgen wieder erschaffen. Da fiel mir auf, dass wir all die vielen Jahre lang unsere Versprechen nicht gebrochen hatten – er hatte seine Verlobung mit Lin nicht gebrochen, und ich nicht meinen Schwur gegenüber meinen Eltern. Und obendrein hatten wir auch unsere Verlobung nicht gebrochen.
An dem Abend schob ich die beiden Einzelbetten in dem einen Schlafzimmer auseinander und stellte die beiden Nachttische dazwischen. Als wir die Nachrichten zu Ende gesehen hatten – auf dem alten 9-Zoll-Schwarzweißfernseher, der uns so viele Jahre begleitet hatte –, betraten wir unser neues »Spezialschlafzimmer«.
Baogang sagte: »Wir können uns ansehen, wenn wir miteinander sprechen.«
»Wird die Decke sich nicht einsam fühlen?«, zog ich ihn auf.
Doch natürlich war das Thema »Lin« für ihn immer noch nicht abgeschlossen. Als er 1988 erfuhr, dass Green im Büro für Taiwan-Angelegenheiten arbeitete, war er wie elektrisiert. Er dachte

sogar, es sei ein Zeichen von Gott, dass er die Hoffnung nicht aufgeben solle.

Vier Jahre lang forschten Green und ihre Freunde in Taiwan nach Lins Onkel und seiner Familie, doch ohne Erfolg. Viele historische Dokumente waren nicht zugänglich, und das Einzige, was sich eindeutig nachweisen ließ, war, dass Lins Onkel tatsächlich während der Zeit des Weißen Terrors zusammen mit seiner Frau hingerichtet worden war.

Im Herbst 1992 machte Green Baogang mit einem taiwanesischen Geschäftsmann bekannt. Dank seiner Hinweise fand Baogang heraus, dass Lin nach der Hinrichtung ihres Onkels ihren Namen geändert und einen Akademiker geheiratet hatte. Einige Zeit später war sie bei der Geburt ihres ersten Kindes gestorben. Das war ungefähr 1963, als sie siebenunddreißig Jahre alt gewesen war.

In der Woche nachdem Baogang das erfahren hatte, fielen unsere nächtlichen Gespräche aus. Ich lag in der Dunkelheit und spürte seine tiefe Verzweiflung. Nacht um Nacht starrte er blicklos an die Decke, und immer wieder erschien eine glitzernde Träne in seinem Augenwinkel und rann hinunter zu seinem Ohr.

Von da an erwähnte Baogang Lins Namen kaum noch.

Wir sandten immer noch unsere Worte in die Nacht hinaus, aber nun war die Decke unsere einzige Zuhörerin – keine Lin mehr, die zwischen uns lag, und keine neugierigen Nachbarn, die uns belauschten.

Ja, von dem Zeitpunkt an wurden unsere nächtlichen Gespräche offen und unbekümmert, sogar impulsiv. Wir hatten ein Alter erreicht, in dem wir keine Rücksicht mehr nehmen mussten. Baogang arbeitete nicht mehr für den Nachrichtendienst, und außerdem waren die Geheimnisse, die er einst gesammelt hatte, mittlerweile allgemein bekannt. Und was mich betraf, so gab es keine Regeln mehr, die ich befolgen, und keine wichtigen Dinge, an die ich denken musste.

Wir sprachen über die Vergangenheit und all die Dinge, die die jungen Leute heutzutage so schwer begreiflich finden. Wir sprachen über die Gegenwart und darüber, dass wir uns wohl nie an die moderne Lebensweise gewöhnen würden. Wir verstehen nicht, wie die jungen Leute denken, und alles, was sie uns beizubringen versuchen, vergessen wir sofort wieder. Deshalb betrachtet uns die Gesellschaft als »überflüssig«.

Mir fiel auf, dass unsere Beziehung sich deutlich veränderte, als wir uns nicht mehr so viele Sorgen machen mussten. Wir hatten nicht mehr dieses Damoklesschwert über uns hängen, dass womöglich jemand die Wahrheit über unsere Pseudoehe herausfinden könnte. Wir hörten einfach auf, darüber nachzudenken und uns Gedanken darüber zu machen, wie die Leute reagieren würden. Jetzt konnten Baogang und ich endlich unseren Gedanken freien Lauf lassen, zumindest in unseren nächtlichen Gesprächen.

Was für Gedanken das waren? Nun, Baogang und ich stammten ja beide aus Familien, die sehr streng waren, was unsere Erziehung anging, mit zahllosen »Tabuthemen«, mit denen wir uns nicht befassen durften. Außerdem waren wir beide zu einer Zeit großgeworden, als alles um uns herum drunter und drüber ging. Später arbeiteten wir im Nachrichtendienst für die Revolution. Und zusätzlich waren unsere persönlichen Wünsche und Vorstellungen durch die seltsamen Umstände unserer Ehe unterdrückt worden.

Unsere Instinkte waren erstarrt durch die politische Umgebung. Unser Verständnis von Gut und Böse war nicht mehr Schwarz und Weiß, sondern von Mächten verwischt, auf die wir keinen Einfluss hatten. Nach mehreren Jahrzehnten unter diesen Bedingungen hatten wir schlicht und einfach keine eigenen, persönlichen Herzenswünsche mehr. Wir waren Teil der Massenproduktion unserer Zeit geworden.

Aber falls ich noch ein paar eigene, freie Gedanken habe, so sind es die Erinnerungen an das Paradies meiner Jugend und die Gedichte, die wir damals in meiner Familie liebten. Schließlich steckt das in meinen Genen.

Und Baogangs freie Gedanken? Abgesehen von seiner Besessenheit, was Lin anging, war da im Grunde nicht viel. Ich kann mich nicht erinnern, dass er je von seiner Familie erzählt hätte. Mein Vater hatte mir vor langer Zeit – wahrscheinlich damals, als er unsere Ehe arrangiert hatte – gesagt, dass Baogang der jüngste Sohn einer Familie war, die in Chengde viel Land besaß. Ich weiß, dass sie später Waffen an Warlords verkauft und Feng Yuxiang bei seinem Angriff auf die Japaner finanziell unterstützt haben. Aber zu der Zeit, als wir heirateten, war die Familie so gut wie bankrott. Ich weiß weder etwas über seine familiären Wurzeln noch darüber, wo seine restlichen Verwandten jetzt leben.

In den Monaten vor seinem Tod hatte Baogang ein ungutes Gefühl in der Magengrube. Er sagte, es fühle sich an, als sei sein Körper vertrocknet, ausgelaugt und leer. Eines Abends sagte er zu mir, nun werde es nicht mehr lange dauern, bis er sich zu seinen Ahnen in das Familiengrab gesellen werde, wo seine beiden älteren Brüder ihn bereits erwarteten.

Um die Stimmung ein wenig aufzulockern, erwiderte ich: »Vielleicht leben sie ja noch? Wir können versuchen, sie zu finden.«

Mit großer Mühe drehte Baogang sich auf die Seite und hob ein wenig den Kopf. In dem dämmrigen Licht sah er mich mehrere Sekunden lang an, dann sagte er: »Eins wollte ich dir immer schon sagen: Du erinnerst mich wirklich an Lin, so liebevoll und rein, wie du bist. Aber im Ernst, Red, ich bin der Jüngste in meiner Familie, und ich bin über neunzig! Glaubst du wirklich, meine Brüder, die bei meiner Geburt schon fast zehn waren, hätten in dem Chaos und der Ungewissheit dieser Zeiten älter werden können als ich? Und selbst wenn, glaubst du, sie erinnern sich noch an mich? Wenn du die Erinnerung an jemanden verlierst, verlierst du auch den Menschen. Und wenn du alle Erinnerungen verlierst, bist du für diese Welt verloren.«

Das war das erste Mal, dass er so weit ging, mich mit Lin zu vergleichen. Aber ich vermute, nach all den Jahren, in denen er sich nach ihr gesehnt und der Decke sein Herz ausgeschüttet und zugleich mit mir zusammengelebt hatte, war all das in seinen Gedanken zu neuen Erinnerungen verschmolzen. Vielleicht waren

Lin und ich für ihn sogar irgendwann wie durch Zauberei zu einer Frau geworden.
Was mit seinen körperlichen Bedürfnissen war? Nun, er schien keine zu haben. Wie ich schon sagte, war er der Erinnerung an seine Liebste treu. Einmal, als er einen *wuxia*-Roman von Louis Cha, eine dieser Heldengeschichten, las, entdeckte er einen Absatz, in dem es hieß, Keuschheit könne die Lebenskraft stärken und das Leben verlängern. Ich erinnere mich, dass meine Familienältesten auch einmal darüber gesprochen haben, aber ich war noch zu jung, um zu verstehen, worum es ging. Als ich aufwuchs, redeten alle nur über Arbeit oder Politik, und ich traute mich nicht, diese sensibleren Themen anzusprechen. Und im Alter findet man Informationen darüber, wie man länger lebt, viel leichter in Zeitschriften und im Fernsehen.
Und meine körperlichen Bedürfnisse? Ich weiß gar nicht, ob ich welche hatte. Vor unserer Hochzeit malte ich mir oft aus, was geschehen würde, und manchmal bebte ich dann am ganzen Körper. Ich hatte auch merkwürdige Träume von Männern, die mich so erschreckten, dass ich meiner Familie am nächsten Morgen kaum ins Gesicht sehen konnte. Ich glaube, ganz zu Beginn unserer Ehe, als Baogang drei Nächte lang vor meinem Bett kniete, wurde mir klar, dass ich diese speziellen Bedürfnisse niemals würde befriedigen können.
Danach ging es bei unseren nächtlichen Gesprächen meist um die Arbeit, auf jeden Fall nie um etwas, das irgendwelche leidenschaftlichen Gefühle zwischen uns hätte wecken können. Außerdem arbeiteten wir zu der Zeit von früh bis spät und bekamen ohnehin nie genug Schlaf. Später, als unsere Kollegen merkten, dass wir zwar verheiratet waren, aber keine Kinder hatten, empfanden sie nur Mitgefühl für uns.
Nein, Baogang zeigte nie körperliches Interesse an mir. Sie dürfen nicht vergessen, Xinran, dass wir nur auf dem Papier Mann und Frau waren. In seinem Herzen war ich nie Teil seiner Familie und erst recht nicht seine Frau. Das ist für Außenstehende si-

cher sehr schwer zu glauben, und wahrscheinlich ist unsere Zimmerdecke die Einzige, die das bezeugen könnte.

Über das, was zwischen Männern und Frauen geschieht, sprachen wir nicht. Vielleicht einmal, wenn auch eher auf indirekte Weise. Wir sahen uns eine Fernsehserie an, über einen Eunuchen, der am kaiserlichen Hof heimlich eine Familie hatte. Ich weiß noch, dass ich hinterher zu Baogang sagte: »Diese Fernsehleute spinnen wirklich! Wieso sollte ein Eunuch eine Familie haben?«

»Viele kaiserliche Dynastien gestatteten es den Eunuchen, eine Familie zu haben«, erwiderte er.

»Aber Eunuchen sind doch weder Mann noch Frau!«, protestierte ich. »Wie können sie dann eine Familie haben?«

Baogang lachte. »Eunuchen können eine Familie haben, und sie können auch ein Liebesleben haben. Dafür gibt es genug Beispiele in der Geschichte.« In der Nacht versuchte er, so gut er konnte, mir das Phänomen zu erklären.

Während der Ming-Dynastie gab es das sogenannte *dui shi*. Es kommt sogar im *Han Shu* vor, diesem alten Geschichtswerk aus der Han-Zeit, als *»dui shi* des Palastes« und beschreibt zwei Konkubinen, die in einer eheähnlichen Beziehung leben, also das, was man heute Lesbierinnen nennen würde. Später, insbesondere während der Ming-Dynastie, wurde der Begriff *dui shi* nach und nach für die Beziehung zwischen einer Konkubine und einem Eunuch verwendet. Zu Beginn der Ming-Dynastie war es den Konkubinen und Eunuchen noch streng verboten, eine Beziehung miteinander einzugehen. Zu der Zeit, als Zhu Yuanzhang Kaiser war, wurde allen, die dagegen verstießen, bei lebendigem Leib die Haut abgezogen. Doch später, als die Eunuchen mächtiger wurden und der Kaiser sich immer mehr auf sie verließ, wurde *dui shi* zunehmend geduldet.

Warum die Bezeichnung *dui shi,* also *»als Paar essen«*? Nun, weil es viel mit Essen zu tun hatte. Wenn Eunuchen Hofdienst hatten, mussten sie sich vorab für den ganzen Tag Essen zubereiten. Nach den Palastregeln war es nur den kaiserlichen Köchen gestattet, im Palast zu kochen, aber die Konkubinen hatten stets

Handwärmer. Wenn die Eunuchen also ihr Essen aufwärmen wollten, mussten sie die Konkubinen darum bitten. Zum Dank luden die Eunuchen die Konkubinen oft ein, mit ihnen zu essen. Mit der Zeit wurde *dui shi* eine gängige Praxis, und die Eunuchen und Konkubinen kamen sich näher.

Es gibt noch einen anderen, ganz ähnlichen Ausdruck: *cai hou, »Essen der Dame«*. Der Begriff kommt daher, dass ein Eunuch, wenn er sich für eine bestimmte Konkubine interessierte, ihr oft kleine Geschenke kaufte, zum Beispiel frisches Gemüse oder Stickereien, um ihre Zuneigung zu gewinnen.

Aber *dui shi* und *cai hou* ist nicht genau dasselbe. *Dui shi* ist eher wie miteinander ausgehen, ein Abendessen zu zweit, während *cai hou* eine Beziehung wie zwischen zwei Eheleuten beschreibt – manchmal schworen die beiden sich sogar ewige Liebe.

Haben Sie schon von *dui shi* und *cai hou* gehört, Xinran? Nein? Nun, an dem Abend, als Baogang davon erzählte, fragte ich ihn: »Ich nehme an, wir sind weder *dui shi* noch *cai hou,* oder?«

Er lachte und sagte: »Nein, denn ich bin kein Eunuch, und du bist keine Konkubine.«

Bei meinem letzten Treffen mit Red sprachen wir über die beiden letzten Wünsche Baogangs. Bevor sie begann, stieß die alte Dame einen tiefen Seufzer aus.

Als Baogang im Sterben lag, nahm ich an, er würde in irgendeiner Weise seine Dankbarkeit für die einundsechzig Jahre zeigen, die wir zusammen verbracht hatten. Vielleicht würde er sogar »Danke« zu mir sagen. Ich wusste schon seit langem, dass er sich für nichts entschuldigen würde, denn er war einfach kein Mensch, der Reue empfand. Vielleicht glaubte er auch, dass wir beide unser Schicksal gemeinsam entschieden hatten. Doch in Wirklichkeit war er derjenige, der die Entscheidungen getroffen hatte. Er war der Architekt unseres Ehegefängnisses und ich die Gefangene.

Aber ich hatte mich entschieden, ihm zu folgen. Und das war letzten Endes das Schicksal, das mir bestimmt war.

Was seine beiden letzten Wünsche angeht, so betrafen sie Lin. Als 1992 der Lebensfunke, der ihn all die Jahre angetrieben hatte, schließlich erlosch, begann er rasch zu altern. Im Geiste war er ohnehin schon lange bei Lin gewesen. Als Zeichen seiner ungebrochenen Liebe und Treue hinterließ er zwei letzte Wünsche: zum einen, dass jemand herkommen und das Haus unserer Pseudoehe aufsuchen sollte, und zum anderen den Nachweis, dass wir nie miteinander geschlafen hatten.

Als Red das sagte, sah sie hinauf zur Decke, als bäte sie diese Zeugin ihrer einundsechzig Jahre währenden Ehe um ein Zeugnis, ein wie auch immer geartetes Indiz.

Mein Blick wanderte langsam zwischen der Decke und Reds Gesicht hin und her. Ich versuchte, diese Leere zu fühlen und zu verstehen – diesen unendlich weiten Raum, der so aufgeladen war mit der Geschichte chinesischer Familien und ihrer Kinder.

»Vielleicht hatte Baogang Angst, Sie könnten einsam werden, wenn Sie ganz allein da liegen und an die Decke schauen. Vielleicht wollte er, dass jemand versteht und anerkennt, dass Sie wegen seiner Liebe zu Lin nie eine Ehefrau und eine Mutter sein konnten. Vielleicht ist er jetzt hier und lauscht auf die tief empfundenen Worte, die Sie nie zu ihm zu sagen wagten.«

»Meinen Sie wirklich?«, fragte Red leise, den Blick noch immer zur Decke gerichtet.

»Ja, das meine ich.«

Und ich meinte zu hören, wie die Decke sagte: »Ja, das war die Geschichte von einem Mann und einer Frau, die einundsechzig Jahre lang von der Liebe sprachen.«

2. Teil

Die Geschichte von Green

Die zweite Schwester, geboren 1932

Auf Reds Anregung – oder vielmehr Drängen – hin kontaktierte ich ihre jüngere Schwester Green. Im Jahr 2014 war ich erneut in China, um am South China Book Festival in Guangzhou teilzunehmen, und anschließend begleitete ich meinen Mann Toby zum China Literary Translation Forum in Qingdao. Als wir dort ankamen, versuchte ich, Green anzurufen, um ein neues Treffen in Beijing auszumachen. Doch wie sich herausstellte, waren sie und ihr Mann ebenfalls in Qingdao, und sie lud mich ein, sie in dem Erholungsheim zu besuchen, in dem sie sich aufhielten.

Als ich am verabredeten Tag dorthin fuhr, wurde mein Taxi am Eingangstor angehalten.

Der Fahrer drehte sich zu mir um und sagte: »Das ganze Gelände gehört der Regierung, da kommen Sie nur mit einer offiziellen Genehmigung rein. Autos wie meins haben hier keine Chance. Mittlerweile wohnen alle Funktionäre der Kommunistischen Partei in solchen speziellen Bereichen. Die haben sich das, was Vorsitzender Mao gesagt hat, von wegen ›dem Volk dienen‹, wahrlich zu Herzen genommen, oder? Das ist nicht nur so dahergesagt.«

Seine Stimme troff vor Ironie, als er mir mein Wechselgeld zurückgab.

Ich trat durch das Tor, das sehr »regierungsmäßig« gestaltet war, und folgte dem langen, gewundenen Weg zum Hauptgebäude. Zu beiden Seiten waren Reihen makellos gepflegter Blumen gepflanzt, so sorgfältig nach Form, Größe und Farbe geordnet, dass sie aussahen wie eine gut gedrillte »Blumendivision« der Armee. Schon von weitem konnte ich sehen, dass die Frau, die am Eingang stand, Green war. Sie besaß dieselbe poetische Eleganz wie

ihre ältere Schwester Red (die Chinesen glauben, Frauen, die Gedichte lesen, wären kultivierter), und ich dachte bei mir, dass sie vielleicht beide nach ihrer Mutter kamen, was das anging.
Doch die Art, wie Green mich begrüßte – mit ausgestreckten Armen und lauten Freudensbekundungen –, hätte sich kaum stärker von der Frau unterscheiden können, die ich ein Jahr zuvor in Beijing besucht hatte. Während man Red als feine, elegante Dame bezeichnen könnte, war Green eine offenherzige Frau, die kein Blatt vor den Mund nahm.
Während der nächsten drei Jahre interviewte ich Green, ihre Kinder und Enkelkinder bei mehreren Gelegenheiten in Qingdao, Beijing und Nanjing. Ohne sie wäre das Buch niemals zu dem geworden, was es heute ist – eine Sammlung von Lebens- und Liebesgeschichten von vier Generationen derselben Familie.

Während Green sprach, nahmen ihre Geschichten in meinem Kopf mit unwiderstehlicher Macht Gestalt an. Das lag nicht nur an ihrem direkten, unverstellten Wesen, sondern auch daran, dass ihre Erlebnisse mich persönlich berührten, denn Green ist genauso alt wie meine Eltern.

Greens Geschichte – Jugend in Zeiten der sich anbahnenden Revolution

Wir sind insgesamt neun Geschwister. Drei sind ins Ausland gegangen, drei wurden in die Revolution verheiratet, und drei sind vor ihrer Zeit gestorben.
Um ehrlich zu sein, stand ich meiner großen Schwester Red nie sehr nahe. Das liegt nicht nur daran, dass wir zwölf Jahre auseinander sind, sondern vor allem daran, dass sie den Kontakt zu uns jüngeren Geschwistern abbrach, als sie heiratete und beim Nachrichtendienst anfing. Bis zu ihrer Pensionierung 1981 hörten wir nur über meinen älteren Bruder in Hongkong von ihr.

Die meisten Erinnerungen, die ich an meine Schwester habe, stammen aus der Zeit, bevor ich in Beiping in die Schule kam, als wir alle noch zusammen zu Hause wohnten.

Damals kam unser Vater nur selten nach Hause, und wenn, dann schien er nichts anderes im Sinn zu haben, als mit Red und meinen beiden älteren Brüdern über Poesie und Kunst zu sprechen. Blue, Orange und mich – zu der Zeit die drei Jüngsten – beachtete er überhaupt nicht. In meiner Erinnerung lief Mutter den ganzen Tag im Haus hin und her, und wenn sie in ein Zimmer kam, konnte man am Klang ihrer Stimme hören, in welcher Stimmung sie war. Mal war sie sanft wie eine Brise, während sie uns zärtlich übers Haar strich. Mal war sie feucht wie der Regen, wenn sie uns alle zugleich in ihre Arme schloss. Mal dröhnte sie wie ein mächtiger Sturm, und dann zitterten wir, als hätte uns ein schreckliches Unwetter erwischt. Doch ich war damals noch sehr jung und verstand nicht viel von der Welt. Vor allem begriff ich nicht, wie sehr meine Mutter sich bemühte, unsere Familie in einer Zeit großer Kämpfe und Umwälzungen zusammenzuhalten.

Meine beiden Brüder begannen ihre Ausbildung quasi von Geburt an; sie lernten, wie das Familienunternehmen funktionierte, damit sie ihren Ahnen Ehre erweisen konnten. Sie hatten ihre eigenen Diener, nicht nur Männer und Frauen, die sich um die Dinge im Haus kümmerten, sondern auch Kinder, die dafür bezahlt wurden, dass sie kamen und mit ihnen spielten! Mit drei Jahren kamen sie in eine Privatschule. Große Schwester bekam die Erlaubnis, sie zu begleiten und mit ihnen zu lernen, was ich furchtbar ungerecht fand. Ich war noch zu klein, um zu begreifen, dass Mädchen nach den traditionellen chinesischen Regeln nicht in die Familie gehören, in die sie hineingeboren werden, dass sie nicht ihren Ehepartner auswählen konnten – und eben auch keinerlei Bildung verdienten. Genau genommen denke ich heute oft, dass dies ein Grund dafür sein könnte, warum so viele Frauen meiner Generation ihr ganzes Leben der Revolution und dem Neuen China gewidmet haben.

Nachdem Mutter bei Rainbows Geburt gestorben war, veränderte sich alles bei uns. Vater wurde sehr still, und obwohl er viel mehr zu Hause war, bekamen wir ihn kaum zu sehen. Er war bei den Mahlzeiten dabei, aber selbst dann sprach er nicht mit uns. Ich habe gehört, dass er oft mit der kleinen Rainbow durch die umliegenden Felder ging, um nach kleinen Tieren Ausschau zu halten. Vielleicht suchte er dort auch nach Spuren der Mutterliebe, die sie nie kennen würde.

Große Schwester übernahm die Leitung des Haushalts, aber ich kann mich nicht erinnern, dass sie je so viel zu tun hatte wie Mutter früher. Möglicherweise lag es daran, dass wir einen Teil des Geschäfts verkauft und einige Bedienstete entlassen hatten, oder daran, dass Vaters zwei neue Geliebte beim Kochen und anderen Dingen halfen. Wie sie es früher auch schon getan hatte, brachte Große Schwester uns einige grundlegende Fertigkeiten bei – Gedichte lesen und schreiben, Sticken, Blumenbinden und dergleichen. Oft nahm sie uns mit nach draußen, um Gemüse aus dem Garten zu holen und das Unkraut aus den Blumenbeeten zu zupfen. Aber wir jüngeren Töchter – Blue, Orange, Rainbow und ich – wussten alle, dass Große Schwester anders war als wir. Zum Beispiel war sie die Einzige, die zur Schule gehen und das Lernzimmer unserer Brüder betreten durfte. Der Hauslehrer und der alte Mann, der für uns die Bücher führte, grüßten die drei immer voller Ergebenheit, während sie uns ebenso konsequent ignorierten.

Wenn ich so zurückdenke, waren unsere Brüder die Bäume unserer Familie, Große Schwester Red und Kleine Schwester Rainbow waren die Blüten, und Blue, Orange und ich waren die Blätter – nützlich, aber unbeachtet. Dabei haben diese »Blätter« durchaus recht bunte und sehr unterschiedliche Leben gelebt. Das Schicksal hat uns auf drei Reiche verteilt – Erde, Himmel und Hölle.

Vierte Schwester Blue ging ab 1940 in Beiping zur Schule, und wenn sie in den Ferien nach Hause kam, erzählte sie immer die wunderbarsten Geschichten. Sie erzählte uns, wie riesig die Stadt war, wie viele Menschen dort lebten, und dass es auf den breiten Straßen nur so von Kutschen und anderen Fahrzeugen wimmelte. Sie beschrieb all die verschiedenen Arten von Gebäuden, die Zirkusse, die zum Neujahrsfest aus dem ganzen Land anreisten, um ihre Kunststücke zu zeigen, und die köstlichen Leckereien, die man an jeder Straßenecke kaufen konnte. Am spannendsten fand ich es, wenn sie von den seltsam aussehenden Fremden erzählte, deren Augen eine andere Farbe hatten als ihr Haar. Manche von ihnen waren schön, sagte Blue, andere furchteinflößend.

Das Beiping, das Blue uns schilderte, schien ein Fenster zur Außenwelt zu öffnen, ein Ort voller Leben und Möglichkeiten. Gefangen in unserem festungsartigen Zuhause, umgeben von hohen Mauern, warteten wir voller Ungeduld darauf, dass Blue wiederkam und uns mehr erzählte.

Doch Gutes ist nie von Dauer. Nicht einmal drei Jahre später holte mein Vater Blue von der Schule, um sie mit dem Leiter eines Frachtunternehmens in Shanghai zu verheiraten. Wegen des Krieges, der immer noch im Land wütete, schickte mein Vater mehrere Diener los, die Blue nach Shanghai begleiten sollten.

Ich erinnere mich noch ganz genau daran, wie Blue vor ihrem Aufbruch tagelang weinte und sagte, sie wolle nicht heiraten, sondern weiter zur Schule gehen. Doch die ganze Familie drängte sie, Vaters Entscheidung zu akzeptieren – schließlich war er das Familienoberhaupt, und sein Wort war Gesetz.

Habe ich Ihnen die tragische Geschichte von unserer Schwester Blue erzählt? Ich habe mich oft gefragt, ob ich, wenn ich an ihrer Stelle gewesen wäre, dem Schicksal hätte entgehen können. Zwischen uns lagen altersmäßig nur wenige Jahre, aber das genügte, um alles zu ändern. Wenn Blue sich damals Vater widersetzt hätte, wäre das als schändlicher Akt der Rebellion angesehen worden. Als ich mich Vater widersetzte, war es nur Teil der Revolution, Teil der Zerschlagung der Vier Alten, die kurz nach Beginn der Kulturrevolution 1966 gestartet wurde und zum Ziel hatte, alte Denkweisen, alte Kulturen, alte Gewohnheiten und alte Sitten auszulöschen.

Blues Mann geriet damals zwischen die Fronten. Als die Japaner Shanghai besetzten, mussten die dortigen Geschäftsleute sich ihnen unterwerfen, sonst riskierten sie Leib und Leben. Das gesamte Unternehmen von Blues Mann – einschließlich seiner Schiffsflotte, seiner Matrosen und seiner Lagerhallen auf den Docks – wurde von der japanischen Armee beschlagnahmt. Er hat sich weder einfach ergeben, noch hat er mit dem Feind gemeinsame Sache gemacht. Die Japaner haben ihnen alles genommen, was sie hatten, bis auf den letzten Penny – wie konnte die Gesellschaft sie da obendrein eines Verbrechens bezichtigen und ihn sogar zum Tode verurteilen? Und wie konnte man sie des Landesverrats beschuldigen, nur weil sie ein paar Almosen von unseren Verwandten aus Hongkong angenommen hatten? Die Regierung hat ihnen nicht nur lebensnotwendige Hilfe verweigert, sondern dazu ihrer Familie verboten, sie zu unterstützen.

Arme Schwester Blue, das Schicksal war ihr nie gewogen. Ihr Kind starb, ihr Mann wurde hingerichtet. Sie selbst saß in der Falle, ganz allein und ohne Zuflucht oder zuverlässige Menschen. Letzten Endes hatte sie nie eine Chance.

Hätte ich ihr helfen können? Zu meiner Schande muss ich sagen, nein. Ich habe Blue nicht einmal wiedergesehen, nachdem sie damals nach Shanghai ging, um zu heiraten. Zum einen war ich noch sehr jung und nicht erwachsen genug, um an irgendetwas oder irgendjemanden außer mir selbst zu denken. Zum anderen herrschte in China zwischen 1949 und 1960 ein solches Chaos, dass man selbst kaum zum Luftholen kam. Das Land hatte ein halbes Jahrhundert Krieg hinter sich, und die Leute begannen gerade, aus den Ruinen etwas Neues aufzubauen. Sie machten sich auf den langen und mühevollen Weg – körperlich wie seelisch –, um die Überreste ihrer Familie und ihres Zuhauses zusammenzusuchen. Und alle, ganz gleich aus welcher Schicht sie ursprünglich stammten, warteten ab, wie sie von den Kommunisten behandelt würden.

Über Megafone hallten Warnungen durch die Straßen, dass die amerikanischen Imperialisten noch immer an unsere Türen pochten und nationalistische Spione überall im Land Unheil anrichteten. Auf demselben Weg wurde die jeweils neueste Kampagne politischer Säuberungen verkündet, die so sicher kam wie die nächste Flut.

Obendrein brauchten 500 Millionen Menschen etwas zu essen, 95 Prozent der Bevölkerung brauchten Bildung, und die Führer unseres Landes wollten, dass Chinas Wirtschaftskraft innerhalb von zwanzig Jahren die von Großbritannien und den USA überflügelte. Wir arbeiteten so hart, dass ich nachts kaum zum Schlafen kam.

Zu der Zeit nahm ich alles, was unser Land betraf, sehr persönlich, gehorchte der Parteidisziplin und folgte allen Anordnungen bedingungslos. Für uns war die Partei das Land und das Land die Partei. Viele Menschen vernachlässigten ihre eigene Familie, um im Namen der Partei zu kämpfen, und schickten ihre Kinder zu Verwandten, damit die Kleinen sie nicht ablenkten.

Aus demselben Grund blieb ich nur mit Orange in Verbindung. Alle anderen Geschwister gingen eigene Wege, und erst im Zuge von Reform und Öffnung gelang es mir in den 1980er-Jahren, über unseren Bruder in Hongkong nach und nach mit ihnen Kontakt aufzunehmen.

Warum gerade Orange? Nun, wir waren nur zwei Jahre auseinander, deshalb hatten wir ähnliche Interessen und wuchsen unter ähnlichen Bedingungen auf. Aber das war es nicht allein; mein ganzer Blick auf das Leben und meine politischen Ansichten waren stark von Orange beeinflusst. Genau genommen verdankte ich ihr sogar meine Ehe.

Von 1945 an besuchte Orange ebenfalls in Beiping die Schule. Doch die Geschichten, die sie mit nach Hause brachte, waren ganz anders als die von Blue – es ging nur um ihre Klassenkameradinnen, ihre Lehrer und den neuesten Schultratsch über die Jungs. Für mich mit meinen dreizehn Jahren klangen diese Geschichten natürlich überaus verlockend. Ich ging zu Großer Schwester Red – sie lebte immer noch zu Hause und wartete auf die Rückkehr ihres Verlobten – und flehte sie an, bei Vater ein gutes Wort für mich einzulegen, damit er mir erlaubte, schon eher als geplant mit der Schule zu beginnen, und mich auf dieselbe zu schicken wie Orange.

Tatsächlich wurde mein Wunsch erfüllt, und so begann ich im

folgenden Jahr an derselben Schule wie meine Schwester, nur eine Klasse unter ihr. Die Schule, eine Highschool nur für Mädchen, war und ist Teil der Pädagogischen Hochschule von Beijing und somit ein renommiertes Zentrum wahrhaft chinesischer Ausbildung. Seit der Gründung der Volksrepublik China hat sie viele herausragende Frauen hervorgebracht – Wissenschaftlerinnen, Künstlerinnen, sogar Armeegeneralinnen. Die meisten unserer Landesführer schickten ihre Töchter oder Nichten dorthin, unter anderem Mao Zedong, Liu Shaoqui, Lin Biao, Zhou Enlai, Chen Yun und Deng Xiaoping.

Doch auch wenn sie zweifellos eine der besten chinesischen Schulen ist, kennt man sie in China wohl vor allem wegen ihrer unrühmlichen Rolle in der chinesischen Geschichte. Am 5. August 1966 wurde die stellvertretende Direktorin Bian Zhongyun dort zu Tode geprügelt. Sie starb auf obszöne und unmenschliche Weise durch die Hände einiger Schülerinnen, die zuvor als herzlich, liebevoll und unschuldig galten. Als ihr Leichnam in einer Schubkarre weggebracht wurde, war ihre Hose von Exkrementen durchtränkt. Und bis heute weiß niemand, wer ihre Mörderinnen waren. Heute nimmt man an, dass Bian Zhongyun tatsächlich die erste der unzähligen Toten der Kulturrevolution war, gestorben unter dem ehemaligen Rote-Garden-Führer Song Binbin, der bis in die Gegenwart den Tatbestand leugnet.

Zu meiner Zeit befand sich die Schule am Picai Hutong in Xidan, im Westen der Stadt. Damals war der Campus nicht annähernd so groß wie heute, aber er umfasste bereits mehrere Innenhöfe. Die Schülerinnen mussten sich strikt an die Vorschriften halten. Zum Beispiel durften sie nur sehr kurzes, glattes Haar haben. Locken oder Zöpfe waren verboten. Vorne durfte das Haar höchstens bis zur Mitte der Stirn reichen, an den Seiten und hinten höchstens bis zur Mitte der Ohren. Die Leute aus der Stadt nannten uns »kleine Japanerinnen«, weil die japanischen Schülerinnen einen ähnlichen Haarschnitt trugen.

Jegliche Form von Make-up oder Haarschmuck war ebenfalls verboten, selbst einfache Spangen. Manche Mädchen kamen nach den Ferien geschminkt zurück, aber sie mussten das Make-up mit Waschlappen und Seife, die die Schule extra dafür bereithielt, abwaschen, bevor sie sich für das neue Schuljahr einschreiben durften. In den zehnminütigen Pausen zwischen den Unterrichtsstunden mussten alle in ihren Klassenzimmern bleiben, es sei denn, sie wollten zur Toilette oder Wasser holen. Die Schülerinnen der verschiedenen Klassen sollten sich nicht untereinander mischen, und auf dem gesamten Schulgelände war jegliches Geschrei und Gerenne untersagt.

Als Teil unserer Ausbildung lernten wir auch, uns zivilisiert zu benehmen. Wir hatten immer ein Taschentuch bei uns, für den Fall, dass wir uns die Nase putzen oder ausspucken mussten. Auf den Boden spucken durften wir auf keinen Fall. Und wenn wir das Taschentuch benutzt hatten, mussten wir es hinterher auswaschen und hängten es erst dann draußen zum Trocknen auf.

Alle Mädchen trugen die gleiche himmelblaue Schuluniform, mit zwei roten Schalstreifen, die in den Kragen eingenäht waren. Orange sagte oft, wenn man mit der Uniform durch eine beliebige Straße in Beiping ging, schauten sich alle bewundernd nach einem um. Ob hoher Funktionär, Rikschafahrer oder Wachmann – alle staunten uns an.

Ungefähr um diese Zeit spürte ich zum ersten Mal, dass eine Ahnung von Veränderung in der Luft lag. Es waren die ersten Stoßwellen der Revolution, auch wenn mir das damals noch nicht klar war.

Um ehrlich zu sein, war diese Revolution für uns nichts weiter als ein neuer aufregender Trend. Wir waren zu jung, um die blutige Gewalt zu erkennen, die skrupellos geführte politische Auseinandersetzung in ihrem Kern oder die Folgen, mit denen wir unweigerlich leben mussten.

Den Ernst der Lage begriffen wir erst später, als Orange und andere ältere Schülerinnen uns das Ganze ausführlicher erklärten.

Obwohl ich mich fast ausschließlich auf dem Schulgelände aufhielt, spürte ich in Beiping im Oktober 1946 eine große Energie.

Sowohl die Kommunisten wie auch die Nationalisten machten eifrig Werbung unter den Schülern und Studenten und versuchten, die Begabtesten und Intelligentesten unserer Generation für sich zu gewinnen. Die Kommunistische Partei hatte erst kurz zuvor die Neue 4. Armee, die 8. Marscharmee und mehrere Einheiten der Befreiungsarmee zu einer neuen Streitkraft namens Volksbefreiungsarmee zusammengefasst.

Zwischen 1946 und 1948 gab es auf den Straßen endlose Studentendemonstrationen, darunter die Antiamerikanische Bewegung, die Antibürgerkriegsbewegung, die Antihungerbewegung und die Protestbewegung gegen die amerikanische Unterstützung Japans. Diese unablässigen Studentenproteste hielten die Polizei von Beiping in Atem, und gleichzeitig kursierten an den Universitäten Tausende von Gerüchten; unter anderem hieß es, die Regierungsvertreter der Nationalisten in Beiping hätten sich in zwei Lager aufgespalten.

Eines dieser angeblichen Lager unterstand der Zentralregierung in Nanjing und sprach sich dafür aus, die Proteste mit aller Macht zu unterdrücken. Unterstützt wurden sie von der Militärpolizei der Stadt und dem Geheimdienst der Nationalisten.

Das andere Lager handelte unabhängig von der Zentralregierung. Zu den Mitgliedern zählten unter anderem Li Zongren, He Siyuan, damals Bürgermeister von Beiping, und Fu Zuoyi. Diese Gruppe innerhalb der Nationalisten vertrat einen aufgeklärteren Ansatz und versuchte, blutige Auseinandersetzungen zu vermeiden.

Dies alles geschah aber vor dem Hintergrund einer drohenden Niederlage gegen die Kommunisten, daher wechselte das Personal der nationalistischen Regierung ständig. Im Mai 1948 wurde Li Zongren zum Vizepräsidenten der Republik China gewählt; Wu Zhuren verließ Beiping, als er in die Nationale Überwachungsbehörde gewählt wurde; und He Siyuan wurde seines Amtes als Bürgermeister von Beiping enthoben. Ein wenig später wurde Fu Zuoyi der Befehlshaber einer militärischen Abteilung, die sogenannte Banditen bekämpfen sollte, wie Milizen aus Bürgern und Kommunisten im Norden Chinas, insbesondere aus Mandschukuo genannt wurden. Er bezog seinen Hauptsitz in Beiping, wo Chen Jicheng der stellvertretende Leiter der Abteilung zur Bekämpfung der sogenannten Banditen und Leiter der Garnison wurde.

Derweil zeichnete sich der Ausgang des Bürgerkriegs immer deutlicher ab. Der Norden und Nordosten Chinas waren nicht mehr in japanischer Hand, sondern bereits von den kommunistischen Truppen befreit worden. Gleichzeitig kamen Tausende von Studenten aus Provinzen wie Liaoning und Jilin nach Beiping und Tianjin, um den Kämpfen in ihren Heimatstädten zu entrinnen. Daraufhin erklärte die nationalistische Regierung, in Beiping und Tianjin würden vorübergehend neue Schulen und Universitäten eingerichtet. Doch sie hielt ihr Wort nicht. Als die Studenten aus dem Nordosten mit ihren Rufen, sie wollten »studieren und leben«, auf taube Ohren stießen, entsandten sie einen Vertreter, um mit den Regierungsvertretern der Nationalisten in Beiping zu verhandeln. Doch auch dies blieb erfolglos.

Später erfuhren die Studenten zu ihrem Ärger, dass die Leitung des Politischen Rats der Nationalisten von Beiping sie als Soldaten einziehen wollte, als Teil des Plans zur »Rekrutierung der exilierten Studenten aus dem Nordosten« vom 3. Juli 1948. Einen Tag darauf trafen sich Vertreter von Studenten der mehr als einem Dutzend Hochschulen und Universitäten der nordöstlichen Provinzen und beschlossen, am nächsten Tag eine Massendemonstration abzuhalten. Die Studentenvereinigungen von Beiping und Nordchina schickten Unterstützungsschreiben und Banner, um ihre Solidarität mit den Studenten aus dem Nordosten zu zeigen.

Die Studentenvertreter forderten, der Leiter des Politischen Rates der Nationalisten von Beiping solle sich offiziell vor den Studenten entschuldigen, doch er weigerte sich rundheraus. Unter den Studenten, die in großer Zahl dort waren, wuchs der Zorn, und sie beschlossen, erneut einen Versuch zu unternehmen, mit dem Leiter des Rats zu verhandeln, und zwar direkt in seinem Büro

im Gesandtschaftsviertel. Als Chen Jicheng – immerhin der stellvertretende Leiter der Abteilung zur Bekämpfung der »Banditen« und Leiter der Garnison in Beiping – davon erfuhr, schickte er eine Einheit Soldaten los, um die Studenten daran zu hindern, das Gesandtschaftsviertel zu betreten.
Fu Zuoyi war zwar ebenfalls gegen die Studentenproteste, wollte aber einen Aufruhr vermeiden, deshalb befahl er der Militärpolizei von Beiping, den Studenten unbewaffnet entgegenzutreten. Die Polizisten hielten zehn Stunden lang stand, steckten Schläge ein, ohne zurückzuschlagen, schwiegen, wenn sie beleidigt wurden, unterdrückten ihren Hunger und wahrten die öffentliche Ordnung.
Chen Jicheng jedoch ging die Sache anders an, da er die Lage für weit ernster hielt. Er schickte über zweihundert Soldaten und vier Panzerfahrzeuge los, um die Studenten einzukreisen und Maschinengewehre aufzustellen. Zu dem Zeitpunkt waren die Verhandler beider Seiten im Gebäude und bekamen nicht mit, wie die Situation draußen eskalierte. Als sie zu einer Einigung gefunden hatten, traten sie aus dem Haupteingang, um das Ergebnis zu verkünden.
Die Menge, die draußen wartete, drängte unter Jubelschreien nach vorne. Die Soldaten, die das Ganze beobachteten, wussten nicht, was der Aufruhr bedeutete, und dachten, die Studenten versuchten, das Haus zu stürmen. In ihrer Panik eröffneten sie das Feuer auf die Menge. Sofort warfen sich alle zu Boden, doch als sie sich wieder erhoben, wurde eine weitere Salve abgefeuert. In dem Massaker kamen an jenem Tag acht Studenten und ein Passant ums Leben, und mehr als vierzig Menschen wurden verletzt.
Das Massaker vom 5. Juli in Beiping sandte Schockwellen durch ganz China. Studenten und Schüler aus der ganzen Stadt protestierten aufgebracht und verlangten, dass die Verantwortlichen bestraft würden. Studenten aus anderen Städten schickten Solidaritätsbekundungen. Am 9. Juli versammelten sich über zehntausend Schüler und Studenten aus dreizehn nordchinesischen Lehranstalten sowie die aus dem Nordosten nach Beiping ge-

flüchteten Studenten auf dem Versammlungsplatz der Universität Peking, um die Getöteten zu betrauern und das Vorgehen der Behörden anzuprangern.

Tausende von Studenten marschierten zum offiziellen Wohnsitz von Li Zongren, mit Bannern, auf denen stand: »Petition der Studenten aus dem Norden und Nordosten gegen die Unterdrückung der Massen und für die Förderung des Studiums«. Li traf sich dreimal mit Vertretern der Studenten, sagte jedoch: »Ich bin nur ein Strohmann ohne wirkliche Handlungsbefugnis. Ich kann nichts weiter tun, als eure Botschaft an die Zentralregierung weiterzugeben.«

Am Tag nach dem Massaker hielt Fu Zuoyi eine Rede, in der er Verständnis für die missliche Lage der Studenten äußerte. Außerdem erklärte er sich bereit, die für das Massaker Verantwortlichen zu entlassen, bot den Familien der Getöteten finanzielle Unterstützung an und versprach, eine Lösung für die Probleme der Studenten aus dem Nordosten zu finden.

Fu handelte freundlich und würdig, doch gleichzeitig schickte er ein Telegramm an die Exekutive der nationalistischen Regierung in Nanjing mit der Bitte um »Disziplinierung« und erklärte seinen Rücktritt. Das zwang Chiang Kai-shek, sich zwischen Fu, dem das Militär unterstand, und Chen Jicheng, dem Polizeichef, zu entscheiden. Letzten Endes blieb Chiang nichts anderes übrig, als Chen sowie die leitenden Beamten von Geheimdienst und Armeegeheimdienst der Stadtregierung von Beiping zu entlassen.

Doch kaum hatte sich die Anspannung gelegt, ging die nationalistische Regierung zum Gegenangriff über und ordnete eine Untersuchung der angeblich manipulierten »studentischen Dissidenten« an, die bei dem Protestmarsch am 9. Juli dabei gewesen waren. Chen Xuefeng, Minister für den Jugendbund der Guomindang, bekam den Befehl, heimlich ein »Kommitee zur Eliminierung von Verrätern und Dissidenten« zu gründen. Am 19. August bestellte er zweihundertfünfzig Studenten zur Vernehmung, und etliche von ihnen wurden verhaftet und vor Gericht gestellt, um sie »dem Gesetz entsprechend« zu bestrafen.

Gleichzeitig steigerte die Untergrundabteilung der Kommunistischen Partei ihre Bemühungen, die Studenten auf ihre Seite zu ziehen. Sie warnte die Studenten vor weiteren öffentlichen Demonstrationen und ermahnte sie, sich vor den Nationalisten in Acht zu nehmen, die angeblich die Stadt zerstören und dann verschwinden wollten.

In ganz China wurde damals gekämpft, es ging um Veränderungen und politische Gerechtigkeit. Die Revolution machte vor den Schulen nicht halt, denn auch die Schüler und Studenten spalteten sich in verschiedene Lager. Manche unterstützten die Kommunisten, manche die Nationalisten. Andere sahen in China keine Zukunft mehr für sich, packten ihre Sachen und verschwanden, um im Ausland zu studieren. Einige meinten, die Revolution ginge sie nichts an, und ignorierten, was sich draußen abspielte. Wieder andere hielten ihr Segel in den Wind und ließen sich treiben.

Im Rückblick betrachtet, kommt es mir fast so vor, als wäre unser Campus mit seinen unterschiedlichen Strömungen ein Miniaturabbild des gesamten Landes gewesen. Das Massaker vom 5. Juli war der größte Studentenaufstand zur Zeit der nationalistischen Herrschaft in China. Er kostete die Nationalisten die Unterstützung vieler Intellektueller und Studenten, die nun mit den Kommunisten sympathisierten.

Ich war damals noch sehr jung. Ich roch den beißenden Geruch des Schießpulvers und spürte die Panik und Verwirrung, die unter den Studenten herrschten, aber ich hatte nicht das Gefühl, das Ganze hätte etwas mit mir zu tun. Ohnehin bildete ich mir meine Meinung nach dem, was Orange mir sagte.

Ungefähr zu der Zeit bemerkte ich, dass meine Schwester sich auf merkwürdige Weise veränderte. Das stille, zurückhaltende Mädchen, das ich kannte, wurde plötzlich viel offener und lebendiger. Ohne jeden erkennbaren Grund huschte manchmal wie aus dem Nichts ein Ausdruck verschämter, geheimnisvoller Freude über ihr Gesicht. Anfangs hatte ich nicht die geringste Ahnung, was es damit auf sich hatte.

Doch es dauerte nicht lange, bis ich es herausfand. Eines Nachmittags ging Orange mit mir in eine ruhige Ecke des Campus, weil sie mir etwas erzählen wollte. »Ich glaube, ich habe mich verliebt!«, sagte sie und wurde dabei ganz rot.

Ich sah sie an und fragte naiv: »Was heißt das, ›verliebt‹?« Doch meine Schwester hatte ein paar von ihren Freundinnen entdeckt und lief zu ihnen.

Als ich bald darauf in den Ferien nach Hause fuhr, fragte ich Große Schwester Red: »Wusstest du, dass Orange sich ›verliebt‹ hat?«

Um ehrlich zu sein, war ich an dem Tag ziemlich arrogant und spielte mich Red gegenüber auf, weil ich dachte, da sie die ganze Zeit zu Hause hockte, hätte sie bestimmt auch keine Ahnung, was »sich verlieben« bedeutete.

Red umarmte mich und sagte: »Nein, das wusste ich nicht. Aber wenn sie es uns nicht erzählt hat, dann dürfen wir auch nicht herumlaufen und es weitererzählen. Wenn zwei Menschen sich ineinander verlieben, geht das nur sie beide etwas an, und dann sollte man nicht darüber tratschen oder sich einmischen.«

»Du weißt also, was ›sich verlieben‹ heißt?!« Ich starrte Red überrascht an und fragte dann töricht: »Hast du dich denn schon mal ›verliebt‹?«

Red lachte. »Komm, lass uns im Gemüsegarten weiterreden. Dann können wir den Rest von deiner Lieblingssorte ernten, und ich sorge dafür, dass die Köchin dir etwas Leckeres daraus kocht. Du kannst so viel essen, wie du willst, versprochen. Was hältst du davon?«

In diesen Ferien begann ich zu ahnen, dass wir nicht mehr lange in unserem Haus in Chengde bleiben würden. Früher waren wir oft in dem Garten herumgetollt, wo bunte Blumen leuchteten und üppiges Gemüse spross, doch jetzt waren dort nur noch ein paar traurige, einsame Reihen Kohl, alles andere war ungepflegt und von Unkraut überwuchert.

Während wir die letzten Reste ernteten, erklärte mir Red, dass ›sich verlieben‹ ein Weg war, den ein Mann und eine Frau gemeinsam gingen, und wenn sie sich entschlossen, ihn bis zum

Ende zu gehen, dann führte dieser Weg zu einer Familie, die in Liebe wurzelte.

Damit ich besser verstand, was das für ein Weg war, erzählte mir Große Schwester mehrere Tage hintereinander klassische chinesische Liebesgeschichten. Die beiden, an die ich mich am besten erinnere, waren zwei Theaterstücke, die später während der Kulturrevolution verboten wurden: *Das Westzimmer* von Wang Shifu und *Der Pfingstrosen-Pavillon* von Tang Xianzu – zwei wunderschöne Geschichten über die Liebe.

In *Das Westzimmer* müssen Zhan Sheng und Yingying allerlei Unbill erdulden, aber ihre Liebe überdauert alles, und am Ende kommen sie zusammen. Die Geschichte in *Der Pfingstrosen-Pavillon* ist sogar noch schöner. Du Liniang und Liu Mengmei begegnen sich nie im wahren Leben, sondern nur in ihren Träumen, und ihre Liebe umfasst sowohl das Reich der Lebenden wie das der Toten. Heutzutage glauben viele Chinesen, Shakespeares Talent sei unerreicht, aber diese Stücke sind bestimmt ebenso in der Lage, die Erde erbeben zu lassen und sogar die Götter zu bewegen.

Während dieser Ferien las Große Schwester mir auch *Die Kameliendame* von Alexandre Dumas vor. Die Ausgabe, die wir zu Hause hatten, war 1898 von Wang Shouchang und Lin Shu übersetzt und im Handschnitzverfahren in Fuzhou gedruckt worden. Erst nachdem ich diese Geschichten gehört hatte, wurde mir bewusst, wie mein Körper sich veränderte. Kein Wunder, dass ich so begierig auf Oranges Geschichten war und immer rot wurde, wenn ich mit einem Jungen sprach!

Ich weiß nicht, wie es in anderen Familien war, aber mit mir hat nie jemand über Sexualität gesprochen, weder zu Hause noch in der Schule. Und natürlich stand darüber nichts in den Zeitungen – ich werde immer noch rot, wenn ich so etwas heute in den Medien sehe! Ich weiß nicht, wie die jungen Leute es heutzutage schaffen, sich auch nur ein bisschen Anstand und Moral zu bewahren. Man muss sich wirklich die Geschichten unserer Generation anhören, um zu verstehen, warum wir uns solche Sorgen um sie machen.

Ob Red mir nichts über Sex erzählt hat? Ha! Das wüsste ich aber! Obwohl, vielleicht doch. Red ist zwar meine große Schwester, aber für mich war sie damals eher wie eine Mutter.

Das, was sie über die Liebe gesagt hatte – dass es eine Sache ist, die nur zwei Menschen etwas angeht und über die man nicht reden soll –, verstand ich so, dass man sie geheimhalten sollte. Deshalb wagte ich, als ich mich verliebte, nicht, es irgendjemandem außer meiner Schwester Orange zu erzählen. Wenn ich heute daran denke, muss ich lachen! Damals wären ein Mann und eine Frau, selbst wenn sie verliebt waren, nicht mal im Traum auf die Idee gekommen, sich vor der Heirat allein zu treffen. Wenn man sich sah, dann immer in Anwesenheit von Familie oder Freunden, um die Reinheit der Liebe zwischen Mann und Frau zu bewahren.

Wer gegen diese Regeln verstieß, spielte mit dem Feuer – selbst wenn die Gesellschaft ihn nicht bestrafte, dann auf jeden Fall die Familie. Deshalb herrschte in vielen chinesischen Familien damals große Sorge, wenn die jungen Leute anfingen, einander zu umwerben. Aber ich hatte Glück, denn ich konnte Red um Rat fragen und mir Orange als Vorbild nehmen, so hatte ich keine Angst, als ich heranwuchs, und ich glaube auch nicht, dass meine Familie sich meinetwegen Sorgen gemacht hat.

Als ich nach den Ferien wieder nach Beiping kam, sagte Orange, sie wolle mir einen besonderen Freund von ihr vorstellen, einen Mann, den sie »sehr bewundere«. »Du brauchst keine Ausgeherlaubnis. Ich komme am Sonntag zu dir«, sagte Orange geheimnisvoll.

Ich fühlte mich immer noch nicht recht wohl damit. »Ich glaube nicht, dass das funktioniert. Es ist zwar Wochenende, aber ich brauche trotzdem eine Erlaubnis. Wir Jüngeren können nicht einfach gehen, wohin wir wollen.«

Orange lachte. »Wir gehen nirgendwohin. Du wirst schon sehen«, sagte Orange lächelnd und stupste mir mit dem Zeigefinger an die Stirn.

Ich weiß noch, dass ich an dem Sonntag merkwürdig früh aufwachte. Die meisten Schülerinnen nutzten die Gelegenheit, we-

nigstens einmal in der Woche ausschlafen zu können, aber diese Begegnung mit Oranges »Freund« beschäftigte mich so sehr, dass ich nicht richtig schlafen konnte. Was meine Sorge noch verstärkte, ich könnte einen schlechten Eindruck bei ihm hinterlassen.
Ich litt bis nach dem Mittagessen still vor mich hin, dann tauchte Orange auf, nahm mich an der Hand und rannte los. Ich fragte sie, wohin sie wolle, doch sie antwortete nicht, sondern lief einfach immer weiter. Erst als wir bei dem kleinen Wäldchen neben dem Sportplatz ankamen, wurde sie langsamer und begann zwischen den Bäumen nach etwas oder jemand zu suchen – vermutlich nach ihm.
Und tatsächlich tauchte ein junger Mann aus den Schatten auf. Er war mittelgroß, und obwohl mir sein Gesicht irgendwie bekannt vorkam, konnte ich es nicht einordnen. Als Orange ihn erblickte, war es, als würden lauter fröhliche kleine Vögel um ihre Brust flattern. Ich stand abwartend daneben und spürte, wie mein Gesicht zu glühen begann. Obwohl ich inzwischen wusste, was verliebt sein bedeutete, war es mir unendlich peinlich, meine Schwester so vertraut mit einem Mann zu sehen.
»Komm schon, Kleine Green, das ist mein Freund, Mr Pan Guoding. Er unterrichtet russische Literatur an der Universität.« Orange stellte sich neben ihn und sah zu mir, als wäre *er* mit ihr verwandt und ich nur eine Fremde, die sie gerade zum ersten Mal trafen.
Aber kein Wunder, dass mir sein Gesicht bekannt vorkam. Manchmal gab es gemeinsame Veranstaltungen mit der Universität, zu der unsere Schule gehörte, und da war er mir wahrscheinlich schon einmal begegnet.
»Mr Pan, das ist Sechste Schwester Green.«
Mr Pan trat mit ausgestreckter Hand auf mich zu. Ich stand zutiefst verlegen da und wusste nicht, was ich tun sollte. Ich war zu jung, um solche Förmlichkeiten zu verstehen, und in einem Umfeld aufgewachsen, wo Mädchen keinen Umgang mit erwachsenen Männern hatten.
Orange bemerkte meine Not und sagte lachend: »Kleine Green,

wir sind Kinder eines neuen Zeitalters. Sich die Hand zu geben ist mittlerweile üblich, und wir wollen doch nicht unhöflich sein, oder?«

Unter großer Überwindung streckte ich vorsichtig die Hand aus. Mr Pan nahm sie und schüttelte sie ganz leicht. »Ich freue mich sehr, dich kennenzulernen. Deine Schwester hat mir viel Gutes von dir erzählt. Sie hat gesagt, du bist sehr klug, denkst über vieles nach und bist anderen gegenüber immer hilfsbereit. Du machst deinem Namen alle Ehre – du pflanzt im Herzen vieler Menschen ein grünes Pflänzchen der Hoffnung.«

Mr Pans Worte machten mich noch verlegener, und meine Wangen wurden noch heißer. Wieder rettete Orange mich, indem sie zu Mr Pan sagte: »Danke. Kleine Green wird sicher bald noch mehr Hoffnungspflänzchen in den Herzen der Menschen pflanzen, aber jetzt lasst uns gehen!«

Als wir uns auf den Weg machten, begann Orange in einer Sprache mit Mr Pan zu reden, die ich nicht verstand; auf jeden Fall war es kein Chinesisch.

Diesmal war es Mr Pan, der meine Verwirrung bemerkte. »Kleine Green, es macht dir doch nichts aus, wenn deine Schwester und ich uns auf Russisch unterhalten, oder?«

Ich schüttelte nur stumm den Kopf.

Orange sagte frech: »Das ist sogar gut, so kriegt Kleine Green schon mal ein Gefühl für die Sprache, bevor sie im nächsten Schuljahr damit anfängt.«

Ich erwiderte nichts darauf. Eigentlich war ich sogar froh, dass sie Russisch sprachen, denn so musste ich mir keine Gedanken machen, wenn ich nicht verstand, was sie sagten.

Als ich mit der Schule anfing, wusste ich, dass ich auch Fremdsprachen lernen würde, aber ich hatte keine Ahnung, dass Orange sich tatsächlich in einer unterhalten konnte. Es klang – zumindest für meine Ohren –, als wäre sie schon sehr fortgeschritten.

So gingen die beiden nebeneinander her, und ich folgte ihnen stumm. An dem Tag trug Orange einen dunkelblauen Qipao und einen weißen Seidenschal um den Hals. Mr Pan trug einen dunkelblauen Mao-Anzug und einen dunkelgrauen Seidenschal. An den Füßen hatten beide schwarze Stoffschuhe mit weißer Sohle. Sie passten perfekt zusammen.

Von dem Sonntag an kam Orange jedes Wochenende zu mir, damit wir uns mit Mr Pan treffen konnten, und wir gingen auf dem Campus umher. Meistens unterhielten die beiden sich auf Russisch, und ich folgte ihnen verlegen und stumm.

Einmal brachte Mr Pan mir einen Spieß mit kandierten Mehlbeeren mit, den er mir mit den Worten gab: »Das ist für alles, was du für uns getan hast. Danke für deine Hilfe.«

»Welche Hilfe?«, fragte ich, weil ich nicht verstand, was er meinte. Ich hatte ihnen doch gar nicht geholfen.

Erst viele Jahre später begriff ich, was es damit auf sich hatte. An unserer Schule war es den Mädchen strikt verboten, einen Freund zu haben, deshalb nahm Orange mich immer mit, wenn sie sich mit Mr Pan traf, damit niemand auf die Idee kam, dass die beiden ineinander verliebt waren.

Orange sprach sehr gut Russisch – und ich war auch nicht allzu schlecht, als ich anfing, es zu lernen –, deshalb dachten die Leute, Mr Pan würde uns zusätzlichen Unterricht geben. Kein Wunder also, dass sie sich bei mir bedanken wollten, schließlich spielte ich eine wichtige Rolle in ihrer Beziehung!

1950 begann Mr Pan, für das Außenministerium zu arbeiten. Ein Jahr später folgte ihm Orange dorthin, direkt nachdem sie ihren Abschluss gemacht hatte. China brauchte damals dringend Leute mit diplomatischen Fähigkeiten, und Paare wurden stets ermutigt zusammenzuarbeiten, da die Regierung meinte, das würde Auslandsreisen vereinfachen. Doch letzten Endes unternahmen weder Orange noch ihr Mann je eine solche Reise.

1953 begannen sich die Beziehungen zwischen China und der Sowjetunion zu verschlechtern, und viele, die zuvor in der chinesisch-sowjetischen Diplomatie gearbeitet hatten, wurden zu Geheimdienst-Analytikern und Spionen. Mr Pan war schon seit langem Mitglied der kommunistischen Untergrundbewegung. Nach ihrer Heirat erzählte Orange, wie innig sie einander verbunden waren, und dass sie sich täglich Liebesbriefe auf Russisch schrieben. An den Wochenenden nahmen sie an internationalen Veranstaltungen überall in der Stadt teil – Versammlungen, Konferenzen, aber auch gesellschaftliche Anlässe wie Tanzveranstaltungen. Sie kümmerten sich gut um mich und schickten mir immer wieder kleine Geschenke, zum Beispiel Zeitschriften, Bildbände und russische Bücher.

Doch kurz nach dem Beginn der Kulturrevolution bekam ich eine Nachricht, dass ich jeglichen Kontakt zu den beiden abbrechen müsse. In den verrückten Zeiten damals gab man häufig Menschen wie Orange und Mr Pan die Schuld an allem Möglichen, weil sie unter Diplomaten und Spionen verkehrten. Geheimakten des Staates wurden versiegelt und verbrannt, Vorgesetzte wurden entmachtet. Und die Roten Garden waren noch verblendeter als die jungen Menschen während der Französischen Revolution. Gesetze galten nichts, Familien zerbrachen – und niemand hätte sich für Mr Pan und seine Unschuld verbürgt. Sobald einen die Roten Garden als Spion bezeichneten, und sei es nur, weil man ein Radio besaß, wurde man als ausländischer Agent verurteilt. Es reichte schon aus, eine Fremdsprache zu beherrschen, oder wenn man eine Notiz zu Hause hatte, die auf Englisch geschrieben war. Die Roten Garden in unserer Einheit behaupteten, Oranges Mann sei in Wirklichkeit ein Sowjetspion, der verdeckt in China arbeite. Drei Wochen später war er tot, vermutlich zu Tode geprügelt. Orange konnte ihn nicht einmal beerdigen, da sein Leichnam nie gefunden wurde. Sie sucht bis heute danach.

Orange war damals nicht einmal vierzig Jahre alt, aber ihr Nervensystem hat sich nie von dem Kummer erholt, und sie ist seither nicht mehr in der Lage, für sich selbst zu sorgen.

Sie würden sie gerne kennenlernen? Ich fürchte, das wird schwierig. Nicht einmal unserem ältesten Bruder ist das gelungen, als er 1985 in die Volksrepublik China reiste, um nach seinen Geschwistern zu suchen. Er hat uns zwar gefunden, aber Orange weigerte sich, ihn zu sehen.

Sie hat drei Kinder, zwei Söhne und eine Tochter namens Kangmei, was so viel bedeutet wie »Anti-Amerika«. Die beiden Jungen, damals noch klein, wurden nach dem Vorfall mit Oranges Mann von dessen Eltern in den Familiensitz auf dem Land geholt, weil sie die Jungen vor dem Chaos in der Stadt in Sicherheit bringen wollten, aber auch, damit der vermeintliche Verrat ihres Vaters nicht auf sie abfärbte. Kangmei erzählte mir, dass Orange nach und nach den Kontakt zu den Jungen verlor, als die politische Situation immer schwieriger wurde.

Aber Kangmei ist immer bei ihrer Mutter geblieben, und das war schwer für das Kind. Sie hat ihre Mutter sogar mitgenommen, als sie geheiratet hat, und jetzt leben drei Generationen unter einem Dach. Kangmeis Mann ist freundlich und tüchtig, und obwohl er viel Zeit in seiner Fabrik im Süden verbringen muss, sorgt er stets dafür, dass alle drei Generationen gut versorgt sind. Ja, sie haben ein gemeinsames Kind, eine Tochter. Unter der Ein-Kind-Politik dürfen die städtischen Familien ja nur eins haben!

Auch nach all den Jahren habe ich die Hoffnung noch nicht aufgegeben, dass es Orange eines Tages mit meiner Hilfe gelingt, die Tür zu ihrem Herzen wieder zu öffnen, obwohl sie schon so lange zugeschlagen ist. Wissen Sie, für viele von uns Chinesen ist die Kulturrevolution wie ein vor langer Zeit verrostetes Schloss. Ich sehne mich danach, mich mit Orange zusammenzusetzen und ausgiebig zu reden, über unser Leben, uns und unsere Kinder.

Ihr das alles schreiben? Daran habe ich nie gedacht. Ich träume immer davon, dass sie eines Tages anruft und sagt: »Komm, Kleine Green, lass uns reden.« Aber das bleibt wohl ein Traum.

Ich bin jetzt über siebzig, bald werde ich achtzig sein. Meine Augen sehen nicht mehr gut, meine Hände zittern, und ich fürchte, es ist vielleicht zu spät.

Hier konnte ich nicht anders und erzählte Green von meiner Schwiegermutter Mary Wesley, die erst mit 70 angefangen hat, ihre elf Bücher zu schreiben und zu veröffentlichen – und wie sehr sie mich beeinflusst hat bei meiner eigenen Schreibtätigkeit

und meiner Passion für die »Verborgenen Stimmen« der Chinesen. Ihre Auffassung von Frauenliebe in den Zeiten des Kriegs und ihr ehrlicher Blick auf ihr eigenes Leben waren ungemein wertvoll.
Aber ich konnte Green nicht überzeugen. Sie fragte: »Ihre englische Schwiegermutter hat mit siebzig erst angefangen zu schreiben? Aber wie viele Menschen wie sie gibt es auf der Welt? Nein, schreiben Sie unsere Geschichte auf, und ich lasse sie mir dann von meinem Enkel vorlesen!

Wir verließen unser Zuhause in Chengde ungefähr ein halbes Jahr vor der Hochzeit unserer großen Schwester, während des Mondfests 1948. Zu der Zeit wussten wir allerdings noch nicht, dass sie so bald darauf heiraten würde. Ich war bereits etwas früher zur Schule zurückgekehrt, weil Orange wollte, dass ich sie und Mr Pan begleitete, und ich wusste nicht, dass ich das Haus, in dem ich aufgewachsen war, nie wiedersehen würde. Die Jugend ist eine Zeit seliger Ahnungslosigkeit. Sie ist zwar schön, aber manchmal bezahlt man einen hohen Preis für diese Schönheit. Manche Menschen verbringen ihr ganzes Leben damit, die Schulden ihrer Jugend zurückzuzahlen.
Als der Winter nahte, schickte jemand eine Nachricht nach Chengde, dass der Bürgerkrieg eskalierte und die Provinz Hebei und Beiping selbst in großer Gefahr waren. Vater begann sofort, seinen Besitz zu verkaufen, und behielt außer dem Haupthaus nur eine Reihe kleiner Nebengebäude für die Familienmitglieder und Bediensteten, die dableiben und nach dem Rechten sehen würden.
Mein ältester Bruder war bereits nach Hongkong gezogen, und Zweiter Bruder war zum Studieren nach Amerika gegangen. Vater blieb mit Großer Schwester und Rainbow da, um sich um das zu kümmern, was von dem Besitz noch übrig war. Er hoffte, dass Orange und ich bald zurückkommen und unsere Sachen abholen würden, bevor wir endgültig fortgingen.

Doch bevor wir auch nur überlegen konnten, wann wir zurückfahren wollten, schloss die Volksbefreiungsarmee Beiping ein, und es erging der Befehl, dass weibliche Schüler und Studenten die Stadt nicht verlassen durften. Vater nutzte seinen Einfluss, um uns einen Brief zukommen zu lassen, in dem er uns ermahnte, nicht die Nerven zu verlieren, in der Schule zu bleiben und nichts Unüberlegtes zu tun. Er werde sich um alles Weitere kümmern.

Wir warteten sechs Monate auf den nächsten Brief, der handgeschrieben war und aus Hongkong kam. Darin befahl uns Vater, sofort die Schule zu verlassen und zum Rest der Familie nach Hongkong zu kommen.

Doch mittlerweile war Orange bis über beide Ohren verliebt, und ich sah so zu ihr auf, dass ich alles tat, was sie mir sagte. Für mich war Mr Pan eine Art Märchenprinz, und ich weiß noch, dass ich mir schwor, der Mann, den ich heiraten würde, müsste genauso sein, nur ein größerer Revolutionär, und zwar sowohl körperlich wie geistig. Warum? Damals hatte ich keine Ahnung, was die Revolution betraf. Ich glaube, ich meinte damit, dass mein zukünftiger Mann noch intellektueller und begabter sein sollte als Mr Pan, und vielleicht ein wenig größer.

Unter Oranges Einfluss war ich zu einer leidenschaftlichen Anhängerin der Kommunisten geworden. Wir beide waren da keine Ausnahme, zu der Zeit verschrieben sich alle Schülerinnen und Studentinnen der Revolution. Einen Revolutionär zu heiraten, war groß in Mode.

Deshalb ging Vaters Nachricht uns zum einen Ohr hinein und zum anderen wieder hinaus; wir dachten gar nicht weiter darüber nach. Unsere jungen Herzen brannten vor Begeisterung für das neue Land, die neue Zeit, die neue Zukunft, die vor uns lagen. Ich war sogar so naiv zu glauben, dass Vater, wenn wir erst einmal dazu beigetragen hätten, dieses neue Land zu begründen, stolz auf uns sein würde.

Es kam uns gar nicht in den Sinn, dass Hongkong eine britische Kolonie und seit fünfzig Jahren ein sogenannter Feind Chinas war. Was ich im Nachhinein am meisten bedauere, ist, dass ich meinen Vater nie wiedersehen sollte.

In den letzten Wochen und Monaten des Jahres 1948 wimmelte es auf unserem Campus von kommunistischen und nationalistischen Agenten, die versuchten, Informationen über die vielen studentischen Aktivitäten zu sammeln, junge Leute auf ihre Seite zu ziehen und neue Netzwerke aufzubauen. Überall kursierten Gerüchte, und auf den Straßen kam es gelegentlich zu Prügeleien.

Der Radiosender der Volksbefreiungsarmee verkündete, sie marschierten auf Beiping zu, während der nationalistische Sender behauptete, sie hätten die »kommunistischen Banditen« mehr oder weniger ausgelöscht. Manche Leute sagten, beide Seiten führten Verhandlungen.

Bei unseren Spaziergängen schnappte ich einiges von Orange und Mr Pan auf. Ich hörte, alle wären verwirrt, niemand wüsste, was als Nächstes geschehen würde, und dass diejenigen, die bisher gegen die Kommunisten gewesen waren, große Angst hatten.

Offenbar gab es an der Universität von Yanjing einen Theologiestudenten, der gehört hatte, dass die Kommunisten bald in Beiping einmarschieren und dann alle Gläubigen töten würden. Vor lauter Angst hatte er sich mit einem großen Stein um den Bauch in einem See ertränkt.

Orange ermahnte mich, weiter fleißig zu lernen und nach Einbruch der Dunkelheit nicht mehr draußen herumzulaufen. Der Kampf zwischen uns und dem Feind, der bisher unter der Oberfläche gebrodelt hatte, brach zusehends offener aus. Mr Pan und seine Freunde hatten bereits erste Maßnahmen ergriffen, um die Schule zu schützen und letzte Verzweiflungsangriffe der Nationalisten beim Rückzug aus der Stadt zu verhindern. Eine Gruppe von älteren Studenten patrouillierte jede Nacht über den Campus.

Von Mr Pan erfuhr ich, dass die friedliche Befreiung von Beiping durch Verhandlungen zwischen Fu Zuoyi, dem Befehlshaber der nationalistischen Armee, und den Kommunisten erreicht worden

war, und zwar mithilfe von dessen Tochter, die Untergrundmitglied der Partei war. So war die Stadt vor größeren Zerstörungen bewahrt worden.
Wenn ich mich recht entsinne, marschierte die Volksbefreiungsarmee Anfang Februar 1949 in Beiping ein. An dem Tag war es sehr kalt. Das Untergrundnetzwerk der Partei an der Schule forderte alle dazu auf, sich beim Qianmen zu versammeln, um die Truppen zu begrüßen, aber Mr Pan erlaubte Orange und mir nicht, dorthin zu gehen, er meinte, wir würden den Soldaten einen besseren Dienst erweisen, wenn wir Banner anfertigten, um sie in der Schule willkommen zu heißen.
Bald darauf quartierte sich eine Gruppe Soldaten auf dem Campus ein. Mithilfe der Untergrundmitglieder der Partei hängten sie überall Rekrutengesuche auf, woraufhin sich jede Menge Studenten freiwillig meldeten. Niemand schien mehr an einem Abschluss interessiert zu sein, alle wollten nur noch dem Land dienen und zurückgeben, was sie ihm, wie sie meinten, schuldeten.
Zu der Zeit sprach niemand davon, »sich der Parteilinie unterzuordnen«; das kam erst später. Nach der Befreiung waren wir alle voller Begeisterung und glaubten wirklich – wie es die chinesischen Gelehrten früher gesagt hatten –, dass der Staat immer Vorrang vor dem Individuum hat. Ich war damals siebzehn und damit noch nicht alt genug, um offiziell Mitglied der Partei zu werden, aber unter meinen Mitschülerinnen hatte ich bereits den Ruf einer waren Revolutionärin.
Wir wollten, dass alles neu war. Und nicht nur wir jungen Leute dachten so. »Wirf das Alte weg und heiße das Neue willkommen« – das haben wir Chinesen in den Jahrhunderten der Umwälzungen wohl gelernt: uns anzupassen, wenn ein neues Regime an die Macht kam. Wenn Sie mir nicht glauben, schauen Sie sich einfach nur unsere Straßennamen an. Wie viele von ihnen sind während der letzten fünf Generationen gleich geblieben? Selbst der Name unserer Hauptstadt hat mehrfach zwischen Beiping und Beijing gewechselt.

Greens Revolution

Ich weiß noch, dass wir in den Wochen vor dem 1. Oktober 1949 kaum zum Schlafen kamen, denn wir nahmen alle an den Vorbereitungen für die große Zeremonie teil, die anlässlich der Gründung der Volksrepublik China stattfinden sollte. Wie Mr Pan es ausdrückte, würde aus unserer Hingabe und harten Arbeit ein ganzes Land geboren werden. Es war zugleich ein Ereignis von enormer historischer Bedeutung und ein Augenblick großen Stolzes. Wir betrachteten uns als die Vorreiter des neuen China.

Orange gehörte, zusammen mit einigen Klassenkameradinnen und ein paar Studentinnen, zu dem Team, das dafür verantwortlich war, Fluchtwege für die Zeremonie zu planen. Mr Pan und einige Vertreter des Militärs nahmen das Team mehrmals mit ins Zentrum, um vor Ort eine Strategie zu besprechen und zu überlegen, wohin man die Leute in einem Notfall evakuieren könnte. Zu meiner Freude durfte ich sie zu einer dieser »Besichtigungstouren« begleiten, denn ich war noch nie im alten Teil der Hauptstadt gewesen.

Warum ich es den »alten« Teil nenne? Nun, damals sah die Stadt vollkommen anders aus als Beijing heute. Alles war sorgfältig nach dem gesellschaftlichen Status unterteilt. In der Mitte lag die Verbotene Stadt, wo der Kaiser und sein Gefolge gelebt hatten, dann kam Wangfu, die Prinzenresidenz, und dann der Baqi-Bereich, der den Soldaten vorbehalten war.

Früher gab es noch ein weiteres Tor auf der Mittelachse der Stadt. Während der Ming-Dynastie hieß es das Daming-Tor, während der Qing-Dynastie das Daqing-Tor, und unter den Nationalisten wurde es dann umbenannt in: das Tor Chinas. Bevor es in den 1950er-Jahren abgerissen wurde, weil die Sowjets meinten, wir bräuchten einen größeren Platz, war es da, wo heute das Denkmal für die Helden des Volkes steht, neben Maos Mausoleum, mitten auf dem Tian'anmen-Platz.

Und das war nicht das einzige alte Tor, das abgerissen wurde. Früher standen rechts und links des Tian'an-Tors noch die beiden Chang'an-Tore, die zusammen mit dem Tor Chinas einen T-förmigen Platz bildeten. Sie mussten ebenfalls weichen, um den Verkehrsfluss zu verbessern und genug Raum für große nationale Paraden zu haben.

Außerhalb der Kaiserlichen Stadt, östlich des Beihai-Parks und westlich des Jingshan-Parks, steht ein taoistischer Tempel namens Dagao Xuandian. Dort waren einige der schönsten Ehrentore mit ihren geschwungenen Dächern, bevor diese *pailou* im Januar 1955 zerstört wurden.

Mr Pan erzählte mir, im Juli 1949 wäre Liu Shaoqi mit einem Expertenteam heimlich in die Sowjetunion gereist, um sich dort beraten zu lassen, wie man ein neues Land gründet. Man einigte sich darauf, dass die Sowjets 220 Fachleute schicken würden, die beim Aufbau Chinas helfen sollten.

Als diese Fachleute eintrafen, genossen sie mehr oder weniger diplomatische Immunität. Liang Sicheng, der Mann, der dafür zuständig war, die Gebäude von Beijings altem Stadtkern zu schützen, hatte keine Chance gegen ihren Plan, alles abzureißen und umzusiedeln. Und so wurde das alte Zentrum der Stadt, dessen Bau 1264 begonnen hatte, zum großen Teil abgerissen – wirklich ein Jammer.

Am Abend vor der Zeremonie nahmen Mr Pan und Orange mich und ein paar Studenten aus der Russisch-Abteilung mit in die Stadt, um ihnen als Ordner bei der Veranstaltung zu helfen. Wir gingen zum Tian'anmen-Platz und begannen um Mitternacht mit unserer Arbeit. Unsere Aufgabe bestand darin, die Gegenstände zu überprüfen, die die Leute bei sich hatten, und uns zu vergewissern, dass niemand unerlaubt Waffen oder Sprengstoff mitbrachte.

Ich sah, wie all die Gruppen, die direkt mit der Zeremonie zu tun hatten, auf den Platz kamen, darunter auch eine Salut-Einheit mit einundzwanzig Gewehren. Das Tian'an-Tor, das frisch gestrichen war, trug ein riesiges Banner mit der Aufschrift: »Gründungszeremonie der Zentralregierung der Volksrepublik China«. Genau in der Mitte hing ein großes Porträt des Vorsitzenden

Mao – nicht das, was heute dort hängt, sondern ein Foto aus den 1940er-Jahren, auf dem er eine Kappe trägt.
Rechts und links davon stand »Lang lebe die Zentrale Volksregierung« und »Lang lebe die Volksrepublik China«. An der Nordseite der Goldwasserbrücke waren zwei Podeste errichtet worden, eins für den Dirigenten und eins für die einzige ausländische Delegation, die an der Zeremonie teilnehmen würde – eine Gruppe sowjetischer Schriftsteller, Künstler und Wissenschaftler unter der Führung von Alexander Fadejew, die am Tag zuvor eingetroffen war.
Am härtesten arbeiteten wohl die Leute, die für die sanitären Einrichtungen zuständig waren, und das Team, das während der vergangenen Monate den Platz präsentabel gemacht hatte. Ihre Aufgabe bestand darin, alles sauberzuhalten und dafür zu sorgen, dass die Podeste gesichert waren. Sie arbeiteten in Schichten vier Tage und Nächte durch.
Die Gründungszeremonie der Volksrepublik China wurde am Samstag, dem 1. Oktober 1949, nachmittags in Beijing abgehalten (die Stadt war wenige Tage zuvor wieder umbenannt worden). Zu der Zeit hatten die Nationalisten immer noch Truppen auf dem Festland, und der westliche Teil des Landes stand nach wie vor unter der Herrschaft von Chiang Kai-shek und einigen Warlords. Große Bereiche von Südchina mussten erst noch befreit werden, und die Nationalisten hatten Zehntausende Geheimagenten und Militärpolizisten dagelassen, was bedeutete, dass es überall im Land immer wieder zu Gefechten und Zwischenfällen kam.
Doch die größte Bedrohung kam aus der Luft. Die Nationalisten hielten noch mehrere militärische Festungen im Süden und Südwesten, und der Luftraum lag völlig unter ihrer Kontrolle. Von ihrer Basis in der Provinz Sichuan entsandte die nationalistische Exilregierung immer wieder Flugzeuge, um Städte wie Beijing und Shanghai zu bombardieren.
Nur nachts war die Stadt nicht bedroht. Das lag laut Mr Pan daran, dass die Flugzeuge der Nationalisten nicht für Nacht- oder Fernflüge ausgerüstet waren; wenn sie losgeschickt wurden,

um tagsüber irgendwo Bomben abzuwerfen, mussten sie vor Einbruch der Dunkelheit wieder auf ihrer Basis sein.

Wäre die Zeremonie also vormittags abgehalten worden, hätte die Flugstaffel der Nationalisten genug Zeit gehabt, im Hellen zurückzufliegen. Wenn sie jedoch später begann, also zum Beispiel um drei Uhr nachmittags – in Beijing geht die Sonne im Oktober gegen halb sechs unter –, wären sie nicht mehr rechtzeitig zurückgekommen. Ich nehme an, das war der Grund, weshalb die Zeremonie am Nachmittag stattfand.

Erst später, als die Luftwaffe der Kommunisten größer und besser ausgerüstet war und es mit der der Nationalisten aufnehmen konnte, wurden die Feierlichkeiten zum Nationalfeiertag vormittags abgehalten. Aus dem gleichen Grund wurde auch die Ausgangssperre vor der Zeremonie so streng eingehalten. Wir rechneten alle ständig damit, das Geknatter von Maschinengewehren oder den dumpfen Knall von Bomben zu hören. Es war keineswegs so, wie es in den Propagandafilmen dargestellt wurde, von wegen »das Vaterland vereint in friedlicher Freude« und so weiter.

Der Sonnenaufgang am 1. Oktober 1949 hatte fast etwas Heiliges. Wir hielten alle den Atem an, als das Licht die Dunkelheit verdrängte und mehr als nur den Beginn eines neuen Tages verkündete. Anfangs war es noch bewölkt, und den ganzen Morgen fielen immer wieder ein paar Tropfen. Doch am Nachmittag klarte es auf, und die Sonne schien auf uns herab, als ob Gott selbst an dem Fest teilnehmen wollte.

Bis zu dem Zeitpunkt hatten die meisten Leute unsere neue Nationalflagge noch gar nicht gesehen; sie hatten nur Beschreibungen im Radio gehört oder von Freunden, die sie selbst vermutlich ebenfalls noch nicht gesehen hatten. Deshalb gab es auf dem Tian'anmen-Platz so viele verschiedene Varianten der offiziellen roten Flagge mit den fünf Sternen. Viele Leute brachten auch sternenförmige rote Laternen mit.

Ich glaube, was an dem Tag den tiefsten Eindruck in mir hinterlassen hat, als ich über das Meer von roten Flaggen und Laternen blickte, war die Gruppe der Hui – chinesische Muslime – mit ihren weißen Kappen auf dem Kopf und den grünen Flaggen mit weißen Monden und Sternen in der Hand. Damals gab es viele Hui-Chinesen in Beijing.

Die Leute warteten friedlich in den ihnen zugewiesenen Bereichen; manche von ihnen saßen auf dem Boden. Alles lief sehr geordnet ab. Unser Mittagessen bestand an dem Tag aus Wasser und kalten weichen Brötchen aus Weizenmehl, unseren *mantou*, dazu gab es ein paar Süßigkeiten und Obst, beides extra für das Fest zur Verfügung gestellt. Die jüngeren Jahrgänge unserer Schule verfolgten die Übertragung der Zeremonie dort im Radio und kamen erst für die späteren Festlichkeiten zum Tian'anmen-Platz. Wie wir im Nachhinein hörten, gelangten viele Schüler und Studenten aus allen Teilen der Stadt abends gar nicht mehr auf den Platz, aber sie suchten sich einfach einen Ort in der Nähe und tanzten und feierten dort bis tief in die Nacht.

Mr Pan erzählte uns, er habe gehört, dass ungefähr 300 000 Menschen aus der Stadt und der Umgebung an der Zeremonie teilgenommen hätten, darunter Arbeiter, Studenten, Kader, Anwohner und Soldaten der städtischen Garnison. Nach dem Ende der Feierlichkeiten muss die Goldwasserbrücke, die den Tian'anmen-Platz vom Tian'anmen trennte, mit verlorenen Schuhen übersät gewesen sein.

Hat Mao wirklich gesagt: »Das chinesische Volk hat sich erhoben?« Laut der Propaganda, die überall kursiert, ja. Aber warum erinnere ich mich dann nicht daran? Ich erinnere mich nur, das Mao gesagt hat: »Genossen! Heute feiern wir die Gründung der Zentralen Volksregierung der Volksrepublik China!«

Doch ganz gleich, was an dem Tag nun gesagt wurde oder nicht, ich hatte das überwältigende Gefühl, dass dieses neue Land meins war; ein Gefühl der Verbundenheit und Zugehörigkeit, das unzerstörbar schien. Und nicht nur das – dieser Tag markierte auch den Beginn meiner eigenen Familiengeschichte, denn damals begegnete ich zum ersten Mal meinem zukünftigen Mann.

In dem Zuschauerbereich, für den wir zuständig waren, gab es viele Schüler und Studenten, die als freiwillige Helfer im Einsatz waren, und einige Soldaten der Volksbefreiungsarmee, die die Ordnung wahrten. Ich schätze, für manche war es einfach ein bisschen zu viel, schließlich war dies ein wahrhaft historischer Moment. Jedenfalls brach genau in dem Moment, als Vorsitzender Mao seine Rede beendete, eine meiner Mitschülerinnen offenbar mit einem heftigen Krampf zusammen. Sofort sprang ein Soldat, der in der Nähe stand, herbei, um sie aufzufangen, und ich griff ebenfalls instinktiv nach ihrem Arm, obwohl sie zu schwer war, als dass ich sie alleine hätte halten können. Gemeinsam brachten der Soldat und ich sie zu einem medizinischen Versorgungsstand.

Während die Sanitäter sich um sie kümmerten, wurden wir gebeten zu warten, damit wir sie anschließend in die Schule zurückbringen konnten. Während wir dort standen, kamen wir ins Gespräch.

Er stellte sich als Erster vor. »Ich heiße Meng. Meng Dafu.«

»Han Anbi, aber meine Familie und meine Freunde nennen mich Kleine Green.«

Später sorgte er dafür, dass uns ein Armeejeep am Notausgang abholte, um das Mädchen zurück ins Wohnheim zu bringen. Erst als die Hausmutter uns versicherte, es sei alles in Ordnung, verabschiedete sich Dafu.

Ich brachte ihn noch bis zum Campustor, und wir verabredeten uns für den kommenden Samstag im »Freundschaftsclub«. Der Club war ursprünglich von der Regierung für die sowjetischen Experten gegründet worden, die in Beijing waren. Diese luden nach einer Weile auch chinesische Studenten ein, die Russisch sprachen, und bald wurde der Club zu einem beliebten Versammlungsort für die linken Studenten. Orange und Mr Pan waren oft

da, und Meng Dafu sagte, er gehe auch fast jedes Wochenende dorthin.
»Machen Soldaten der Volksbefreiungsarmee wirklich bei Studentenversammlungen mit?«, fragte ich ihn.
»Natürlich! Warum denn nicht?«, erwiderte er überrascht.
»Ach, nur so.« Ich wusste selbst nicht, warum ich das gefragt hatte. Ich war damals wohl einfach nur sehr naiv und begierig darauf, mehr zu erfahren.
»Danke für Ihre Begleitung. Dann bis nächstes Wochenende!«
»Danke, dass Sie meiner Klassenkameradin geholfen haben. Bis nächstes Wochenende!«
Ich weiß nicht, was über mich kam, als ich dastand und Meng Dafu nachsah. Es war, als ginge er von mir weg und gleichzeitig in mein Herz hinein. Ich war siebzehn und verließ das Schulgelände so gut wie nie. Und ich war noch nie mit einem Mann allein gewesen, außer zusammen mit Orange, wenn sie Mr Pan traf. In dem Alter ist die Anziehungskraft zwischen einem Mann und einer Frau sehr stark, manchmal so stark, dass alles andere bedeutungslos wird. Finden Sie nicht auch?
Diese sieben Tage kamen mir vor wie sieben Jahre. Ich wusste, welcher Art meine Gefühle für Dafu waren, aber ich wusste nicht, was ich tun sollte. Zu der Zeit musste der Mann die Frau umwerben. Dafu war immer überzeugt, er hätte sich in mich verliebt und nicht andersherum. Erzählen Sie ihm nicht die Wahrheit, das wäre bestimmt ein Schock für ihn!

Die Überzeugung, dass der Mann die Frau erobern muss, ist fest in der chinesischen Kultur verankert, geradezu ein himmlisches Prinzip. Früher wurden Männer und Frauen, die sich darüber hinwegsetzten, aus ihrer Familie verstoßen, manchmal sogar zum Tode verurteilt. Das steht in den Annalen der chinesischen Geschichte, und es ist ein verbreitetes Motiv in der klassischen chinesischen Literatur.
Wie Red einmal sagte, war die Neue-Kultur-Bewegung von 1917

in vielerlei Hinsicht die eigentliche Kulturrevolution. Frauen mussten nicht länger ihre Füße binden, sie durften sich die Haare schneiden, und sie durften zur Schule gehen. Ihnen wurde nicht länger eine arrangierte Ehe aufgezwungen, und sie mussten nicht mehr den Namen ihres Mannes annehmen. Alle diese Zeichen des gesellschaftlichen Fortschritts stammen aus dieser Zeit.
Dennoch zeigt Greens Geschichte, wie langsam dieses Pflänzchen der Frauenbefreiung wuchs. Selbst sie – eine gebildete Frau und in vielerlei Hinsicht eine Revolutionärin – fühlte sich immer noch an dies »himmlische Prinzip« gebunden.

Ob ich Orange davon erzählte? Natürlich, aber als ich ihr sagte, dass ich mit Meng Dafu in den Club gehen wollte, war sie gerade dabei, Flugblätter zu drucken. Ohne auch nur aufzusehen, erwiderte sie: »Ich kann dich mitnehmen, Samstag nach dem Abendessen. Ich warte um halb sechs am Eingang deines Wohnhauses. Sei pünktlich.«
Das war das erste Mal, dass ich auf eigene Faust an irgendwelchen Jugendclubaktivitäten teilnahm; vorher war ich immer nur als Oranges Schwester dabei gewesen. Ich zog mich so an, wie ich es mir von Orange abgeschaut hatte, und wählte einen rosafarbenen Qipao, den Große Schwester Red mir geschenkt hatte. Ja, genauso einen Qipao wie man ihn in China seit 400 Jahren trägt. Eigentlich war er nicht ganz das, was man heute unter einem modernen Qipao versteht, nicht wirklich sexy, aber er war auf jeden Fall viel weiblicher als meine Schuluniform. Ich weiß nicht, welcher Schwester er davor gehört hatte, denn er war mir ein wenig zu groß. Dann nahm ich ein rot-grünes Taschentuch, faltete es zu einer Blume und steckte es in das oberste Knopfloch. Leider hatte ich keine schicken schwarzen Lederschuhe, wie Orange sie trug, deshalb musste ich meine alten flachen Stoffschuhe nehmen, die ich immer in der Schule anhatte.
Wie versprochen, wartete Orange unten am Eingang auf mich.

Als sie mich erblickte, machte sie große Augen. »Kleine Green, bist du das? Hast du dich selbst angezogen, oder … ?«

»Natürlich habe ich mich selbst angezogen!« Ich konnte es nicht leiden, wenn Orange mich wie ein kleines Kind behandelte.

»Du siehst toll aus. Offenbar hat Kleine Green nicht nur eine ideologische Revolution durchgemacht, sondern auch eine modische!«, zog sie mich auf.

Mr Pan, der am Schuleingang stand, staunte ebenfalls, als er uns kommen sah. »Ihr beide seht euch so ähnlich!«

Als wir beim Club ankamen, sah ich Dafu schon von weitem, so groß wie er war. Er stand am Eingang und schaute suchend umher. Ich berührte Orange an der Hand. »Der große Soldat da drüben – das ist Meng Dafu.«

Doch meine Schwester flüsterte gerade Mr Pan etwas zu und beachtete mich nicht. Dafu entdeckte uns und kam mit großen Schritten auf uns zu. Aber ich war nicht diejenige, zu der er wollte.

»Guten Abend, Mr Pan. Ich habe heute Abend Dienst – bestimmt eine gute Gelegenheit, ein paar von den neuen Clubmitgliedern kennenzulernen.«

Mr Pan klopfte Meng Dafu auf sehr vertraute Weise auf die Schulter. »Danke für deine harte Arbeit, Dafu. Gestern Abend hast du auf dem Schulgelände Wache gehalten, heute hast du tagsüber bei den Aufnahmeprüfungen geholfen, und jetzt hast du hier bei der Studentenvereinigung Dienst.«

»Das ist doch nicht der Rede wert. Bei der Gründungszeremonie hätten wir noch mehr Leute gebrauchen können, aber ich sage immer, viele Hände machen die Arbeit leicht. Wir müssen alle unseren Beitrag für das Vaterland leisten. Und wer sind Ihre beiden Freundinnen?« Nun sah Dafu uns an.

Mr Pan stellte uns vor. »Das sind zwei junge Genossinnen. Ältere Schwester Han Anzhi, die wir Orange nennen, und Jüngere Schwester Han Anbi, die wir …«

»Kleine Green nennen, stimmt's?«, sagte Dafu mit verschmitztem Lächeln.

»Ihr kennt euch?«, riefen Mr Pan und meine Schwester gleichzeitig.

»Ah, *Sie* sind Meng Dafu! Kleine Green hat mir schon von Ihnen erzählt!« Endlich hatte es bei Orange Klick gemacht.

»Ja, wir sind uns bei der Gründungszeremonie begegnet. Wie geht es Ihrer Freundin, Miss Green?«

»Es … es geht ihr gut. Der Schularzt hat gesagt, es war eine Unterzuckerung. Sie muss nur mehr essen, dann passiert so etwas nicht noch mal.«

Mr Pan breitete die Arme aus. »Wunderbar! Dann lasst uns reingehen.«

»Tut mir leid«, sagte Meng Dafu. »Ich muss hier am Eingang bleiben und die Studenten begrüßen, deshalb kann ich nicht mit reinkommen. Aber gehen Sie doch bitte zuerst.« Bei seinen letzten Worten sah er mich an.

Ich spürte, wie mein Gesicht heiß wurde, als würde sein Blick meine Wangen verbrennen. Zum Glück merkten die anderen nichts davon.

Ich ging mit Orange und Mr Pan in den Club. Drinnen war schon eine Menge los. Die jungen Männer hatten sich in mehreren Gruppen zusammengefunden und redeten ohrenbetäubend laut, während die Mädchen neben ihnen saßen und zuhörten. In einer Ecke saßen ein paar Mädchen aus den älteren Jahrgängen zusammen und unterhielten sich in einer fremden Sprache – möglicherweise war es Deutsch. Sie brachen immer wieder in Gelächter aus, und ich vermutete, dass sie über die Jungen lästerten.

Wir gingen weiter zu einem großen Saal, wo etliche Studenten in einem Kreis um einen Russen saßen. Er sah wesentlich älter aus als alle anderen, aber er sprach auf eine sehr kraftvolle, charismatische Weise. Man sah an den Gesichtern seiner Zuhörer, wie gebannt sie seinen Worten lauschten. Als er uns hereinkommen sah, stand er auf, um Mr Pan zu begrüßen. Orange flüsterte mir zu, er sei der russische Vertreter der Studentenvereinigung von Beiping – oder vielmehr Beijing. Selbst jetzt sage ich immer noch Beiping!

Die Leute strömten in den großen Saal. Alle schienen Orange und Mr Pan gut zu kennen, und ich wurde von der stetig wachsenden Menge beiseite geschoben. Da ich niemanden kannte, beschloss ich, nach draußen zu Dafu zu gehen.

Am Eingang standen immer noch viele Leute und redeten, und etliche andere drängten hinein. Ich schien die Einzige zu sein, die hinaus wollte. Während ich mich durch die Menge schob, hörte ich, wie jemand rief: »Miss Green! Was machen Sie denn hier draußen?«

Es war eindeutig Dafu. Ich folgte dem Klang seiner Stimme und befreite mich aus dem Strom von Menschen.

»Ich kenne da drinnen niemanden. Orange und Mr Pan unterhalten sich mit ihren Freunden und beachten mich gar nicht. Würde es Ihnen etwas ausmachen, wenn ich hier draußen bei Ihnen bliebe?«, fragte ich nervös.

»O nein, gar nicht. Im Gegenteil, Sie können mir helfen, den Eingang frei zu kriegen, indem Sie die Leute bitten hineinzugehen.« Dafu klang so entspannt, dass ich gleich viel ruhiger wurde.

»Natürlich, ich kümmere mich darum«, erwiderte ich. Ich mag es, wenn ich etwas zu tun habe, das gibt einem Gelegenheit zu zeigen, was man kann. Doch ich merkte bald, dass ich mit dieser Aufgabe doch ein wenig überfordert war – die Gruppe bei der Tür wurde immer größer und chaotischer. Die Leute waren wie eine Handvoll kandierte Früchte, alle klebten aneinander. Meine Stimme und Kraft konnten überhaupt nichts ausrichten, ich schwirrte nur wie eine einsame Biene um die Gruppe herum. Trotz des kühlen Herbsttags klebte meine Kleidung an mir, weil ich nassgeschwitzt war.

Als der Andrang sich schließlich gelegt hatte, kam Dafu zu mir. »Vielen Dank für Ihre Hilfe, Miss Green. Das haben Sie sehr gut gemacht. Ich habe gehört, wie Sie sich da drüben heiser geschrien haben. Sie haben sich wirklich wacker geschlagen.« Später verriet er mir, dass er da zu dem Schluss gekommen war, dass ich eine gute Ehefrau abgeben würde.

Von da an nahmen Mr Pan und Dafu Orange und mich oft mit zu

irgendwelchen Studentenveranstaltungen, vor allem zu denen, die mit der chinesisch-sowjetischen Freundschaft zu tun hatten. Beide Männer ermahnten mich, unbedingt eine bestimmte Parteiregel einzuhalten: »Frag nicht nach dem, was du nicht weißt, und sag anderen nicht, was du weißt.« Deshalb wagte ich nicht, Meng Dafu nach seiner Familie und seiner Herkunft zu fragen. Doch zwischen uns herrschte so eine starke Energie, wenn wir zusammen waren, und ich hatte nicht das Gefühl, dass es irgendwelche gesellschaftlichen Unterschiede zwischen uns gab.

Diese drei Monate waren vielleicht die glücklichsten meines Lebens. Wie meine junge Enkelin sagen würde, war ich während dieser Zeit »voll verliebt«, und es ist wahrscheinlich nur normal, dass ich alles, was ich sah, schön fand, und alles, was ich tat, mir große Freude bereitete. Die jungen Leute heutzutage haben viel mehr Erfahrung als wir in ihrem Alter, und ihre Augen wurden viel früher geöffnet als unsere. Aber dafür haben sie mehr, worum sie sich Sorgen machen müssen.

Warum nur drei Monate? Weil Ende Dezember 1949 Mr Pan beim Außenministerium zu arbeiten begann und Meng Dafu bei der Einheitsfront, einer Regierungsabteilung, die sich um das Zusammenleben mit anderen religiösen und ethnischen Bevölkerungsgruppen kümmert, damit alles friedlich und im Sinne der KP abläuft. Das bedeutete natürlich, dass es schwieriger wurde, unsere freien Zeiten zu koordinieren, und wir uns viel seltener sehen konnten. Orange und ich waren beide sehr unglücklich darüber.

Am Neujahrstag 1950 lud Mr Pan uns zu einem Essen in seinem Wohnheim ein. Auf dem Weg dorthin kauften wir bei einem Straßenhändler gekochten Schweinekopf, gesalzene Erdnüsse, Weizenbrötchen und eine Flasche *ergoutou*-Schnaps. Mr Pan hatte für Orange und mich auch kandierte Mehlbeeren mitgebracht und meinte dazu: »Ihr Mädchen esst eure kandierten Beeren, und wir Jungs trinken unseren *ergoutou* – perfekt!«

An dem Abend teilten Mr Pan und Orange uns mit, dass sie sich verlobt hatten. Sie wollten heiraten, sobald Orange ihren Abschluss hatte, und sie fragten uns, ob wir ihre Trauzeugen sein wollten.

Vom Alkohol ermutigt, fragte Dafu mich, ob ich Lust hätte, am chinesischen Neujahrsfest mit ihm zu kommen und seine »Leute« kennenzulernen.

»Kommt Orange auch mit?«, fragte ich automatisch.

Mr Pan und Orange prusteten los. Ich weiß nicht, ob es am *ergoutou* lag, oder ob es Verlegenheit war, aber Dafu wurde rot. »Nein, nur wir zwei.«

»Kleine Green, Orange kommt mit mir, um *meine* Eltern kennenzulernen. Du gehst mit Dafu, um *seine* Eltern kennenzulernen«, erklärte Mr Pan mir geduldig.

Da ich immer noch nicht begriff, flüsterte Orange mir ins Ohr: »Dafu will dir einen Heiratsantrag machen, du Dummkopf!«

Nun war mein Gesicht doppelt so rot wie das von Dafu! Ich wusste nicht, wie ich reagieren sollte. Die Art, wie Beziehungen damals funktionierten, war vollkommen anders als heute – wir posaunten unsere Liebe nicht auf die Straße hinaus. Die Ehe meiner Eltern war von deren Eltern arrangiert worden, sogar Große Schwester Red und Vierte Schwester Blue hatten bei ihrer kein Mitspracherecht gehabt. Sie waren nur ein paar Jahre älter als ich, aber es war eher so, als gehörten wir verschiedenen Generationen an. Doch auch wenn wir in einer neuen Ära lebten, wusste niemand, wie man die Dinge auf »neue« Weise handhaben sollte. Deshalb musste ich Orange um Rat fragen.

Ich sah zu ihr auf und fragte: »Fünfte Schwester, was denkst du?«

Wieder bogen sich die drei vor Lachen.

Orange wischte sich die Tränen aus den Augen und sagte: »Kleine Green, was soll ich darauf antworten? Dafu fragt doch *dich*!«

Zutiefst verlegen sagte ich schließlich zu ihm: »Gut, ich komme am Neujahrsfest mit zu deinen Eltern.«

Ich hatte den Satz noch nicht zu Ende gesprochen, da packte der alberne Kerl meine beiden Hände und hob sie in die Luft. »Großartig!«

Das Neujahrsfest fiel 1950 auf Mitte Februar. Eine Woche davor sagte Dafu mir, dass bald ein Militärzug von Beijing nach Jinan fahren würde, und von dort aus kämen wir gut in seine Heimatstadt, die nicht weit von Liaocheng entfernt lag. Der Schaffner hatte nichts dagegen, uns mitzunehmen – er stammte aus der gleichen Stadt wie Dafu, und beide hatten in der Östlichen Befreiungsarmee gedient, aus der später die 3. Feldarmee der Volksbefreiungsarmee wurde.

Dafu sorgte sich, dass ich mit den stickigen Bedingungen im Zug nicht zurechtkommen würde. Ich hatte zwar keine Ahnung von Militärfahrzeugen, aber ich dachte mir, so schlimm würde es schon nicht sein. Ich versuchte ihn zu beruhigen. »So viele Revolutionäre haben ihr Leben und alles, was sie hatten, geopfert, um ein neues China zu erschaffen. Da werde ich ja wohl mit einem Zug fahren können.«

Dafu setzte zu einer Erwiderung an, schwieg dann jedoch. Schließlich sah er mich an und sagte: »Es ist wirklich nicht so, wie du es dir vorstellst. Nein, ich überlege mir etwas anderes.«

Ich konnte es nicht ausstehen, wenn jemand mich wie ein Kind behandelte. »Wozu? Ich habe keine Angst vor Unbequemlichkeiten!«

Wenn ich daran zurückdenke, wie kindisch ich mich damals verhalten habe, muss ich lachen. Wirklich schlimm!

Was waren das für Unbequemlichkeiten? Die Abteile in diesen alten Militärzügen hatten jeweils nur ein kleines Fenster, und das war die einzige Lichtquelle und Belüftungsmöglichkeit. Jeweils ein Dutzend Soldaten quetschten sich in eines davon, und darin aßen, tranken, schliefen und erleichterten sie sich. Im Winter drängten sie sich aneinander, um es ein wenig wärmer zu haben, im Sommer zogen sie sich nackt aus, um nicht vor Hitze einzugehen.

Um Überraschungsangriffe von den Nationalisten zu vermeiden, hielten die Züge nur mitten in der Nacht, um Vorräte aufzunehmen, selbst wenn das bedeutete, dass die Reise mehrere Tage dauerte. Die Soldaten bekamen nur eine halbe Stunde, um sich die Beine zu vertreten und die Toiletteneimer zu leeren.

Erst später, als ich den Zug mit meinen eigenen Augen sah, verstand ich, weshalb Dafu so gezögert hatte. Es wäre nicht nur für mich äußerst unbequem gewesen, ich hätte die Reise auch für die Soldaten – die ohnehin kein leichtes Leben hatten – noch beschwerlicher gemacht.

Der Schaffner war ein echter Kamerad und gab sich größte Mühe, um in einem der Panzer, die mit dem Zug transportiert wurden, Platz für uns zu schaffen. Der Soldat, der den Schaffner begleitete, erzählte uns stolz, dass diese Panzer alle erbeutet worden waren; einige von ihnen stammten sogar aus Amerika. Die USA hatten in der Tat den Nationalisten einige Panzer gegeben, um sie in ihrem Kampf gegen die Kommunisten zu unterstützen. Ungefähr um die Zeit der Gründung der Volksrepublik China wurden die Panzer und Waffen, die von den Nationalisten erbeutet worden waren, Teil des Arsenals zur Verteidigung der Hauptstadt. Nun waren sie der Östlichen Feldarmee zugeteilt und gehörten zu einer Spezialeinheit.

Ich überprüfte später die historischen Fakten, um mir einen besseren Eindruck vom Kontext dessen zu verschaffen, was Green mir erzählt hatte. Im Januar 1947, auf dem Höhepunkt des Bürgerkriegs, erbeutete die Östliche Befreiungsarmee der Kommunisten in einer Schlacht bei Lunan in der Provinz Hebei einen Großteil der Waffen der Nationalisten, unter anderem 470 Militärfahrzeuge, 217 Geschütze (darunter 48 105-Millimeter-Haubitzen) sowie andere großkalibrige Waffen und 24 Panzer. Sechs davon waren leichte M3A3-Panzer aus den USA.

Diese Waffen sowie die entsprechenden Fachleute, die von den Kommunisten gefangengenommen worden oder zu ihnen übergelaufen waren, wurden zu einem festen Bestandteil der Spezialkräfte der Östlichen Feldarmee und lieferten die dringend benötigte Qualität samt technischer Fachkenntnis.

Und so fuhr ich schließlich in einem Panzer, um Dafus Familie kennenzulernen! Wer weiß, vielleicht war ich sogar die erste chinesische Frau, die in einem Panzer fuhr? Ich nahm mir etwas Fladenbrot mit, das ich vorbereitet hatte, und eine Militär-Thermosflasche, die Dafu mir geschenkt hatte. Der Innenraum des Panzers war winzig, stockdunkel und roch stark nach etwas, das ich nicht einordnen konnte. Dafu saß mit ein paar anderen Soldaten draußen auf den Ketten des Panzers. Wir waren ja noch nicht verheiratet, und unverheiratete Männer und Frauen durften nicht miteinander allein sein. Selbst Paare, die bereits verlobt waren, mussten sich auf heimliche Blickwechsel mit dem oder der Liebsten beschränken. Selbst im Dunkeln wagten wir es nicht, einander in irgendeiner Weise zu berühren. Was das anging, waren meine städtische Herkunft und die Bräuche in Dafus Dorf sehr ähnlich.

Die Züge fuhren damals quälend langsam – vielleicht wegen der schweren Last, die sie trugen – und ich wurde eine gefühlte Ewigkeit in diesem Panzer hin und her gerüttelt. Damit mir die Zeit nicht gar so lang wurde, beschrieb Dafu mir die Landschaft, an der wir vorbeikamen. Doch es war mitten im Winter, und in der endlosen Weite von Schnee und Wind gab es nicht viel zu beschreiben. Dafu sorgte sich, dass ich mich einsam fühlen könnte, deshalb hielt er den Schaffner und die Soldaten mit Gesprächen wach, damit ich mich nicht zu sehr langweilte.

Dafu erzählte ihnen, wie er Ende 1945 von der nationalistischen Armee von zu Hause weggeholt und zwangsverpflichtet worden war. Gleich bei seiner ersten Schlacht war er von der 8. Marscharmee gefangen genommen worden. Alle Kriegsgefangenen wurden vor die Wahl gestellt, entweder drei Silbermünzen zu nehmen und sich auf eigene Faust nach Hause durchzuschlagen oder sich den kommunistischen Streitkräften anzuschließen. Dafu wusste nicht einmal, in welchem Teil des Landes sie sich befanden, und befürchtete, dass ihn nur wieder irgendeine andere

Armee schnappen würde, wenn er versuchte, allein nach Hause zurückzukehren. Kräftige junge Männer konnten in diesem Jahrzehnt der Kämpfe und Unruhen einem solchen Schicksal nicht entgehen. So beschloss er, dass er ebenso gut bei der 8. Marscharmee bleiben könnte.

Der Leiter der Kompanie, die Dafu gefangen genommen hatte, bezeichnete ihn wegen seines Körperbaus der Heeresleitung gegenüber als »Geschenk«, wie geschaffen dafür, dem Oberkommandeur als Assistent zu dienen, denn sie brauchten große, kräftige Männer wie ihn, um die schwere Ausrüstung zu tragen. Drei Jahre diente Dafu während des Bürgerkriegs in der 8. Marscharmee, und in der Zeit entdeckte er beim Kompanieunterricht seine Liebe zu *dayou*-Gedichten, kurzen Stegreifgedichten, die auch – wie Limericks – lustig sein können. Die Kommunisten hielten diesen Unterricht ab, um den Soldaten, die keinerlei Bildung genossen hatten, das Lesen und Schreiben und die Grundlagen politischen Denkens beizubringen. So konnten sie gleichzeitig lernen und kämpfen.

Später versuchte sich Dafu darin, Kriegsberichte und ein paar griffige Parolen für die Truppe zu verfassen, was bei seinen Vorgesetzten gut ankam. Nachdem die 8. Marscharmee mit der Neuen 4. Armee und der Nordöstlichen Feldarmee zur Volksbefreiungsarmee zusammengelegt worden war, wurde er in die Propagandaabteilung versetzt. Nach der friedlichen Befreiung von Beiping brauchten die Kommunisten dringend fähige Leute, um an den Schulen und Universitäten Anhänger zu werben, und so begann er dann, dort als Militärrepräsentant zu arbeiten.

»Na los, jetzt erzählt mal, wie ihr zur Volksbefreiungsarmee gekommen seid«, sagte Dafu enthusiastisch, nachdem er mit seiner Geschichte fertig war.

»Was?«

»Wir?«

»Was willst du denn hören?«

»Was gibt's da zu sagen?«

»Genauso wie du. Ist doch ganz egal, für wen du marschierst, es geht immer nur ums Schleppen und Futtern!«

»Ja, genau, ist doch immer dasselbe!«

Als ich hörte, wie sie alle durcheinanderriefen, dachte ich, dass keiner von ihnen auch nur einen Tag zur Schule gegangen sein konnte.

Später fragte ich Dafu: »Wie kommt es, dass die Soldaten der Volksbefreiungsarmee alle so ungebildet waren?«

»Das mit der Bildung war gar nicht das Schlimmste«, erwiderte er. »Die meisten von ihnen hatten vorher noch nie eine warme Mahlzeit bekommen. Während des Kriegs wurden die jungen Männer von den vorbeiziehenden Armeen aus den Dörfern getrieben und zwangsverpflichtet. Die politischen Theorien interessierten sie nicht, sie waren froh, wenn ihnen jemand etwas zu essen und einen Platz zum Schlafen gab. Erst später, als sie mehr Erfahrung hatten, behaupteten sie, sie hätten sich der Armee angeschlossen, weil sie an die Revolution glaubten.«

Xinran, wirklich, Dafu hat zwar nicht so eine gute Ausbildung genossen wie ich, aber er hatte die einzigartige Fähigkeit, mir die Augen zu öffnen, sodass ich das ganze Bild sehen konnte. Ich sah die Welt so, wie man es mir beigebracht hatte, während Dafus Geist weit über mein oberflächliches Verständnis hinausging, vor allem wenn es darum ging, die Geschichte im Rückblick zu betrachten.

Doch all das fand ich erst später heraus. An dem Tag, als ich in dem Panzer saß, tat es mir einfach nur leid, dass Dafus Bemühungen, die anderen zu inspirieren, auf taube Ohren stießen. Wissen Sie, dass die Liebe meiner Eltern auf der Dichtkunst basierte? Unsere Spitznamen stammten aus Zeilen ihrer Lieblingsgedichte, und Große Schwester Red hat uns jüngeren Schwestern oft geholfen, eigene *shi* und *fu* zu verfassen. Als ich erfuhr, dass Dafu auch gerne Gedichte schrieb, wuchs meine Bewunderung für ihn umso mehr. Doch während unserer ersten Zeit in der Stadt hatten wir nie eine Möglichkeit, unter uns zu sein, und ich traute mich nicht, ihn zu bitten, vor den anderen Gedichte aufzusagen. Aber als er nun den anderen Soldaten von seiner Begeisterung für Gedichte erzählte, nutzte ich die Gelegenheit und bat ihn, uns doch ein paar Beispiele zu geben.

Als die anderen meinen Vorschlag hörten, riefen sie: »Ja, komm! Lass mal hören!«

Ich weiß nicht, wie viele Soldaten auf dem Panzer saßen, aber es klang nach einer ganzen Menge. Die meisten Stimmen, die ich hören konnte, hatten einen nördlichen Akzent.

Dafu stieß einen ganz untypischen Seufzer aus, und er klang ein wenig nervös, als er erwiderte: »Das, was ich meine, sind keine Gedichte, wie gebildete Leute sie kennen, sondern eher *dayou* oder kleine Reimereien.«

»So was kann ich auch!«, sagte eine südlich eingefärbte Stimme.

»So? Dann leg mal los!« Neugier erwärmte die bis dahin eher kühle Atmosphäre.

»Also gut. Hört zu.

Großmama geht's gut, nimmt noch lange nicht den Hut,
Tantchen geht's fein, könnte nicht besser sein,
Frauchen geht's bestens, zumindest letztens,
Schwester geht's prima, liegt wohl am Klima.«

Fiel nur mir auf, dass sein Wortschatz recht begrenzt war? Die anderen fragten jedenfalls begeistert nach.

»Was ist mit deinem Vater, deinen Brüdern, deinen Onkeln? Sind alle in deiner Familie Frauen?« Die Stimme, die das fragte, war hell wie die eines Jungen, aber voller Sanftheit.

»Wo ich herkomme, gab es viele Kämpfe. Mein Vater, Großvater und Onkel waren alle Soldaten. Keiner von ihnen ist zurückgekommen.«

Mit der Antwort der südlichen Stimme versickerten die wärmeren Gefühle wieder.

Während ich zuhörte, wurde mir das Herz schwer, ein Gefühl, das ich nie gekannt hatte. Bis dahin war der Krieg für mich nur der Hintergrund für heldenhafte Taten und dramatische Geschichten gewesen. Ich hatte nie über die ausgelöschten Leben und die Trauer der Familien nachgedacht. Zum ersten Mal fühlte ich mich dem Leid des Krieges nah.

»Kommt, lasst uns die Trauer als Kraftquelle nehmen.« Dafus Stimme, die eben noch so unsicher geklungen hatte, feuerte nun die anderen an und versuchte, den Schmerz ihrer Kriegswunden zu lindern. »Ich versuche mal eins.

Wir rollen auf einem Panzer durch die kalte Nacht,
Erzählen Geschichten, wie es uns hierher gebracht.
Auf, Genossen, der Sieg gehört uns allein,
Lasst Jung und Alt wieder beisammen sein!

Doch Dafus kämpferischer Reim munterte die anderen nicht so auf, wie er gehofft hatte. Um ihm zu helfen, fragte ich aus dem Innern des Panzers: »Darf ich auch mal eins versuchen?«

»Aber natürlich, nur zu! Genossin Green hat ein Gedicht für uns Jungs!« Später lobte Dafu mich dafür, dass ich der Vorstellung gefolgt war, dass »die Frau zur Melodie des Mannes singen soll«.

Schnee fällt, dicht wie die weite, offene See,
Ein treuer Begleiter unserer Odyssee.
Die Vorsehung hat uns zusammengebracht,
Zu wärmen unsere Herzen in kalter Nacht.

Als ich geendet hatte, wartete ich auf beifällige Kommentare von draußen. Immerhin hatte ich bis eben noch nie das Wort *dayou* gehört und erst recht nicht versucht, eines zu bilden. Nachdem ich ihre Versuche gehört hatte, war ich ziemlich selbstsicher, vielleicht sogar ein wenig selbstgefällig, denn ich wusste, dass Gedichte nicht einfach nur eine beliebige Aneinanderreihung von Sätzen waren, sondern dass es ein ganzes Regelwerk der Versbildung gab. Doch als ich mit meinem *dayou* fertig war, das ich viel besser fand als ihre, herrschte absolutes Schweigen. Was war los? Wo waren sie denn alle? Ich war völlig verwirrt.

»Genossin Green, das war ein großartiges *dayou*«, hörte ich Dafu schließlich sagen, doch es klang ziemlich gezwungen. Später erklärte er mir sehr vorsichtig, dass die anderen Soldaten deshalb nichts gesagt hatten, weil sie schlicht nicht verstanden hatten, worum es in meinem *dayou* ging.

»Hast du es denn verstanden?«

»Na ja, das meiste schon. Aber das mit der Odyssee nicht, und ich weiß nicht, was ›Vorsehung‹ ist.«

Wie es schien, war ich nicht nur mein größter Fan, sondern auch mein einziger.

Dafu ahnte, dass die anderen Soldaten Schwierigkeiten haben würden, sich ihrerseits ein *dayou* auszudenken, und so erzählte er uns stattdessen, wie diese Gedichtform sich entwickelt hatte. »Die *dayou*-Gedichte«, erklärte er, »entstanden zur Zeit der Tang-Dynastie. Erfunden wurden sie von einem Bauern namens Zhang Dayou. Zhang hatte nie lesen und schreiben gelernt, aber er liebte es, mit Worten zu spielen. Eines Tages verfasste er etwas, das die Leute später *Schneelied* nannten:

Eisnebel auf dem Fluss,
Brunnen dunkel und hohl,
Gelber Hund, der Körper weiß,
Weißer Hund, der Körper aufgetrieben.

Mit diesen wenigen Sätzen schaffte er es, sowohl das Bild wie auch das Gefühl einer verschneiten Landschaft zu erwecken, ohne das Wort Schnee auch nur zu verwenden. Zhang hatte unabsichtlich eine ganz neue Gedichtform erschaffen, und er wurde über Nacht berühmt. Man benannte diese Gedichtform sogar nach ihm: *dayou*. Und die Leute merkten, je öfter man sich an dieser Art Wortspielerei versuchte, desto besser wurden sie. Besser, und auch schmutziger!«

Dann erzählte Dafu uns die Geschichte einer Frau vom Land in Guandong. Viele Jahre lang brachte sie ihrem Mann, der im Gefängnis saß, jeden Tag etwas zu essen, und bald war sie in der ganzen Gegend bekannt für ihre Treue und Ausdauer. Zu jener Zeit wurde der berühmte Dichter Su Shi nach Kanton verbannt, weil er den Kaiser beleidigt hatte. Eines Tages begegnete Su dieser Frau, und als er sah, wie schmutzig sie war, verfasste er aus dem Stand zwei gemeine Verse:

Da geht sie hin, mit strohigem Haar und schlammigem Fuß
Zu füttern den Mann, der im Karzer darben muss.

Doch zu seiner Überraschung gab die einfache, bescheidene Frau, die ganz in Gedanken versunken schien, schlagfertig zurück:

Ein großer Dichter einst, gefeiert und verwöhnt,
Gescheitert nun und von allen verhöhnt.

Mit dem *dayou* rächte sie sich nicht nur für sein Respektlosigkeit, sondern rieb obendrein Salz in die Wunde der Schmach, die er mit sich herumtrug.«

Ich vermute, die Soldaten hatten diese Geschichte ebenso wenig verstanden, denn als Dafu geendet hatte, herrschte wiederum Schweigen.

Als der Zug endlich Jinan erreichte, mussten wir noch bis zum Einbruch der Dunkelheit warten, bevor er in den Bahnhof einfahren konnte. Im schwachen Schein der Bahnhofsbeleuchtung verabschiedeten wir uns von unseren Reisegefährten, und erst da sah ich, dass es Halbwüchsige waren – lauter junge Gesichter, denen man das Schlimme, das sie durchgemacht hatten, nicht ansah.

Mit seinem speziellen Militärpass in der Hand machte Dafu sich auf die Suche nach jemandem, der uns bis Liaocheng mitnehmen konnte. Kurz darauf entdeckten wir mehrere Pferdekutschen in der Lagerhalle gegenüber dem Bahnhof. Sie hatten gerade Nachschub für das Militär in die Stadt gebracht und machten sich jetzt bereit für den Rückweg. Ein Schwarm von Leuten drängte sich darum, lauter verlorene Seelen, die entweder zurück nach Hause wollten oder vor irgendeinem Ereignis in ihrer Vergangenheit flohen.

Ich hatte während der zwei Tage und Nächte in dem Panzer kein Auge zugemacht, und sobald wir losfuhren, schlief ich tief und fest ein. Ich bekam nicht einmal mit, wie die Kutsche überhaupt aussah.

»Wach auf, Kleine Green! Wir müssen aussteigen«, sagte Dafu irgendwann. Im Halbschlaf kletterte ich aus der Kutsche; es war, als würde ich schlafwandeln. Ich glaube, ich war so neben der Spur, dass ich hinter jedem hergezockelt wäre, selbst wenn er mich in die Sklaverei verkauft hätte. Erst als ich erfuhr, dass wir den restlichen Weg zu Fuß zurücklegen mussten, wurde ich wach.

An dem Tag marschierten wir eine Ewigkeit. Es müssen mindestens sechs Stunden gewesen sein, ein mühsamer Schritt nach dem anderen. Die Winterkälte kroch uns bis in die Knochen, und es gab nicht mal eine schöne Landschaft als Trost. Dafu sagte, sobald der Frühling käme, wäre es eine Pracht, aber noch lag die Erde im Winterschlaf. Um mich ein wenig aufzumuntern, sagte er ein paar *dayou*-Gedichte auf, die unter den Soldaten kursierten; einige davon waren sehr vulgär. Doch ich sagte nichts dazu, schließlich war er ein Offizier der Volksbefreiungsarmee und damit ein »Star«.

Wollen Sie ein paar davon hören, Xinran? Kurioserweise habe ich noch einige im Kopf. Es geht darin um allerlei ehrgeizige Dinge, aber aus heutiger Sicht klingen sie vielleicht ein wenig albern.

Soldaten sind wir, kämpfen mutig bis zum Tod.
Was der großen Sache dient, ist uns Gebot.
Wir werden Chiang Kai-shek niederringen
Und allen Menschen Freiheit bringen!

Baut Straßen von Süd nach Nord,
Legt Gleise von Ost nach West,
Lasst Schiffe segeln übers Meer

Und Flugzeuge fliegen zum Rest.

Mein Herz, das kennt nur ein Gebot
Und ruht nicht, bis es soweit sei:
Der ganze Pazifik leuchtet rot.
Lang lebe die Kommunistenpartei!

Ich verstand nicht, was das mit dem Pazifik zu tun hatte, und Dafu erklärte mir voller Ernst, wenn wir alle Länder der Erde befreiten, angefangen mit denen im Pazifik, hätten unsere Nachfahren auch eine Chance, an unserer großen Revolution teilzunehmen. Kein Wunder, dass mein Mann gerne für die Einheitsfront arbeitete!

Langsam, aber sicher schwand der Abstand zwischen uns, überbrückt von unserer wachsenden Zuneigung. Als wir lachend die vereiste Straße entlangwanderten, fühlte ich mich nicht länger wie ein schüchternes kleines Mädchen, und unsere unterschiedliche Herkunft belastete mich nicht mehr.

Doch wir lebten in einer Zeit unnachgiebiger Klassentrennung. In den Augen der anderen kamen wir aus verschiedenen Welten – er war ein Sohn des Proletariats, ich eine Tochter der Bourgeoisie. Alle sagten, das mit uns könne nicht gutgehen. Nun, wir haben ihnen das Gegenteil bewiesen.

Meine ganze Familie sah auf Dafu hinab, meine Angehörigen behaupteten sogar, er interessiere sich nur meinetwegen für *dayou*-Gedichte. Diese kulturelle und gesellschaftliche Arroganz machte mich rasend – warum konnten sie ihn nicht respektieren? Tatsächlich setzte sich Dafu damit auseinander wie ein Akademiker. In späteren Jahren sammelte er alle Arten von Gedichten und erforschte die Geschichte und die Legenden rund um diese typisch chinesische Kunstform. Es war mehr als ein Hobby, und obendrein sorgte seine Begeisterung für *dayou*-Gedichte dafür, dass es in all den Jahren unserer Ehe nie langweilig wurde. In schweren Zeiten machten sie uns heiter und in heiteren Zeiten nachdenklich. Mag sein, dass unsere Ehe eine Folge der Gründung der Volksrepublik China war, aber unsere Liebe war ein Weg, gepflastert mit *dayou*-Gedichten, eine lange Reise, die an jenem Tag begann, als wir uns auf den Weg zu seiner Familie machten.

Nach stundenlangem Marsch kamen wir zu einem niedrigen Erdwall zwischen zwei Feldern. Vor uns erstreckte sich Landschaft, so weit das Auge reichte.

Ich wandte mich an Dafu und fragte ihn, wie weit es noch sei. Den Blick in die Ferne gerichtet, antwortete er:

Oben der Himmel,
Die Erde darunter.
Für mich ist es immer
Ein kleines Wunder.

Was er damit meinte, war, dass unsere Gefühle vom Herzen und vom Verstand beherrscht werden. Glücklich konnte man nur sein, wenn man eine positive Einstellung zum Leben hatte.

Beeindruckt von seinem künstlerischen Talent, gab ich mir Mühe, ihm ebenfalls mit einem Gedicht zu antworten:

Das Firmament ist grenzenlos
Und ewig währt seine Geschichte.
Doch wir erstreben Ewigkeit
Im Sinnenklang unserer Gedichte

Ich wollte damit sagen, ganz gleich, wie furchteinflößend die Welt auch scheint oder wie bedeutungslos sich unser Leben auch anfühlt, wir müssen alle versuchen, in der kurzen Zeit, die wir auf Erden haben, eine Spur zu hinterlassen.

Als Dafu hörte, wie ich ihm in derselben dichterischen Form antwortete, blieb er abrupt stehen. Ganz lange stand er reglos da und sah mir direkt in die Augen, ohne ein Wort zu sagen. Später erzählte er mir, dass er mich in dem Moment am liebsten in den Arm genommen und geküsst hätte!

Inmitten all der politischen Stürme, die wir später durchstanden, dachten wir oft an diese strapaziöse Reise zu Dafus Eltern und an die *dayou*-Gedichte, die wir uns unterwegs erzählten. Das gab uns die Kraft weiterzumachen. Es ist genau, wie Dafu sagte: Das Entscheidende ist, welche Einstellung man zum Leben hat. Das war eine wichtige Lektion für mich, bevor wir in Dafus Dorf ankamen, um das chinesische Neujahrsfest 1950 mit seiner Familie zu feiern. Wie gesagt, die angeblichen kulturellen Unterschiede zwischen uns kümmerten mich nicht, aber die Lebensbedingungen dort waren eine echte Herausforderung.

Es war bereits dunkel, als unsere müden Beine uns in sein Dorf trugen. Ein Mann am Eingangstor erkannte Dafu, kurz darauf spähte hinter jeder Tür ein Kopf hervor, und lauter Männer kamen heraus, um uns zu folgen. Als wir das Haus von Dafus Familie erreichten, war die Nachricht bereits dort angekommen, und sie erwarteten uns alle vor der Haustür: seine Eltern, sein jüngerer Bruder, zwei jüngere Schwestern und die Großmutter.

Zweiter Bruder Dagui war seit einer Bombenexplosion vor ein paar Jahren taub. Im Dorf hätte niemand sagen können, welche Armee beteiligt oder für das Bombardement verantwortlich gewesen war. Die armen Bauerndörfer hatten so viele Leben geopfert im Zuge der endlosen politischen Auseinandersetzungen, dass es auch schon wieder egal war. Schwester Chunhua war sechzehn, Guihua dreizehn. Dafu stellte mir einen nach dem anderen vor und sagte mir, wie ich sie nennen sollte. Im ersten Moment fand ich es ein wenig seltsam, unter anderem deshalb, weil alle im Dorf uns behandelten, als wären wir bereits verheiratet.

Ich konnte mich auch nicht so recht an die Art gewöhnen, wie die Familie sich untereinander anredete. *Yeye* und *Nainai* für Opa und Oma kannte ich, aber sie nannten ihren Vater, der vermutlich der zweite Sohn war, auch so, *Di'e,* die Mutter war einfach ein Mädchen, *Niang,* und Mann und Frau hießen bei ihnen *duixiang*. Für mich war ein *duixiang* ein junges Paar, also eher zwei, die miteinander ausgingen, aber in der Provinz Shandong wurden offenbar sogar alte Ehepaare so bezeichnet.

Und dann verstand ich auch ihre Körpersprache nicht. Alle, ob jung oder alt, rissen sich förmlich darum, meine Hand zu halten, einige von den älteren Frauen streichelten mir übers Gesicht, und die frechen Kleinen zogen mich an den Haaren.
Nachdem wir alle engeren Freunde von Dafu besucht hatten, versammelten sich seine Verwandten und die Nachbarn und gingen dann gemeinsam in das Haus der Familie. Drinnen war es sehr dunkel, nur eine einzige kleine Öllampe flackerte auf einem Regal an der Wand. Ich konnte kaum etwas erkennen – ich hörte zwar Dafus Stimme, aber zwischen uns standen eine Menge Leute. Es kam mir so vor, als wäre das ganze Dorf mit uns im Haus!
Die Leute in Dafus Dorf schliefen auf einer Art Ofenbett, einem *kang*. Die meisten Häuser bestanden nur aus einem Raum, der gleichzeitig als Wohn- und Schlafzimmer diente. Tagsüber saß die ganze Familie auf dem *kang*, um zu essen, zu plaudern oder Gäste zu empfangen. Abends wurde das Bettzeug ausgerollt, das am Fußende lag, und dann schlief die ganze Familie darauf, die Füße Richtung Außenwand. Am anderen Ende des *kang* war der eigentliche Ofen, auf dem tagsüber gekocht und Wasser erhitzt wurde und der nachts durch seine Abzugsrohre das Schlaflager erwärmte. Auf der anderen Seite des Raums stand bei vielen Familien ein Schrein mit einem Bild der Göttin Guanyin, Gedächtnistafeln für die Ahnen und Räuchergefäßen. In einer Art Vorbau, der direkt an das Haus angebaut war, wurde alles gelagert, was die Familie brauchte, von Getreide über Ackergerät bis hin zu Wasserbehältern. Im Sommer lagerten sie dort auch Feuerholz und diverse Möbelstücke. Dafu sagte, dort hielten sie sich im Sommer auf, weil es kühler sei, und manchmal wurden darin sogar Gäste empfangen.
In der Nacht schlief ich zwischen Dafus Schwestern und seiner Großmutter. In der Mitte lagen Dafus Eltern, als Grenze zwischen den Männern und Frauen, und auf der anderen Seite Dafu und Dagui. Ich hörte, wie Dafu und sein Vater sich noch sehr lange unterhielten. Das *kang* war ziemlich hart, aber schön warm,

und die Matratze duftete süß nach der Wintersonne. Mein Kopf kam nicht zur Ruhe, weil ich über all die aufregenden Dinge nachdachte, die mir auf der Reise begegnet waren. Es dauerte lange, bis ich in den Schlaf fand, aber dann schlief ich so tief und fest wie nie zuvor.

Als ich am nächsten Morgen aufwachte, merkte ich, dass ich die Einzige war, die noch auf dem *kang* lag. Hastig stand ich auf, rollte ziemlich ungeschickt mein Bettzeug auf und legte es auf den vorhandenen Stapel. Draußen vor dem Fenster – das natürlich aus Papier war, nicht aus Glas – liefen lauter Hühner und Enten umher, und ein schwarz-weißer Mischlingshund. Als ich aufstand, sah ich, dass auf dem Tisch an der gegenüberliegenden Wand mehrere Gedächtnistafeln mit dem Familiennamen Meng standen, vermutlich Dafus Ahnen.

Ich ging in den Schuppen, in dem so viele Vorräte gestapelt waren, dass man sich vorkam wie in einem Lebensmittelladen. Dafus Großmutter saß neben dem Eingang und schrappte die Körner von einem Maiskolben. Als die alte Dame mich kommen hörte, drehte sie sich um und begrüßte mich mit einem Lächeln.

»Du bist sicher müde, meine Kleine. Auf dem Feuer ist noch Frühstück für dich, nimm es dir einfach. Du kannst hier essen und mir Gesellschaft leisten.«

»Guten Morgen, Großmutter«, sagte ich und sah mich nach dem Frühstück um. Auf einem offenen Feuer stand ein riesiger Eisenkessel, an dessen Boden eine Schale mit pochierten Eiern im Wasser warmgehalten wurde. Die drei Eier waren blendend weiß und von Osmanthusblüten umgeben. Ich nahm die Schale heraus, konnte aber nirgends einen Löffel finden, sodass ich mich mit einem Paar hölzerner Stäbchen begnügen musste, die in einer Kiste lagen. Ich holte mir einen Hocker und setzte mich neben Großmutter.

Die alte Dame sagte nichts, sah aber immer wieder lächelnd zu mir.

Gerade als ich den letzten Bissen gegessen hatte, kam jemand in den Hof, der von oben bis unten rußverschmiert war.

»Guten Morgen, Kleine Green. Hast du gut geschlafen?«, fragte der Neuankömmling. Nur an der Stimme erkannte ich, dass es Dafu war.
»Guten Morgen. Entschuldige, ich habe verschlafen und bin eben erst aufgestanden. Was ist denn mit dir passiert?« Ich konnte mir kaum das Lachen verbeißen.
Doch Dafu merkte nichts davon. »Du bist ein Stadtmädchen, daran gewöhnt, vom Glockenklang geweckt zu werden. Wir Leute vom Land wachen auf, wenn der Hahn kräht. Hast du fertig gefrühstückt? Könntest du mir vielleicht ein wenig helfen? Die anderen sind losgezogen, um Neujahrsgeschenke zu kaufen, und anschließend treffen wir uns alle bei Zweitem Großvater, um zuzusehen, wie er ein Schwein schlachtet. Aber jetzt bin ich dabei, Onkel Meng Xiangs *kang* sauberzumachen.« Die Männer in dem Dorf hießen fast alle Meng, weil ihre Ahnen alle miteinander verwandt waren.
Ich ging mit Dafu zu Onkel Meng Xiangs Haus, wo wir den ganzen Morgen damit beschäftigt waren, die Rohre des *kang* zu reinigen. Bevor wir gingen, holten wir noch Feuerholz herein und erhitzten Wasser für den alten Mann. Als wir zurückkamen, waren wir von Kopf bis Fuß schmutzig, aber zum Glück hatte Kleine Schwester Guihua für uns ein Becken mit warmem Wasser vorbereitet, damit wir uns waschen konnten.
Dafu ließ mir den Vortritt, und als ich fertig war, wollte ich das Wasser in den Hof kippen, doch Dafu bremste mich. »Warte, erst wasche ich mich noch, dann können wir es wegschütten.«
Ich sah ihn entgeistert an. »Aber das Wasser ist schwarz wie Tinte!«
»Wasser ist hier so kostbar wie Öl«, sagte Dafu und begann sich zu waschen. Um ehrlich zu sein, war sein Gesicht tatsächlich sauber, nachdem er es in die »Tinte« getaucht hatte. Während er sich mit dem Handtuch abtrocknete, das ich ihm gab, neckte er mich: »Sieh mal, ich kann mein Gesicht wechseln wie der Affenkönig aus der Geschichte um Sun Wukong, genau wie in der ›Reise in den Westen‹!«

Ich lachte, sowohl äußerlich wie in meinem Herzen. Das war ein Mann, der wusste, wie man das Bittere in die fröhliche Würze des Lebens verwandeln konnte – ein wahrer Revolutionär!

Dafus Dorf war sehr arm, aber wenn es darum ging, das Neujahrsfest zu feiern, hatten sie eine Menge Bräuche. Selbst nach all den Jahren kann ich mich nie so richtig erinnern, wie der Ablauf ist.

In der Zeit vor dem Neujahrsfest bereiten die Leute aus Shandong riesige Mengen *mantou* vor, weil in der Gegend viele Weizenprodukte gegessen werden. Einige dieser Brötchen sind ganz anders als die, die man sonst so kennt, zum Beispiel die *zaoshan*, die mit Datteln gefüllt sind. Außerdem gibt es Brötchen aus gedämpften Bohnen, Neujahrskuchen und jede Menge andere Gebäcksorten, deren Namen ich nicht mehr weiß. An manchen Orten ist es Brauch, all diese Dinge am vorletzten Tag des Jahres zuzubereiten. Außerdem gibt es frittierte Teigbälle, alle möglichen Arten von Fleisch und Fisch sowie diverse andere Leckereien, die traditionell am Neujahrsfest gegessen werden.

Jeder Tag des Festes ist sorgfältig geplant, bis hin zu jedem einzelnen Bissen, den man isst, und jeder Bewegung, die man macht. Es heißt, diese Regeln wären von den Ahnen weitergegeben worden, und deshalb darf man nicht dagegen verstoßen. So hängt man zum Beispiel am Tag vor Neujahr mittags die traditionelle Neujahrskalligraphie an seine Haustür, am Nachmittag besucht man die Gräber seiner Ahnen, um ihnen Respekt zu erweisen, und anschließend bereitet die ganze Familie zusammen Teigtaschen zu.

Der Neujahrstag beginnt dann um Mitternacht damit, dass erst das Familienoberhaupt und nach seinem Beispiel alle anderen dem Himmel, der Erde, den Göttern und den Geistern der verstorbenen Ahnen Opfer darbringen. Anschließend gibt es das erste Mahl des Neujahrsfestes – Teigtaschen. Während diese im kochenden Wasser ziehen, müssen Feuerwerkskörper entzündet werden, um böse Geister und das Pech, das sie bringen, zu verjagen.

In manchen Gegenden müssen Stiele von Sesampflanzen verwendet werden, um das Feuer zu entzünden, mit dem die Teigtaschen gekocht werden, als Symbol dafür, dass das neue Jahr wie die Sesamblüte ist, die mit jedem Tag größer wird, so wie die Tage des Jahres immer besser werden. Es sollen so viele Teigtaschen gekocht werden, dass welche übrig bleiben. Wenn sie fertig sind, füllt man als Erstes eine Schale, um den Göttern zu danken, dann eine weitere speziell für den Küchengott und dann noch eine für die Ahnen. Ein paar weitere Schalen werden gefüllt, aber nicht angerührt, als Symbol für eine wachsende Familie.

In manchen Neujahrsteigtaschen sind Münzen, Datteln, Erdnüsse oder Kastanien verborgen. Wer eine Teigtasche mit einer Dattel bekommt, wird im kommenden Jahr sehr erfolgreich in seinen Geschäften sein; wer eine Kastanie findet, wird große körperliche Kraft besitzen; Erdnüsse stehen für ein langes Leben; und eine Münze bedeutet, dass man im neuen Jahr reich wird. Ganz gleich, was jeder bekommt, alle gratulieren den Glücklichen, die ein solches »Extra« finden. Eltern freuen sich am meisten, wenn ihr Kind die Teigtasche mit der Münze bekommt, weil sie es für ein Zeichen halten, dass es eine rosige Zukunft vor sich hat. Außerdem bekommen alle Kinder ein wenig Kleingeld geschenkt.

Am Morgen des Neujahrstages stehen alle zeitig auf, und es gibt ein Mahl aus Dampfbrötchen, Dattelbrot, klebrige Reiskuchen und allerlei Sorten von Teigtaschen und Glasnudeln. Lauter verschiedene Gemüsesorten werden zusammen gedämpft für ein Gericht namens »Volle Vorratskammer«, als Symbol dafür, dass man im kommenden Jahr immer genug zu essen hat. In vielen Orten in Shandong essen die Leute nur mit Gemüse gefüllte Teigtaschen, als Symbol für ein friedvolles Jahr.

Wenn das Frühstück beendet ist, beginnt die Tradition des *bainian*, bei der man Freunde und Verwandte besucht und ihnen ein gesegnetes neues Jahr wünscht. Daran nehmen Männer und verheiratete Frauen teil, aber stets getrennt. Als Erstes sind die Familienmitglieder an der Reihe, wobei die jüngeren Generationen den älteren ihren Respekt mit einem Kotau erweisen und sich verbeugen, bis die eigene Stirn den Boden berührt, während die Gleichaltrigen sich als Ebenbürtige grüßen, sich also kurz verneigen.

Dann folgt das *jinbai,* bei dem die Leute durch das Dorf gehen, einander grüßen und Verwandten bis zum fünften Grad ein frohes neues Jahr wünschen. Zuletzt kommt das *yuanbai,* bei dem man Freunden und entfernteren Verwandten seine guten Wünsche überbringt.

Damals, als ich zum ersten Mal bei Dafu zu Hause war, mussten alle Jüngeren beim *bainian* tatsächlich noch vor den Älteren Kotau machen – nicht so wie heute, wo die meisten sich mit einer kleinen Verbeugung begnügen. Geschäftsleute begrüßten sich stets mit dem traditionellen Satz: »Mögen Sie ein erfolgreiches neues Jahr haben!« Und wenn die Älteren von den Jüngeren gegrüßt werden, müssen sie diesen ein sogenanntes »Glücksgeld« geben, Geld in einem roten Umschlag, und schon das Rot symbolisiert Glück.

Am Tag nach Neujahr kehren die verheirateten Frauen zu ihrer eigenen Familie zurück, um ihren Vorfahren und Angehörigen Respekt zu erweisen, denn mit der Heirat verlassen die meisten ihre Eltern und ziehen zum Mann und seiner Familie. Wenn sie beim Neujahrsbesuch ihre Kinder mitbringen, müssen die Verwandten ihnen ebenfalls »Glücksgeld« geben.

Am dritten Tag folgt ein bizarrer Brauch namens »den Mond löffeln«. Mütter bringen ihre Kinder in den Innenhof, wo sie sich auf einen Gebetsteppich knien, der auf den zunehmenden Mond ausgerichtet ist. Mit einem Löffel in der Hand tun sie so, als würden sie erst ein paar Bissen vom Mond essen und dann ein paar Bissen aus ihrer eigenen Brust, und dazu singen sie:

»Heute löffeln wir ein Stück vom Mond,
Damit kein Loch in unsren Zähnen wohnt.«

Es heißt, dieses »Löffeln« sorge dafür, dass die Kinder im Lauf des Jahres keine Zahnschmerzen haben.

Was den vierten und fünften Tag angeht, so gibt es in Shandong das Sprichwort: »Drück den vierten und brich den fünften.« Am vierten Tag bereitet man Teigtaschen zu und drückt all die unglücklichen Gefühle des vergangenen Jahres hinein. Am Morgen des fünften Tags kocht man die Teigtaschen, bis sie Risse bekommen, als würde man alles Unglück vor dem Beginn des neuen Jahres zerbrechen. Außerdem bringt man früh am Morgen des fünften Tages allen Müll aus dem Haus und packt ihn draußen auf einen Haufen. Dann steckt man oben »Doppelknaller«-Feuerwerkskörper hinein und zündet sie an. Das nennt man »die arme Erde verjagen«, und es symbolisiert die Befreiung von Armut.

Ich kann mich nicht mehr an alles erinnern, was die Leute in Shandong zum Neujahrsfest essen. Es sind zu viele Dinge, und einiges ändert sich auch von Jahr zu Jahr, je nachdem welches Tierkreiszeichen gültig ist. Aber Dafu fasst das Ganze gut zusammen: Beim Neujahrsfest ist vom ersten bis zum fünfzehnten Tag alles unterschiedlich, aber alles dreht sich um eine Sache – Teigtaschen! Verschiedene Arten von Teigtaschen und verschiedene Arten, sie zuzubereiten.

Für eine Ortsfremde wie mich war das Schwierigste gar nicht mal zu wissen, was ich tun sollte, wenn ich mit Dafu und seiner Familie zusammen war, sondern was ich *nicht* tun sollte! Für mein Gefühl gab es bei ihnen mehr Tabus als Grashalme in der Erde oder Wolken am Himmel. Seine Großmutter wies mich ständig wegen irgendetwas zurecht.

Hauptsächlich waren es Dinge, die man am Neujahrstag nicht tun durfte: Wasser tragen, den Boden fegen, andere schlagen oder beleidigen. Manche vermieden es, zu nähen oder Teigtaschen zuzubereiten, Fleisch zu essen oder Knoblauch zu zerdrücken. Abends durfte man keine Öllampen anmachen, weil das Licht angeblich einen Haufen Ratten ins Haus locken würde. Wenn einem am Neujahrstag etwas kaputtging, musste man laut den magischen Satz sagen: »Mögest du Jahr um Jahr Frieden haben«, um das Unglück zu verjagen.

Wenn beim Kochen der Teigtaschen eine aufbrach, durfte man

nicht sagen, dass sie aufbrach, sondern man musste sagen, dass sie »kämpfte«, als Symbol dafür, wie man im kommenden Jahr kämpfen würde, um Geld zu verdienen. Man durfte auch nicht *»dusuan«* – Knoblauch – sagen, weil man sich womöglich versprach und versehentlich *»san«* sagte, was zerbrechen bedeutet. Es gab so viele Regeln! Genau aus dem Grund kommen meine Kinder wahrscheinlich so ungern zum Neujahrsfest nach Hause.
Dafu sagte, die Menschen, die seit Generationen auf dem Land lebten, konnten zwar meist nicht gut lesen und schreiben, aber dafür besaßen sie andere Fähigkeiten. Die Männer lernten von ihren Vätern, wie das Land zu bestellen war, und die Frauen lernten von ihren Müttern, wie man einen Haushalt führte. Von einer Generation zur nächsten.
In Zeiten des Leids – ob nun natürlichen Ursprungs oder von Menschen gemacht – finden die Bauern Trost in ihrem Glauben an die Erde, den Himmel, *fengshui* und die Geister. Deshalb bringen die Leute den Geistern zu Beginn jedes neuen Mondjahrs Gaben dar, um zu zeigen, wie ehrlich und ehrenhaft sie sind, und um darum zu bitten, dass sie ihrer Familie Gesundheit und Wohlergehen schenken mögen. Obwohl sie Jahr um Jahr weiter in Armut leben und ihre Familien durch das Chaos von Kriegen auseinandergerissen und ins Elend getrieben werden, geben sie die Schuld an ihrem Leid stets sich selbst und niemals den Geistern.
So leben wir Chinesen nun mal, Xinran. Für unsere Generation waren die Kommunisten die Geister – wir glaubten bedingungslos an sie. Aber die jungen Leute heutzutage glauben an gar nichts mehr. Verstehen Sie mich nicht falsch, sie *wollen* etwas haben, woran sie glauben können, sie suchen überall danach. Aber sie finden nichts, weil der Glaube nicht in ihrem Herzen wohnt. Es ist wie in dem alten Sprichwort: »Wenn du daran glaubst, wird es wahr. Wenn nicht, dann nicht.«

Ich konnte nicht anders, sondern musste über Greens Worte

nachdenken, darüber, woran und warum Chinesen glauben und wie wir die letzten hundert Jahre überlebt haben, auch wenn der Gott der Chinesen wechselte. Woran die Chinesen heute wohl glauben? Diese Fragen verfolgen mich, seit ich Radio-Journalistin geworden bin, also seit den 1980er-Jahren. Noch immer hätte ich keine Antwort. Denke ich an das heutige China und versuche zu begreifen, was Religion und Glaube bedeuten, komme ich mir vor, als wollte ich »eine Wolke in die Schachtel stecken«.

Überhaupt war das Gespräch mit Green wie Wasser auf meine Mühlen, nicht nur, weil es so munter dahinplätscherte, sondern weil ihre Gedanken bei mir auf offene Ohren stießen, denn obwohl Green so alt ist wie meine Mutter, hat diese nie in Worte fassen können, was ihr Leben ausmachte, nicht einmal mir, ihrer Tochter, gegenüber.

Meng Dafu hat nie studiert, seine Klugheit war geprägt von Lebenserfahrung. Bei den anderen in seinem Dorf war es genauso. Wenn Menschen wie sie in die Stadt kommen, müssten sie sich verloren vorkommen und orientierungslos, aber sie schaffen es trotzdem, am Rand der Gesellschaft zu überleben. Wir Stadtmenschen können jede Menge Gelehrtenwissen mitbringen, doch wenn wir aufs Land geschickt werden, bedeutet das noch lange nicht, dass wir dort zurechtkommen, denn unser Intellekt und unser Verständnis von der Welt sind zu starr. Wir sind nicht in der Lage, uns anzupassen.

Danke für Ihr Kompliment, Xinran. Ja, ich glaube auch, dass wir es verdienen, als liebendes Ehepaar bezeichnet zu werden – Dafu war immer der Held meines Herzens. Mag sein, dass wir Chinesen nur selten unsere eigene Familie loben, aber ich, Green, nutze diese Worte der Freundlichkeit, um grüne Pflänzchen der Hoffnung und des Glücks für meine Familie zu pflanzen. Dafu ist genauso, es hat ihm immer große Freude gemacht, anderen zu helfen. Genau wie bei dem Neujahrsfest 1950 – die ganze Zeit, die wir dort waren, half er ständig irgendwelchen alten Leuten, sogar am Neujahrstag selbst. Als wir am dritten Tag abreisten, kamen sieben oder acht Alte aus dem Dorf, um Dafu zu danken. Die Szene werde ich mein Lebtag nicht vergessen.

Alle aus Dafus Familie sind sehr nett. Seine Schwester erzählte mir, dass in ihrem Dorf viele alte Leute allein leben, weil die Söhne von der Armee eingezogen wurden und die Töchter weggeheiratet hatten, sodass sie sich nicht um ihre Eltern kümmern konnten. Dafus tauber jüngerer Bruder Dagui ging mit ein paar Kindern von Tür zu Tür, um den Alten bei ihren täglichen Verrichtungen zu helfen. Um den Haushalt seiner eigenen Familie kümmerten sich die Eltern, die Schwestern und die Großmutter. Für Menschen vom Land, wie sie es waren, ging es im Krieg nicht darum, die Welt gerechter zu machen oder das Böse zu bestrafen, sondern einfach nur darum, die Familie und das Zuhause nicht zu verlieren.

Bis heute staune ich darüber, dass mir die Armut, die mir dort begegnete, nicht das Geringste ausmachte. Selbst wenn ich eine Toilette benutzte, um die sich Schweine drängten, auf den Bergen Holz hackte, bis mir die Hände bluteten, Wassereimer schleppte, bis meine Schultern vor Schmerz anschwollen, dachte ich nie daran, Dafu zu verlassen. Wenn ich sah, wie mein Liebster von Haus zu Haus ging und denen half, die es weniger gut hatten als er, war ich sehr stolz und gerührt. Seine Ausstrahlung und sein Wesen überbrückten den Bildungsunterschied zwischen uns. Was Mr Pan damals zu mir sagte – »Du pflanzt lauter grüne Hoffnungspflänzchen in den Herzen der Menschen« –, ist für mich zu einer Art Lebensmotto geworden.

Als ich nach Beiping zurückkam, nahm ich mein Studium wieder auf. Vater hatte für Orange und mich bereits im Vorhinein das Schulgeld bezahlt, bis wir unseren Abschluss hatten. Trotz der großen politischen Veränderungen um uns herum hielt unsere Schule an den traditionellen Lehrmethoden und an den Zahlungsvereinbarungen fest. Dafu durfte nur am Wochenende kommen und mich abholen, und dann versuchten wir herauszufinden, wo die hilfsbedürftigsten alten Menschen wohnten, und gingen zu ihnen, um ihnen nach besten Kräften zu helfen.

Der Unterschied zwischen Winter und Sommer in Beijing ist wie der zwischen Eis und Feuer. Im Winter kann es bis zu zwanzig Grad minus werden, im Sommer bis über vierzig Grad plus. Im Winter halfen wir den alten Leuten, ihre Kleider zu trocknen, Möbel umzustellen und ihren Schornstein zu reinigen. Damals war es fast unmöglich, Kohle zu bekommen, die nicht furchtbar rauchte, und die meisten Familien mussten Kohlestücke in der Größe einer Kinderfaust verbrennen. Die Schornsteine hatten alle eine sehr schmale Öffnung und viele Windungen, was zwar verhinderte, dass der kalte Wind hereinblies, aber es führte auch dazu, dass sie leicht verstopften. Dadurch kam es immer wieder zu Gasvergiftungen, oft sogar mit tödlichem Ausgang.

Im Sommer halfen wir ihnen beim Baden und wuschen ihre Matratze und das Bettzeug. Damals waren Laken nicht üblich, und die Decken zu waschen war ein Albtraum, denn sie bestanden aus drei Teilen: der Unterseite, der Oberseite und der Füllung. Die Unterseite war größer, deshalb musste man alles auftrennen, die Füllung herausnehmen und hinterher alles wieder zusammennähen.

Dafus Schwester Chunhua erklärte mir, wie diese Quiltdecken hergestellt werden. Sie sagte oft, einen guten Quilt nähen zu können, gehöre zu den wichtigsten Aufgaben einer Frau. Ein Bett mit einem feinen Quilt hinterlässt einen guten Eindruck. Unter- und Oberseite sollten gerade, ebenmäßige Nähte aufweisen, und die Baumwollfüllung muss gleichmäßig verteilt und sorgfältig versteppt sein.

Im Frühling und im Herbst gingen wir bei schönem Wetter mit ein paar von den alten Leuten in den nahegelegenen Parks und Grünanlagen spazieren. Damals gab es viel Grün in Beijing, hier und da sah man sogar Felder, die von Bauern beackert wurden. Es war so, wie Dafu seine Heimat beschrieben hatte – jede Jahreszeit ein Gemälde. Frühling und Herbst brachten besonders prächtige Farben hervor. Manchmal liehen wir uns Fahrräder aus

und fuhren zum Sommerpalast, zu den Duftenden Hügeln oder an andere schöne Orte, um zu rudern oder zu wandern.
Doch wir sahen uns nur recht selten, da das Büro der Einheitsfront, in dem Dafu arbeitete, weit von meiner Schule entfernt war. Als Geheimabteilung der Regierung arbeitete die Einheitsfront von 1950 bis 1980 daran, Untergrund-Spione der Guomindang zu fassen, von 1980 an ging es eher darum, Menschen in China zu helfen, die Verwandte in Taiwan und in Übersee wiederfinden wollten. Er hatte also immer alle Hände voll zu tun. Aber auch ich war sehr beschäftigt mit dem Lernen. Zusätzlich nahm ich an vielen Veranstaltungen der Studentenvereinigung teil, und ich weiß noch, dass ich zahllose Extrastunden in Russisch nehmen musste. Damals war unsere Vorstellung davon, was »international« bedeutete, fest im Sozialismus der Sowjetunion verwurzelt. Der amerikanische Einfluss war verschwindend gering. Aber über das Vereinte Königreich lernten wir ein wenig. In unseren Schulbüchern stand etwas über die Geschichte des »Reiches, in dem die Sonne niemals untergeht«, über all die Kolonien, die unter Großbritanniens Herrschaft standen, und seine Vormachtstellung auf See, und darüber, wie die Magna Carta die grundlegenden Menschenrechte auf der ganzen Welt beeinflusste. Und natürlich auch über die britische Industrie und dergleichen. Andere europäische Länder blieben uns fremd.
Amerika hingegen erschien uns als ein Land ohne wirklichen historischen Einfluss. Wir Chinesen, die in den 1950er-Jahren studierten, sahen die Welt durch die Brille der Sowjets – ihre Sprache, ihre Geschichte, ihre Definition der aktuellen Ereignisse. Natürlich gab es auch sowjetische Literatur, vor allem die Gedichte von Alexander Puschkin, Maxim Gorkis *Die Mutter,* Nikolai Ostrowskis *Wie der Stahl gehärtet wurde,* Tolstois *Krieg und Frieden,* Boris Pasternaks *Doktor Schiwago* und so weiter – all das waren für uns Modelle, »die Welt zu verstehen«. Und natürlich auch ihre Musik, insbesondere Tschaikowski. Wir zweifelten keine Sekunde daran, dass die Sowjets uns gegen die Amerikaner und die Briten zum Sieg führen würden!

Dafu und ich hätten uns natürlich schreiben können, aber das taten wir nur selten. Erstens arbeitete der Postdienst nach dem Krieg noch nicht wieder zuverlässig, und zweitens wurden sämtliche Briefe, die Dafu schrieb oder bekam, aufgrund der Art seiner Arbeit geöffnet und gelesen. Und wir wollten nicht, dass andere unsere Liebesbekundungen lasen oder über die Gedichte lachten, die wir füreinander schrieben. Stattdessen gaben wir einander jedes Mal, wenn wir uns sahen, die Liebesbriefe, die wir in der Woche davor geschrieben hatten. Das sorgte manchmal für Verwirrung, weil die Briefe immer eine Woche hinter den Ereignissen herhinkten.

Dafu schrieb mir natürlich *dayou*-Gedichte, und ich zog ihn auf, er könne gar nicht lange genug stillsitzen, um etwas Längeres oder Komplexeres zu verfassen. Darauf meinte er, er habe nicht genug Zeit, um ausführlicher zu schreiben. Er hatte versucht, vor dem Schlafengehen zu schreiben, aber sobald er Papier und Stift zur Hand nahm, schlief er ein. *Dayou*-Gedichte hingegen konnte er auch verfassen, wenn er unterwegs war, und sie waren leicht zu merken, sodass er sie einfach kurz vor unseren Treffen aufschrieb. Ich habe fast alles aufgehoben – wenn Sie wollen, schicke ich Ihnen ein paar davon in einer E-Mail.

Ich wiederum übersetzte gerne etwas aus dem Russischen für ihn oder schrieb Zitate aus Werken der fremdsprachigen Literatur auf. Ich liebte es, in den Gedichten von Puschkin zu lesen.

In der Zeit nach der Befreiung waren die Herzen der Menschen voller Erregung. Ihr Blut brodelte vor Leidenschaft, angeheizt von der Regierungspropaganda – seid stolz auf eure Abstammung; helft, das Vaterland wieder aufzubauen; befreit die menschliche Rasse; lasst die Menschen Herr über ihr eigenes Schicksal sein; Männer und Frauen sollen gleich sein; schlagt die Landbesitzer und verteilt ihr Land; hoch leben die Kooperativen und Joint-Ventures! Diese Leidenschaft war so stark, dass die Zuschauer im Kino aufsprangen und jubelten, wenn sie sahen, wie ein Soldat der Revolution einen Feind tötete.

Deshalb musste man vorsichtig sein, wenn man sich mit seinem

Liebsten im Kino traf. Wenn man nicht mitbekam, dass die Menge von revolutionärer Leidenschaft gepackt wurde, und sitzen blieb, während alle anderen wie wild auf und ab sprangen, wurde man bestenfalls ausgelacht, schlimmstenfalls wurde die politische Gesinnung in Frage gestellt.

Und die Liebe in den Filmen selbst? In den älteren Filmen vom Anfang der 1950er-Jahre war sie bisweilen noch Thema, aber ab Ende der 1950er-Jahre kam sie kaum noch vor. Doch selbst in Filmen über die Revolution sah man immer noch Leute, die ihre ewige Liebe ausdrückten. Dafu und ich gingen nur selten zusammen ins Kino, aber ich erinnere mich, dass ich *Die Geschichte des Dorfes Liubao* mindestens dreimal gesehen habe.

Es heißt, wir Chinesen verstünden nichts von Mode und Trends, aber das sehe ich vollkommen anders. Wir haben solche Angst, hinter die anderen zurückzufallen, dass wir nicht nur die neuesten westlichen Luxusmoden nachahmen, sondern alles sofort übernehmen, von politischen Trends über kulturelle Werte, sogar gesunde Ernährung. Aber diese Moden ändern sich mit jeder Generation, und mit dem Wandel kommt großer Verlust. Selbst die Filme, die wir damals gesehen, und die Opern, die wir uns angehört haben – wie viel davon kennen die jungen Leute heutzutage noch? Wie ist es mit Ihnen, Xinran? Sagt Ihnen *Die Geschichte des Dorfes Liubao* überhaupt etwas? Wissen Sie, wovon der Film handelt? Für meine Generation und die Ihrer Mutter war er das Vorbild schlechthin, was Liebe angeht.

Der Film stammt aus dem Jahr 1957, aber die Handlung spielt während des Anti-Japanischen Kriegs. Die Neue 4. Armee war in einem Dorf namens Liubao stationiert, und dort lebte eine schöne junge Frau namens Ermeizi. Ein verwundeter Soldat, Li Jin, wird zur Pflege in ihrem Haus untergebracht, und zwischen den beiden entwickeln sich starke Gefühle. Als der Hauptmann der Einheit davon erfährt, weist er Li Jin zurecht, weil es Soldaten verboten ist, eine Beziehung einzugehen.

Li Jin wird vom politischen Ausbilder dazu gebracht, dem Befehl Folge zu leisten und den Kontakt zu Ermeizi abzubrechen. Bald darauf wird die Einheit zur Front geschickt, und Li Jin und Ermeizi verabschieden sich widerstrebend voneinander. Einige Jahre später kommt die Einheit erneut nach Liubao, und Li Jin, der inzwischen Kommandant ist, macht sich auf die Suche nach Ermeizi. Ermeizi hat sich einer Guerillatruppe angeschlossen und ist der Partei beigetreten. Sie hat die ganze Zeit auf Li Jin gewartet, und schließlich treffen sie sich an dem Ort, den sie damals als Treffpunkt für ein Wiedersehen vereinbart hatten. Und so finden sie am Ende zueinander.

In dem Film gibt es eine Szene, in der Ermeizi ihren kleinen Bruder losschickt, um Li Jin eine Nachricht zu schicken, dass sie sich mit ihm an einer kleinen Brücke treffen will. Li Jin weiß vor lauter Glück nicht, was er tun soll, rennt zu einem Baum und schlägt an einem Ast einen Salto. Sie lachen jetzt vielleicht, aber jedes Mal, wenn die Stelle kam, ergriff Dafu schweigend meine Hand und drückte sie. Der Film ist so gut gemacht, dass wir die beiden gar nicht zusammen sehen müssen, um zu wissen, wie sehr sie sich lieben. Wohingegen man die Leute heutzutage stundenlang aneinander herumsaugen sieht, ohne dass irgendein Gefühl zwischen ihnen spürbar wird.

1952 machte ich meinen Abschluss an der Universität. Zu der Zeit rief das Land die Menschen auf, viele Kinder zu bekommen, um die Bevölkerung des Vaterlands zu vergrößern. Deshalb heirateten wir im darauffolgenden Jahr und bekamen rasch hintereinander fünf Kinder – drei Söhne und zwei Töchter.

Wir feierten die Hochzeit nicht bei Dafus Familie, weil wir nur zwei Tage Urlaub bekamen und die Zeit nicht gereicht hätte, um bis nach Shandong und zurück zu fahren. Und ich hatte kein Zuhause mehr, zu dem ich hätte fahren können. Orange war noch einmal mit Mr Pan in Chengde gewesen, wo unser einstiges Haus nun als Erholungsheim für einige der Führer unseres Landes diente. Genau an der Stelle, wo mein Vater vor langer Zeit für meine Mutter bunte Bänder um die Bäume gebunden hatte, stand jetzt ein riesiges Schild: *Militärisches Gebiet – Zutritt für Zivilisten verboten*.

Wissen Sie, obwohl wir Revolutionäre waren, waren wir doch sehr altmodisch, wenn es um die Ehe ging. Die meisten Leute arbeiteten für den Staat, und wenn sie heirateten, sorgte ihre Arbeitseinheit dafür, dass sie ein gemeinsames Zimmer im Wohnheim bekamen. Das war damals alles kostenlos, wahrscheinlich weil es viel weniger Menschen gab als heute.

In dem Zimmer, das uns zugewiesen wurde, standen zwei Einzelbetten, die wir zusammenschoben. An den Wänden hingen Porträts von Mao Zedong und General Zhu De, und über der Tür hängten wir einige ausgeschnittene rote Schriftzeichen auf, die uns Glück bringen sollten. Das Zimmer war sehr schlicht, und weitere Möbel bekamen wir erst im Lauf der Zeit, wenn jemand aus unserer Arbeitseinheit etwas übrig hatte oder Kollegen auszogen. Erst als Dafu Unteroffizier wurde, bekamen wir eine richtige Wohnung mit drei Zimmern. Aber auch die war sehr schlicht und nur mit den grundlegendsten Haushaltsgegenständen und Küchenutensilien ausgestattet.

Abgesehen von den Lebensmitteln, der Kleidung und ein paar Alltagsgegenständen war alles kostenfrei. Wohnung, Kinderbetreuung, Ausbildung, eine Arbeitsstelle nach dem Schulabschluss und Gesundheitsfürsorge für die ganze Familie wurde von der Arbeitseinheit des Mannes gestellt. Deshalb ermunterte der Staat Paare, in derselben Einheit zu arbeiten; so war es einfacher, die soziale Unterstützung zuzuteilen. Die Arbeitseinheit war quasi die Familie oder sogar noch wichtiger als die Familie, weil sie die beste und vielleicht die einzige Möglichkeit war sicherzustellen, dass alle Verwandten gut versorgt waren.

Orange und Mr Pan konnten nicht zu unserer Hochzeit kommen, weil sie sich um eine ausländische Angelegenheit kümmern mussten. Erst später erfuhren wir, dass es mit der Intervention der USA im Koreanischen Bürgerkrieg 1950 zu tun hatte. Das neue China fürchtete einen gleichzeitigen Angriff von den Amerikanern im Norden und Chiang Kai-shek im Süden. Es brauchte dringend

Unterstützung von den Sowjets, doch die chinesisch-sowjetischen Beziehungen waren zu dem Zeitpunkt bereits stark angeschlagen. Orange und Mr Pan arbeiteten Tag und Nacht, um den plötzlichen Wandel in den diplomatischen Beziehungen zu bewältigen. Von dem Jahr an hatte ich kaum noch Kontakt zu meinen Schwestern, weil sie alle im Nachrichtendienst tätig waren.

Als mein erster Sohn Tiger geboren wurde, holten wir die sechzehn Jahre alte Guihua vom Land nach Beijing, damit sie uns mit dem Baby half. Später sorgten wir dafür, dass sie zur Schule ging, und stattdessen kam Dafus Mutter. Da war schon unser zweiter Sohn Wolf auf der Welt. Als Dafus Mutter starb, baten wir seinen Vater, an ihrer Stelle zu kommen, doch der alte Mann sagte, er könne den tauben Dagui nicht allein zurücklassen.

Um zu helfen, nutzte Dafu seinen Einfluss und verschaffte Dagui Arbeit in der Poststelle. Und so kam es, dass schließlich die ganze Familie in Beijing vereint war. Die beiden Töchter und unser dritter Sohn wurden als Kleinkinder alle von ihrem Großvater betreut. Dem Land ging es da sehr schlecht, und obwohl Dafu inzwischen einen hohen Rang innehatte, wohnten wir immer noch in der Drei-Zimmer-Wohnung. Der Platz war so beengt, dass wir auch das Wohnzimmer als Schlafzimmer nutzen mussten. Es war ein volles Zuhause, aber auch ein glückliches.

Die Kulturrevolution war eine schlimme Zeit, nicht zuletzt weil die Einheitsfront, bei der Dafu arbeitete, aufgelöst wurde. Doch Dafu selbst stieg weiter auf. Seine einfache Abstammung half ihm dabei ebenso wie die Tatsache, dass er nie so mächtig geworden war, dass er als gefährlich eingestuft worden wäre. Deshalb wurde unsere Wohnung auch nicht durchsucht, niemand kam, um unseren Besitz zu konfiszieren, uns als Konterrevolutionäre zu denunzieren oder dergleichen. Verglichen mit etlichen anderen Familien hatten wir Glück. Trotzdem lebten wir wie alle in ständiger Angst, weil man nie wusste, aus welcher Richtung der politische Wind als Nächstes wehen würde. Wurde man mit dem Falschen in Verbindung gebracht ….

Es fällt mir bis heute schwer, über diese Dinge zu reden. Ich konzentriere mich lieber auf die guten Zeiten, die, die es wert sind, erinnert zu werden. Wenn der richtige Moment gekommen ist, können wir noch mal über diese Dinge sprechen. Für heute will ich nur sagen, dass der Weg in die Gegenwart für viele Familien sehr schwer war. In Frieden zu leben ist besser, als irgendwelche hochfliegenden Pläne zu haben. Finden Sie nicht auch?

Aber unsere Familie bestand nicht nur aus uns, Dafus ganzes Dorf gehörte dazu. Wenn jemand von dort einen Anlass hatte, nach Beijing zu kommen, wohnte er bei uns. Im Sommer lagen fast immer drei oder vier Leute auf irgendwelchen Matten in unserem Hof. Dafus Eltern pflegten zu sagen: Wenn man weit genug zurückgeht, stammen wir alle von derselben Wurzel ab.

Irgendwann fiel uns auf, dass sich mit jedem Mal, dass jemand aus dem Dorf zu uns kam, etwas veränderte. Als unsere Kinder klein waren, konnten die Dorfleute uns höchstens ein paar Süßkartoffeln oder Birnen mitbringen, und im Gegenzug gaben wir ihnen ein paar von unseren Essens- oder Kleidungsrationen mit. Später brachten sie uns lokale Spezialitäten mit, und wir gaben ihnen kleine Radios, Kinderbücher, Kleider, Spielzeug und solche Dinge. Dafu versorgte sie auch mit Ideen, wie man die Agrarindustrie vor Ort fördern konnte, und Kontaktadressen von Düngerlieferanten.

Noch später brachten sie uns alle möglichen Obst- und Getreidesorten mit. Wir im Gegenzug konnten ihnen eigentlich nur noch Geld zustecken, weil es ihnen an nichts mehr mangelte, abgesehen vielleicht von einigen elektrischen Großgeräten. Dafür half Dafu ihnen, Kontakte zu Handelsketten in verschiedenen Städten zu bekommen, um ihre lokalen Produkte zu verkaufen. Die Schere zwischen unseren Lebensstandards schloss sich immer mehr. In den letzten zwei Jahren haben wir sogar überlegt, ob wir nicht zurückziehen sollen in Dafus Heimatdorf, denn dort ist die Luft gut, und die Nahrungsmittel sind alle aus regionalem Anbau. Zu schade, dass Dafus Eltern das nicht mehr miterleben, sie sind vor der Öffnung und den Reformen gestorben.

Nur für Chunhua konnten wir nichts tun. Die Familie ihres

Mannes weigerte sich, ihr Haus auf dem Land zu verlassen. Ihr Schwiegervater sagte: »Seit Generationen haben wir von nichts anderem geträumt, als unser eigenes Stück Land zu besitzen. Nun, da wir eins bekommen haben, wäre es eine Schande, es einfach aufzugeben. Wozu all diese Veränderungen? Sie sind der Grund für das ganze Chaos in diesem Land!«
Das Traurige ist, dass kein einziges von Chunhuas Enkelkindern sich jetzt um das Land kümmert – sie sind alle in die Stadt geflohen, um dort zu leben.

Als ich nach London zurückkam, fand ich eine E-Mail von Green vor, mit einem Dutzend *dayou*-Gedichten von Dafu und sechs Gedichten von ihr selbst. Meng Dafus *dayou*-Gedichte waren im einfachen, bodenständigen Stil eines Mannes vom Land verfasst, während Greens Gedichte eher etwas Klassisches und Europäisches hatten. Mehr als alles andere zeigte mir das, wie in China seit 1949 Menschen mit ganz unterschiedlicher Herkunft, Bildung und Erfahrung zusammengebracht worden waren, und zwar durch die politischen Entwicklungen unserer Zeit.

Green bringt es wirklich fertig, grüne Pflänzchen der Hoffnung in die Herzen der Menschen zu pflanzen – zumindest in meines.

3. Teil

Die Geschichte von Crane

Greens Tochter, geboren 1958

Ehe wir uns voneinander trennten, fragte ich Green noch: Wenn ich nur eins deiner Kinder interviewen könnte, welches würdest du vorschlagen?
Darüber musste Green erst einmal ein wenig nachdenken und sammelte zunächst schweigend ihre Gedanken.

Meine fünf Kinder haben alle mehr oder weniger die gleiche Erziehung bekommen. Alle wurden in den 1950er- bzw. 1960er-Jahren geboren, wuchsen in derselben Stadt auf und besuchten dieselbe Schule. Doch was ihr Wesen angeht, könnten sie unterschiedlicher nicht sein. Und auch ihre Ansichten über das Leben und die Entwicklungen in diesem Land gehen total auseinander. Wie mein Mann Dafu immer gesagt hat:

Unser Haus ist wie ein Zoo,
Tausend Tiere sieht man da:
Tiger, Wölfe, Kraniche und Affen,
Und selbst ein kleines Entlein ist dabei.
Und obendrein ist in diesem verrückten alten Haus
Die Mutter 'ne Katze, der Vater 'ne Maus.

Dafu arbeitete verdeckt als »Maus« für die Einheitsfront, während ich als »Katze« Leute aufspürte, die im Verdacht standen, unser Land zu verraten. Die Katze musste sich auch um das Haus kümmern. Dafu hatte zwar eine glänzende Karriere gemacht, oh ja, aber in praktischen Dingen hatte er zwei linke Hände. Wenn er auf den Markt zum Einkaufen ging, bezahlte er das Gemüse, vergaß aber, es einzustecken. Musste er eine Glühbirne wechseln, drehte er immer in die verkehrte Richtung. Einmal stellte er eine Schüssel mit einem Metalldeckel in die Mikrowelle. Das Ding ging hoch wie eine Bombe. Sein Kommentar: »Das mit dem Stadtleben habe ich noch nicht so richtig heraus.«

Die Namen von unseren Kindern enden alle auf das Schriftzeichen *guo*, wie in »Land«. Doch ihre Großeltern haben für sie die Namen von Tieren als Rufnamen gewählt. Ein bisschen komisch ist das schon. Aber vielleicht verrät dein Name ja auch deinen wahren Charakter, so wie es früher immer hieß. Was nichts anderes heißt, als dass dein Name später im Leben großen Einfluss auf dein *fengshui* hat. Bei meinen Kindern war das jedenfalls so.

Mein ältester Sohn Meng Jianguo hat den Rufnamen »Tiger«. Er ist sehr ruhig und beständig, und seine Art, die Dinge anzupacken, ähnelt der meines Mannes und der meinen. Seine Kinder sagen, er sei altmodisch, und sie fürchten seine tigergleichen Zornesausbrüche. Doch er hat Glück gehabt, denn er hat einen Sohn und eine Tochter bekommen, ehe die Ein-Kind-Politik eingeführt wurde.

Seine Frau hat mir erzählt, wie sie einmal mit ihren zwei Kindern über die Situation im heutigen China debattierte. Die beiden Jungen beschwerten sich, wie politisch ahnungslos und wirtschaftlich rückständig die beiden Generationen vor ihnen im Vergleich zur Entwicklung im Westen gewesen seien. Plötzlich sprang Tiger, der erst nur Zeitung lesend dagesessen hatte, wutentbrannt von seinem Stuhl auf und schlug bei jedem zornigen Wort donnernd mit der Faust auf den Tisch:

»Wenn welche wie ihr nur die westliche Demokratie und ihr liberales Gewäsch kapieren, aber nicht das einfache Prinzip des Lebens oder Sterbens, das hinter der chinesischen Politik steht, dann denkt mal darüber nach, was das chinesische Volk in den letzten hundert Jahre erduldet hat, ihr Esel! Das Letzte, was unsere Landsleute jetzt brauchen, ist, dass idiotische Wirrköpfe wie ihr sich über ihr Leben und den Preis, den sie dafür bezahlt haben, ein Urteil erlauben! Ich möchte euch mal sehen, wenn ihr durchmachen müsstet, was wir durchgemacht haben! Nein, da lest ihr lieber ein paar Seiten von westlichen Kommentatoren, die sich über unsere Probleme lustig machen und das heutige China kritisieren, ohne auch nur die geringste Ahnung von der Geschichte unseres großen Landes zu haben, die Tausende von Jahren zurückreicht. Das ist einfach nur frech, arrogant und dumm!«

Die Kinder waren starr vor Schreck. Unnötig zu sagen, dass sie nie mehr gewagt haben, vor ihrem Vater über die Verhältnisse im Land zu reden. Was er denkt? Vermutlich gibt es da keinen großen Unterschied zu dem, was man in der *Renmin Ribao* (»Tageszeitung des Volkes«) lesen kann.

Unser zweiter Sohn heißt Meng Weiguo. Als er noch ganz klein war, nannten wir ihn immer »Bubi«. Doch als wir dann all unseren Kindern Rufnamen von Tieren gaben, fingen wir an, ihn »Wolf« zu nennen. Das ist die Beschreibung, die wahrscheinlich am besten auf ihn zutrifft, denn er ist eigensinnig und schwer zugänglich. Dabei ist er ständig im Wettstreit mit den anderen. Er versucht andauernd, in irgendwas besser zu sein als sein älterer Bruder. Aber wie man es auch nimmt, Tiger hat es in fast jeder Hinsicht viel weiter gebracht, ob nun im Beruf oder mit der Familie, die ihn liebt. Wolf ist dagegen, na ja, eben ein einsamer Wolf gewesen, er ist viel herumgereist und nie an einem Ort geblieben. Ich denke, darum glaubt er auch, dass er zur falschen Zeit geboren wurde, in einer Zeit, in der Tiger bewundert und Wölfe verachtet wurden. Von unseren Kindern ist er das impulsivste und das, um das sein Vater und ich uns immer noch große Sorgen machen. Ich fürchte fast, dass seine Geschichte ein bisschen zu deprimierend ist und nicht unbedingt typisch für seine Generation und ihre Erfahrungen.

Unser drittes Kind ist ein Mädchen und heißt Meng Aiguo. Wir nennen sie Crane, also Kranich. Als sie klein war, hat sie nie geweint oder irgendwie Trara gemacht. Sie saß einfach still da und schaute ihren Brüdern beim Spielen zu oder beobachtete die Erwachsenen, wie sie ihren täglichen Pflichten nachgingen. Mein Mann und ich haben uns damals gefragt, ob sie vielleicht eine

Entwicklungsstörung hat, doch meine Schwiegermutter blieb felsenfest dabei, dass wir uns täuschten. »Kinder, die nicht reden«, sagte sie, »werden einmal die klügsten Denker.«

Manche Leute behaupten, Crane sei ein wenig weltfremd. Aber wir als ihre Eltern haben irgendwann begriffen, dass sie in Wirklichkeit genau das Gegenteil ist. Crane weiß sehr genau, was sie will und wie sie es kriegt. Es ist fast schon unheimlich, wie sie alles mitbekommt, was um sie herum vorgeht. Sie bemerkt oft kleine Fehler, die du selbst übersehen hättest. Ich denke, Crane ist die beste Kandidatin für deine Recherchen.

Nach ihr kommt unser dritter Sohn Meng Baoguo. Ihm haben wir den Rufnamen »Monkey« gegeben. Dass er etwas von einem Affen hatte, konnte man sehen, sobald er anfing zu gehen. Immer sprang er ums Haus herum, und wenn er anfing zu reden, kam man nicht mehr zu Wort. Später war er total computerverrückt. Sobald irgendeine neue Computertechnik nach China kam, war er einer der Ersten, die sie in Händen hatten. Doch irgendwie hat er dabei den Kontakt zum normalen Leben verloren, und es fehlt ihm etwas, was ich menschliche Gefühle nennen würde. Weiß der Himmel, von wem er das geerbt hat? Nein, einen Affen kriegst du nicht zu fassen, und er würde auch nie »seine Zeit damit verschwenden«, über etwas anderes als Computer zu reden.

Unser jüngstes Kind ist Meng Liguo. Auch sie hatte anfangs keinen Tiernamen. Trotzdem riefen wir sie immer »kleine Ya«, also »kleine Ente«. Denn sie hat sehr bald zu sprechen angefangen und dauernd gekichert und geschnattert wie eine kleine Ente. Also haben wir sie »Ente« oder »Entlein« genannt. Ihre älteren Geschwister riefen sie immer »hässliches Entlein«, um sie aufzuziehen. Mein Schwiegervater sagte immer, sie sei »eine kleine Ente mit einem großen Schnabel«, weil sie ohne Unterlass plapperte. Sobald sie die Geschichte vom hässlichen Entlein kannte und ihre Geschwister sie wieder einmal verspotten wollten, meinte sie nur: »Wartet nur ab. Aus mir wird eines Tages ein schöner Schwan, aber ihr bleibt meine blöden Entenbrüder und Entenschwestern.«

Ducky interviewen? Ich fürchte, dann bist du die nächsten zehn Jahre damit beschäftigt, die Notizen durchzugehen, die du dir gemacht hast. Das gäbe sicher mehr Papier, als ein Wald Blätter hat! Also, Xinran, wenn du jemand suchst, der dir alles haarklein, und ich meine wirklich »haarklein«, erzählen kann, dann bist du bei unserer Ducky, dem kleinen Entlein, an der richtigen Adresse. Wenn du aber verstehen willst, wie diese Generation tatsächlich empfunden hat, dann würde ich mich an Crane halten. Sie kann dir den tiefsten und besten Einblick geben. Mit ihrer Familie spricht sie zwar nicht viel, aber sie ist das einzige von unseren Kindern, das sich mit allen Geschwistern versteht. Sie haben absolutes Vertrauen zu Crane und erzählen ihr von ihren Problemen – selbst Wolf.

Geh und rede mit Crane. Ich werde dir helfen, sie zu kontaktieren. Du wirst nicht enttäuscht sein, wenn du sie interviewst, glaub mir.

Crane

Mein erster Gedanke zu Meng Aiguo war, wie sehr mir ihr Rufname gefiel – Kranich. Kraniche sind, neben Schwänen, die Vögel, die ich am liebsten mag. Als wir uns dann persönlich kennenlernten, wurde ich nicht enttäuscht. Sie war genauso, wie Green sie beschrieben hatte: sanft, einfühlsam, klug.

Unser erstes Treffen fand in Beijing statt, kurz nach meiner Rückkehr aus Qingdao, wo ich ihre Mutter interviewt hatte.

Zu meiner Freude und Überraschung fragte Crane, ob wir uns nicht im Taoran Pavillon Park treffen könnten. Als ich noch ein Kind war, pflegte meine Großmutter mit mir dorthin zu gehen. Der Park liegt im Stadtbezirk Xicheng und war eine der ersten Grünanlagen, die nach Gründung der Volksrepublik China im Jahr 1949 angelegt wurden. Mit seinen üppigen Bäumen, seinen Uferpavillons und den überschatteten Wegen ist der Park einer

der malerischsten Orte der Stadt – der Name *Taoran* bedeutet auch tatsächlich so viel wie »unbeschwert«.
Der Pavillon selbst hat eine viel längere Geschichte als der ihn umgebende Park. Errichtet vom Qing-Kaiser Kangxi in dessen vierunddreißigstem Regierungsjahr – was dem Jahr 1695 nach westlicher Zeitrechnung entspricht –, ist er einer von Chinas vier großen historischen Pavillons. Es heißt, der Hofbeamte, der den Pavillon erbauen ließ, sei ein großer Verehrer des Tang-Dichters Bai Juyi gewesen, und so habe er den Namen dem folgenden Gedicht entnommen:

Warte, bis die Chrysanthemen sich gelb färben
und der selbstgemachte Wein reif ist.
Dann trinke ich mit dir und bin unbeschwert.

Meine Großmutter sagte, so lange sie sich erinnern könne, habe der Taoran Pavillon sich ungebrochener Berühmtheit erfreut und einen endlosen Strom von Besuchern angezogen. Viele von ihnen stammten aus dem Süden und lebten nun in Beijing. An den Wochenenden trafen sie sich dort und tauschten Erinnerungen über ihre Heimatstädte aus.
Seit ich 1997 nach Großbritannien ging, habe ich immer ein volles Programm, wenn ich nach China fahre. Ich finde kaum je Zeit, meiner Heimatstadt einen Besuch abzustatten oder in Kindheitserinnerungen zu schwelgen. Vor ein paar Jahren jedoch führte unser Weg meinen Mann Toby und mich ganz in die Nähe des Taoran Pavillon Park. Ich wollte ihn überreden, mit mir hineinzugehen, doch die riesige Menschenmenge am Eingangstor schreckte ihn ab, ebenso wie die plärrende Musik der »tanzenden Großmütter« auf dem Platz davor. Und so konnte ich nur einen flüchtigen Blick aus der Ferne auf den Pavillon erhaschen, dessen Bild sich tief in meine Kindheitserinnerungen eingegraben hatte. Daher wurde ich das Gefühl nicht los, dass es das Schicksal war, das mich mit Crane wieder hierhergeführt hatte. Das Schicksal oder vielleicht auch das Eingreifen des Himmels.

Zwei Tage nacheinander trafen wir uns am Eingangstor zum Park, ehe wir die schattigen Pfade entlang schlenderten, vorbei an den Uferpavillons, die sich im See spiegelten. Und während sich über uns das Sonnenlicht im Laubbaldachin farbig wie in Kirchenfenstern brach, teilten wir sie miteinander, die Würze des Lebens und der Liebe: süß, sauer, herb, scharf – von allem schien in Cranes Leben etwas vorhanden zu sein.

Am ersten Tag wandte Crane sich mir zu und sagte mit sanfter Stimme: »Mutter hat mir erzählt, dass ihr zwei viel miteinander geredet habt. Stimmt es, dass du auch meine Tante interviewt hast? Sieht so aus, als wäre jetzt ich dran. Meine Mutter hat außerdem gesagt, dass du alles wissen willst und ich dir einfach alles erzählen soll, wozu ich Lust habe. Also, Xinran, was möchtest du wirklich von mir *hören?*«

So nachdrücklich, wie Crane das Wort »hören« betonte, schockierte mich ihre Frage ein bisschen. Sie fragte nicht, was ich *wissen* wollte, wie das fast alle taten, die ich interviewte, sondern was ich *hören* wollte. Und was sie dann als Nächstes sagte, hinterließ in mir nicht den geringsten Zweifel, dass sie tatsächlich ein Kranich war, der still und geduldig am Flussufer ausharrt, bis ein Fisch das Wasser kräuselt.

»Wir gehen beide auf die sechzig zu. Beide haben wir zahllose Geschichten über unsere Vorfahren gehört, beide haben wir mit eigenen Augen vieles mitangesehen, was unsere Eltern durchgemacht haben. Würde man aus unseren Lebensgeschichten ein Buch machen, so wäre es viele, viele Seiten dick, und fügten wir dann noch die Geschichten unserer Kinder hinzu, dann gäbe es da kein Ende mehr. Also was genau willst du hören? Gib mir ein Stichwort, und ich will dir helfen, so gut ich kann, die chinesischen Geschichten zu verstehen, nach denen du suchst.«

In dem Augenblick, in dem sie das sagte, war es, als würde sich zu unseren Füßen plötzlich ein Pfad auftun. Ich erkannte, wie wichtig Crane für mich sein würde, wenn ich dieses Buch schreiben wollte. Also sagte ich ihr rundheraus, dass ich vorhatte, über die Liebe der Chinesen während der letzten hundert Jahre zu schreiben. Die vier oder fünf Generationen, die in dieser Zeit aufeinandergefolgt waren, hätten ganz unterschiedliche Geschichten zu erzählen, sobald es um die Liebe ging. Geschichten, die geprägt seien von ihren Erfahrungen mit den Wirren des Krieges, den sich verändernden politischen Verhältnissen, den diversen technologischen Umwälzungen und vielen anderen Dingen mehr. Deshalb würde ich gerne etwas hören über ihre Erfahrungen und die ihrer Familie, um es besser zu verstehen, das Wesen der chinesischen Familie, die Geschichten der Frauen aus dieser Zeit und die menschliche Natur im Allgemeinen.

»Geschichten über unser Liebesleben?« Crane errötete kurz, doch schnell hatte sie ihre Fassung wiedergewonnen. »Über die Generation derer, die in den 1950er-Jahren groß wurden, zirkuliert im Netz der Satz: ›Die Kinder der Revolution haben weder Liebe noch Leidenschaft‹. Ich vermute, diesen Satz hast du schon mal gehört?«

»Ja, das habe ich. Ich habe sogar schon Leute interviewt, die glauben, in diese Kategorie zu gehören. Aber das ist nicht meine Sicht der Dinge. Liebe ist ein menschlicher Instinkt – du kannst ihn vielleicht unterdrücken, aber niemals ganz ausrotten.« Wenn meine Antwort ein wenig zu nachdrücklich ausfiel, dann nur, weil ich das, was ich sagte, aus tiefstem Herzen glaubte.

Crane lächelte ein winziges bisschen: »In der Tat. Liebe ist ein Teil der natürlichen Ordnung der Welt. Das kann man an den Vögeln, den Fischen, den Insekten, ja sogar an den Blumen beobachten. Wie könnte etwas so Flüchtiges wie der Krieg die menschlichen Instinkte unterdrücken? Wir mussten nur unterschiedliche Methoden entwickeln, um mit der herrschenden Lage umzugehen und uns ihr anzupassen.« Und sie fuhr fort: »Wenn ich recht verstanden habe, sind wir beide gleich alt, Jahrgang 1958, richtig? Erst als ich siebzehn war, also 1975, merkte ich, dass ich gewisse Gefühle für einen Mann empfand. Wie war das denn bei dir?«

Doch ehe ich auf ihre Frage eingehen konnte, war Crane gedankenverloren schon mittendrin in ihrer Geschichte.

Rückschau halten ist etwas Wunderbares, nicht wahr? Vieles von dem, was in unserem Leben passiert ist, verstehen wir erst im Nachhinein. Wenn wir in den Ereignissen drinstecken, sind wir gar nicht imstande, sie zu verstehen, findest du nicht? Auf unsere Generation trifft das ganz besonders zu. Von dem Moment unserer Geburt bis zu dem Tag, da wir selbst Eltern wurden, wurde die Geschichte unseres Lebens von einem politischen Narrativ bestimmt, das die Generation vor uns geschrieben hatte.

Heute geht meine Mutter herum und erzählt jedem, der ihr über den Weg läuft, dass wir in unserer Familie immer eine sehr glückliche und schöne Zeit miteinander hatten, weil sie nun mal die Sorte Mensch ist, die gute Botschaften lieber hat als schlechte. Ich habe das ganz anders in Erinnerung. Als ich heranwuchs, herrschte bei uns zu Hause wegen des Kriegs immer eine sehr gespannte Stimmung. Meine Eltern eilten ständig in Panik zur Tür herein und wieder hinaus, ohne sich jemals eine Minute ruhig miteinander hinzusetzen. Nicht einmal an den Wochenenden oder während des Frühlingsfestes hatten sie Zeit für uns. Wir wurden von den Eltern meines Vaters und von seiner kleinen Schwester großgezogen. Tagsüber gingen wir entweder in den Kindergarten oder in die Schule, die sich immer auf dem Gelände der Einheitsfront befanden. Tatsächlich bestand damals der ganze Unterricht, den wir bekamen, im Studium der Worte des Vorsitzenden Mao und der Geschichte der Kommunistischen Partei.

Meine Geschwister und ich waren also der Obhut unserer Großeltern anvertraut, und wir haben nie wirklich mit anderen Kindern gespielt. Die Welt da draußen wurde von politischen Strömungen, Hunger, der Kulturrevolution und dem chinesisch-sowjetischen Zerwürfnis erschüttert, aber es war, als hätte das alles nichts mit uns zu tun. Wir hätten auch gar keine Möglichkeit gehabt, etwas über diese Ereignisse herauszufinden, selbst wenn wir gewollt hätten. Zeitungen waren nur für Erwachsene da, und in den wenigsten Häusern gab es Radio. Wir selbst hatten zwar einen Empfänger, aber er stand im Schlafzimmer unserer Eltern, und die politischen Parolen, die daraus gelegentlich durchs Haus tönten, haben wir nicht verstanden. Die Erwachsenen hätten es sich nicht im Traum einfallen lassen, ihre politischen Ansichten vor den Ohren ihrer Kinder zu diskutieren. Zumindest war das in unserer Familie so.

Erst als ich 1975 aufs Land verschickt wurde, habe ich erkannt, dass die Welt, in der ich aufgewachsen war, sich von der anderer Kinder total unterschied. In der Gruppe der »Bauernhelfer«, zu der ich gehörte, waren viele Jugendliche, die ihre Eltern das letzte Mal als kleine Kinder gesehen hatten – entweder weil man die Eltern in *laogai*, Umerziehungslager gesteckt hatte oder weil sie im Gefängnis saßen. Manchmal waren sie sogar von Rotgardisten zu Tode geprügelt worden.

Meine beiden älteren Brüder? Sie wurden nicht zum Arbeiten aufs Land geschickt. Beide traten mit 18 in eine Spezialeinheit der Armee ein. Wahrscheinlich weißt du ja, dass das Militär bis in die 1990er-Jahre eine sehr privilegierte Stellung in der chinesischen Gesellschaft innehatte. Wer eine gewisse Macht hatte, schickte seine Kinder zum Militär und behauptete, das sei, um sie abzuhärten. In Wirklichkeit wusste jeder, dass der wahre Grund der war, dass man damals nur beim Militär eine schulische Ausbildung bekam, vom Karriereschub ganz zu schweigen.

Wenn man sich die Politiker ansieht, die heute in China das Sagen haben, so kommen praktisch alle von Militärschulen. In welchem anderen Land gibt es einen ähnlich hohen Anteil von Leuten mit militärischem Hintergrund in der politischen Führung? Vermutlich nur in Israel und ein paar afrikanischen Ländern.

Verglichen mit den meisten anderen Kindern wuchsen wir dank des Schutzes unserer Eltern unter sehr privilegierten Umständen auf. Wenn du Zeit hast, solltest du dir die Geschichte meiner Cousine Kangmei anhören – sie ist die Tochter meiner Tante Orange. Mit ihr ist es, als sei sie in einer anderen Welt aufgewachsen, einer Welt voll Elend. Ihr Leben kann man sich so vorstellen wie das der Figuren aus Victor Hugos Roman *Die Elenden*.

Crane hielt den Kopf gesenkt, als sie das sagte. Offensichtlich machte es ihr schwer zu schaffen, dass sie ihrer Familie in der Not nicht hatte helfen können.
Doch war mir das Elend, von dem sie sprach, nur allzu gut bekannt, denn auch ich war in dieser Welt großgeworden, in der chinesischen Version von *Die Elenden*. In meinem Buch *Verborgene Stimmen. Chinesische Frauen erzählen ihr Schicksal* habe ich diese alten Wunden offengelegt, damit meine Leser sich ein Bild davon machen können, wie zahllose Menschen gleich mir die Hölle der Kulturrevolution durchlitten haben. Doch niemand vermag zu sagen, wie lange es dauern wird, bis diese Wunden wieder verheilen, auch ich nicht. Ich weiß nur, dass mich der Schmerz selbst heute in manchen Nächten hochschrecken lässt.

Crane hob den Kopf und erzählte verhalten weiter.

Das heutige China ist einmal mehr ein gespaltenes Land, doch ist es jetzt nicht mehr das Militär, das die privilegierte Stellung innehat, sondern die Reichen und Mächtigen. Ein paar Leute halten aber noch an der fixen Idee fest, dass die privilegierte Stellung ihrer Eltern ihnen für den Rest ihres Lebens zugutekommen müsse. Als ich 1975 den Schulabschluss machte, war ich nicht kräftig genug, um in die Spezialeinheit der Armee aufgenommen zu werden. Die Kulturrevolution war noch nicht vorüber, also war auch das Studium keine Option.
Jeder weiß, dass zwischen 1966 und 1977 die chinesischen Universitäten zu Zentren der revolutionären Erziehung »umgestaltet« wurden. Die einfachsten Bauern und die eifrigsten Arbeiter wurden als Lehrer eingesetzt. Sie prangerten die Missstände der Klassengesellschaft an und lehrten uns, wie wir sie zu bekämpfen hatten. Lob und Anerkennung bekamen nur Studenten, die aus dem Arbeiter-, Bauern- und Soldatenstand kamen. Und genau diese Studenten stellen jetzt zum großen Teil unsere Führung. Ihren Weg an die Spitze haben sie gemacht, indem sie mit den

seinerzeit erworbenen »Diplomen« herumwedelten als Beweis, dass sie das Anrecht auf eine Führungsposition haben. Wer von der Mittel- oder Oberschule abging, musste aufs Land zur Umerziehung durch die Bauern, um seinen »Horizont zu erweitern«. Die städtische Jugend aufs Land zu schicken war damals bereits nationale Politik. Bald waren wir allenthalben als die »Bauernhelfer« bekannt.

Politische Maßnahmen mussten damals in unserem Land nicht verfassungsmäßig begründet sein. Entweder handelte es sich um Konzepte, die man sich auf einem Parteitag ausgedacht hatte, oder um Ideen, die einem unserer Führer mal eben durch den Kopf geschossen waren. Landesrecht wie Verfassungsrecht leiteten sich aus dem Familienrecht her, wir haben dem Kind nur einen anderen Namen gegeben. Dass man die städtische Intelligenz während der Kulturrevolution hinaus aufs Land geschickt hat, war zum Beispiel eine Idee des Vorsitzenden Mao. Der Hintergrund war, dass China ja ein großes Agrarland sei, also sollten alle jungen chinesischen Mittel- und Oberschüler hinausgehen aufs Land, um alles über das bäuerliche Leben zu lernen und bei der Gelegenheit gleich umerzogen zu werden. Die Familien in den Städten durften jeweils nur ein Kind zu Hause behalten – von dieser Regelung waren nicht einmal die wenigen Privilegierten ausgenommen. Da ich noch jüngere Geschwister hatte, blieb mir nichts anderes übrig, als zu gehen.

So kam ich an einen Ort namens Bashang, eine provisorische Siedlung etwa dreihundert Kilometer nördlich von Beijing, ungefähr dort, wo die Provinz Hebei an die Innere Mongolei und das Mongolische Plateau grenzt. Die Siedlung befand sich aber nicht auf dem landschaftlich sehr schönen Bashang-Plateau mit seiner reinen Luft und seinen Wiesen voller süß duftendem Gras, wo Schafherden dahinzogen wie die Wolken am Himmel und Pferde durch die Täler galoppierten. Nein, unsere Gruppe aufs Land verschickter Jugendlicher wurde in ein eilig errichtetes Camp gesteckt, das von Han-Chinesen schnell in einer ärmlichen Gebirgsregion errichtet worden war.

Vor einigen Jahren habe ich der Gegend um das Camp herum einen Besuch abgestattet, und noch immer bot sich mir dort der wohlvertraute Anblick der Armut. Ich dachte, dies müsse wohl einer der Orte sein, wo die Reformen, die große Teile unseres Landes so sehr verändert haben, einfach nicht ankommen, einer dieser Orte in China, die zu ewiger Armut verurteilt sind. Aber dann habe ich kürzlich in Erfahrung gebracht, dass es für diese Region tatsächlich ein Entwicklungs- und Modernisierungsprogramm gegeben hat, was ich mit recht gemischten Gefühlen gehört habe. Einerseits habe ich mich gefreut, dass die Bauern dort endlich die Chance auf ein besseres Leben haben, andererseits war ich traurig, weil im Gefolge der Urbanisierung wahrscheinlich die natürliche Landschaft zerstört wird und jahrtausendealte örtliche Sitten und Gebräuche untergehen.

Der Prozess der Modernisierung lässt sich nicht zurückdrehen. Das ist eine Einbahnstraße, und sie führt vom Dorf direkt in die Stadt. Doch ich glaube, dass wir Chinesen diese Entwicklung eines Tages bereuen werden. Wenn wir unsere lokalen Gebräuche und die kulturellen Traditionen preisgeben, auf denen dieses Land aufgebaut wurde, werden wir am Ende auch nur eine »Menschenfabrik« sein wie die Vereinigten Staaten oder Hongkong? Aber das sind meine eigenen Vorurteile, die da aus mir sprechen. Um meinen Vater zu zitieren: »Wer am Fuß des Berges steht, soll die auf dem Gipfel nicht kritisieren!« Also zurück zu meiner Geschichte.

Als ich zum ersten Mal aufs Land fuhr, kam ich mir vor wie ein einsamer kleiner Vogel, der ein riesiges, endloses Meer überquert. Ich hatte nicht nur das Land aus den Augen verloren, es gab auch keinen Ort, wo ich sicher hätte landen oder rasten können. Ich schäme mich nicht zuzugeben, dass ich ohne fremde Hilfe nicht überlebt hätte: Ich wusste nicht, wie man mit einem Holzofen kocht, ich konnte keinen Süßkartoffelkuchen backen, ich wusste nicht, wie man Maisfladen macht, ich konnte nichts mit den ungemahlenen Körnern anfangen von dem Hafer, der dort wuchs, ich konnte nicht richtig mit den Tragestangen umgehen, ich konnte meine Kleidung nicht eigenhändig im Bach waschen. Ich konnte die Bettdecke nicht richtig ausstopfen und absteppen, ich konnte nicht mit landwirtschaftlichen Geräten umgehen, ich wusste nicht, wann man dies sät und jenes erntet. Ich konnte nicht mal ordentlich diese steinigen Gebirgspfade entlanglaufen.

Das waren alles grundlegende Überlebenstechniken, die dort jedes sieben- oder achtjährige Kind beherrschte. Und ich konnte nichts, gar nichts! Aus der Rückschau betrachtet war es mein Wille zu lernen, der mich durchhalten ließ. Aber selbst damit war es nicht einfach, sich an diesen ärmlichen Lebensstil zu gewöhnen. Wie es den anderen aus meiner Gruppe erging? Unter ihnen waren ein paar Kinder von hochrangigen Funktionären, doch selbst sie schafften es, einige der häusliche Pflichten mehr oder weniger gut zu erledigen.

Zu jener Zeit war China ein unvorstellbar armes Land – Fernseher, Waschmaschinen, Fahrräder und sogar Uhren konnte man nicht einfach kaufen. Ihre Verteilung wurde vom Staat kontrolliert. Selbst wenn jemand das nötige Geld dafür gehabt hätte, so gab es schlicht keine Geschäfte, wo man hätte kaufen können, was heute in jedem Haushalt selbstverständlich ist. Obendrein galten diese Dinge damals als kapitalistische Luxusgüter, und so wagte es niemand, auch nur im Traum daran zu denken.

Selbst reiche Familien wären ohne die Hilfe der älteren Generationen aufgeschmissen gewesen, die meist auf die Kinder aufpassten. Wer aus einer Familien stammte, die einer der »fünf schwarzen Kategorien« zugerechnet wurde, also den von Mao festgelegten »Feinden der Revolution«, musste selbst lernen, mit den Härten des Lebens umzugehen. Diese Kinder beherrschten nicht nur alles, was rund ums Haus erledigt werden musste, sie gingen auch die Landarbeit mit großem Ernst und Eifer an. Da sie von Kindesbeinen an gelernt hatten, mit Erniedrigung und Demütigung umzugehen, konnten sie auch Mangel und Not ertragen. Manche sahen in der Landverschickung sogar eine günstige Wendung ihres Schicksals, weil sie so dem Klassenkampf in den

Städten und der Verfolgung durch die Rotgardisten entkamen. Ich hingegen empfand dieses Los als schrecklich und beängstigend. Ich musste immer wieder an eine alte Kindergeschichte denken, die meine Großmutter mir erzählt hatte:

Eine Vogelmutter liebte ihr Junges abgöttisch. Als an seinen Flügeln allmählich Federn wuchsen, kam seine Mutter ins Grübeln. Sie wusste, dass ihr Junges gern fliegen lernen wollte, aber sie fürchtete, dass es vielleicht ins Taumeln geraten und vom Himmel fallen könnte. Der kleine Vogel beobachtete seine Altersgenossen, die sich derweil im Fliegen übten, und dachte, wie töricht sie doch seien. »Vögel können ohne Üben fliegen, ihr Dummköpfe«, sagte er. »Das ist uns angeboren. Wenn ich fliegen muss, kann ich das mühelos.« So kam der Herbst, und es wurde Zeit für die Vögel, nach Süden zu ziehen. Am Tag, als sie aufbrachen, hockte sich das Vogeljunge auf den Nestrand, flatterte mit seinen Flügeln und folgte mühelos seiner Mutter. Anfangs war das Wetter schön und wunderbar zum Fliegen, und das Vogeljunge dachte selbstzufrieden: »Fliegen ist doch wirklich leicht.« Doch bald verfinsterte sich der Himmel, und der Donner begann zu grollen. Das Vogeljunge beobachtete, wie die anderen Jungvögel in die dunklen Wolken hinein- und wieder herausflogen, gerade so, als würden sie Fangen spielen. Zu gerne hätte es sich ihnen angeschlossen, aber seine Mutter hielt es zurück. Es könne nicht gut genug fliegen, und es sei zu gefährlich, warnte sie es. »Bleib an meiner Seite«, sagte sie, aber ihr Junges war störrisch. »Ich bin ein Vogel«, rief es, »und ich kann super fliegen!« Mit diesen Worten stürzte es sich wie ein Pfeil in eine riesige Wolke, doch im selben Moment wurde es vom Blitz getroffen und stürzte zu Boden. Der Jungvogel wusste nicht, wie ihm geschah, auch merkte er nicht, dass seine Schwingen völlig versengt waren. »Warum stürze ich? Warum kann ich meine Flügel nicht benützen?«, fragte es sich in panischer Angst. Als seine Mutter es endlich entdeckte, lag ihr Junges am Hang eines kleinen Hügels. Es lebte noch und versuchte, sich wieder in die Luft zu erheben, doch schon schlich ein hungriger Fuchs heran …

War ich dieses Vogeljunge? War es für mich schon zu spät, noch fliegen zu lernen? War ich dazu bestimmt, die nächste Mahlzeit dieses Fuchses zu sein? Endlose Wochen träumte ich von nichts anderem als diesem kleinen Vogel.

Doch ich hatte Glück. In unserer Gruppe von Bauernhelfern war ein lieber, netter Junge namens Tang Hai. Die Leute sagten, er sei ein Waisenkind. Er schrieb gerne oder machte Kaligraphien und hatte deswegen immer Stift und Tusche dabei. Ich hingegen zeichnete gern und war daher immer mit Bleistift und Papier unterwegs. Der Sekretär unserer Volkskommune war ein Mann, der gern las, und sobald er von unserem künstlerischen Talent erfahren hatte, ging er zu dem Kader, der unsere Produktionseinheit anführte, und sagte, unsere Kommune benötige dringend gute Schreiber, nach Möglichkeit einen Jungen und ein Mädchen, die sich um die monatlichen Mitteilungen am Schwarzen Brett kümmern könnten. Das war eine Aufgabe, die jeden Monat Arbeitspunkte für sieben Tage brachte.

Der Kader stimmte diesem Antrag nicht nur zu, sondern stellte Tang Hai und mich ganz von der Feldarbeit frei. Unsere neue Aufgabe bestand nun darin, über die angesammelten Arbeitspunkte der Bauernhelfer unserer Produktionseinheit Buch zu führen sowie die Zahlen für die wöchentlichen Berichte an die Produktionsbrigaden zusammenzustellen. Und so wurden wir als Buchhalter für die drei Verwaltungsebenen tätig, in welche die bäuerliche Gesellschaft sich jetzt gliederte: Volkskommune, Produktionsbrigade und Produktionseinheit. Wenn ich heute zurückdenke, glaube ich, dass der Kader bei seiner Entscheidung nicht nur unsere literarischen Talente im Auge hatte, sondern auch unser mangelndes Geschick bei jeder Art von körperlicher Arbeit.

Von unseren drei neuen Pflichten war die schwierigste, das Schwarze Brett unserer Kommune immer auf dem neuesten Stand zu halten. Du hast ja selbst auf dem Land gelebt. Diese Tafeln waren genauso, wie man sie noch heute in jeder Gemeindeverwaltung sehen kann: aus Beton und schwarz gestrichen. Die

Schwarzen Bretter waren nicht nur die Nachrichtenzentrale der Bauern, sondern auch die »Propagandafront« der Partei. Die Bauern – von denen die meisten nicht lesen konnten – kamen dort einmal im Monat am Markttag zusammen, und die Kommune schickte jemanden, der ihnen die Botschaften der Partei vorlas. Danach sollten sie diese halb verdauten »Prinzipien« zurück in ihre Dörfer tragen, um sie dort weiterzuverbreiten. Manche zogen dann in feierlichem Ernst von dannen, wild entschlossen, alles buchstabengetreu umzusetzen.

Die Leute auf dem Land glaubten viel stärker an Mao Zedong, als wir Bauernhelfer das taten. Sie verehrten ihn wie einen Gott und wandten sich an ihn um Trost, wo doch in Wahrheit die Ursache für ihr Leid nur in ihrer eigenen Unwissenheit zu suchen war. So umfassend ihr Wissen um den Kreislauf der Jahreszeiten, um Pflanzen und Ernten, um Nutztierhaltung und dergleichen gewesen sein mag, von Politik und Propaganda verstanden sie nicht das Geringste. Was für Tang Hai und mich hieß, dass wir Mao Zedongs Worte und seine Philosophie in eine einfachere Sprache übersetzen mussten. Das taten wir in Form von »Buchbesprechungen«, damit sie die »großen und heiligen« Forderungen Maos verstehen konnten.

Hätten die Dorfleute unsere »Übersetzungen« falsch verstanden oder hätten wir eine Direktive falsch weitergegeben, so hätten wir ziemlich sicher mit Strafe rechnen müssen. Zumindest hätte man uns ein paar Arbeitspunkte abgezogen, im schlimmsten Fall wären wir als Konterrevolutionäre im Gefängnis gelandet.

Dabei verstehen Menschen ein und dieselbe Sache nun mal ganz unterschiedlich, je nachdem, wie sie aufgewachsen sind und welche Erziehung sie genossen haben. Diese Bauern, die mit der Erfahrung großgeworden waren, nie genug zu essen und keine warme Kleidung zu haben – von Schulbildung ganz zu schweigen –, kannten nur eine Reaktion auf das Chaos und die Armut, die ihr Leben prägten: Panik und blinden Gehorsam gegenüber der Macht.

Hatte das brutale Wüten der Kulturrevolution schon uns Bauernhelfer orientierungslos zurückgelassen, so wussten diese Bauern noch viel weniger, was sie damit anfangen sollten. Sie verstanden ja nicht einmal die politischen Parolen.

Einer aus unserer damaligen Gruppe, der schon am längsten auf dem Land lebte, erzählte uns, der Vorsitzende Mao hätte Ende der 1970er-Jahre in einem Artikel das ganze Land aufgefordert, *xiān yàn lùn,* die aprioristische Philosophie zu bekämpfen, die davon ausgehe, man könne die Strukturen einer Gesellschaft unabhängig von ihrer konkreten Erfahrung begreifen. Nun klingt das aber sehr wie *xiān yàn*, leuchtend farbig, und so machten sich alle Dorfbewohner schleunigst auf den Heimweg und versteckten im Keller alles an Besitztümern, was irgendwie bunt war. Manche verbrannten oder zerschlugen sogar farbenfrohe Familienerbstücke, die über Generationen weitergegeben worden waren. Diese Bauern hatten so viel Angst vor Mao, dass sie glaubten, Naturkatastrophen seien die Strafe dafür, dass jemand ihn beleidigt hatte.

Der Sekretär unserer Produktionseinheit, er ist erst vor Kurzem gestorben, war ein glühender Revolutionär. Um von seinen Vorgesetzten belobigt zu werden, ließ er uns Bauernhelfer immer die neueste Direktive des Vorsitzenden Mao auf ein Stück rotes Papier schreiben, das die Überschrift »Höchste Direktive« trug. Diese Zettel mussten wir am Markttag an die Bauern verteilen, während unser Sekretär nicht müde wurde, den Bauern einzuschärfen, dass dies die »Höchste Direktive« sei. Später haben wir dann herausgefunden, dass die Bauern diese roten Zettel bei sich zu Hause an die Decke klebten, weil das die höchste Stelle im Haus war!

Tang war vor mir aufs Land geschickt worden. Einmal hat er mir erzählt, wie auf Anweisung der Kommune das ganze Dorf an einer öffentlichen Kritiksitzung gegen einen Lehrer und seine Frau teilnahm, die aufs Land strafversetzt worden waren. Einer der Dörfler stand auf, zeigte auf den Lehrer und brüllte: »Du hast dem Vorsitzenden Mao zuwidergehandelt. Du hast dich der Partei widersetzt! Du glaubst, deine Bücher und deine Frau sind dein Privateigentum! Du lässt sie mich nicht einmal ansehen!«

Die Anwesenden waren verwirrt. Sie konnten nicht recht begreifen, warum dieser Mann die Frau des Lehrers ansehen wollte. Da stand ein junger Dörfler auf und rief wutentbrannt: »Wie ist so etwas im sozialistischen China überhaupt möglich? Wieso ist deine Frau immer noch dein Privateigentum? Sie sollte Volkseigentum sein!«

Ich wusste, dass die Geschichten, die Crane mir erzählte, weder erfunden noch übertrieben waren. Mir war klar, dass Ereignisse wie diese typisch für einen bestimmten Abschnitt der chinesischen Geschichte sind. Man schätzt, dass etwa achtzig Prozent der städtischen Bevölkerung in China sich an der Zerstörung von nationalem Kulturerbe oder an Gewaltaktionen gegenüber anderen Menschen beteiligt hatten. Soweit es diese ungebildeten Bauern betrifft, war es die Angst, die sie ihren »Oberen« blind folgen und deren Aktionen und die damit verbundenen Konsequenzen nie infrage stellen ließ. Eine amüsante Geschichte, die ich einmal gehört habe, kann dies vielleicht veranschaulichen.
Während der »Kritisiert Lin und Konfuzius«-Kampagne – bei der Mao und seine Frau Jiang Qing gegen den ehemaligen Vizepräsidenten Lin Biao und auch gegen Konfuzius wetterten – standen irgendwo in einem Dorf auf dem Land ein Tenor und eine Sopranistin auf der Bühne. Unter ihrer Anleitung skandierte die Menge vor der Bühne Parolen.
»Nieder mit Lin Biao!«, schrien sie, und die Menge antwortete: »Nieder mit Lin Biao!«
»Nieder mit Konfuzius!«, bellten sie, und die Menge sprach nach: »Nieder mit Konfuzius!«
»Kritisiert die Lehren des Konfuzius!«, brüllten sie, und die Menge echote: »Kritisiert die Lehren des Konfuzius!«
In dem Moment eilt ein Mann auf die Bühne und ruft einem der Führer, die auf der Bühne sitzen, zu: »Direktor Li, jemand will Sie sprechen!« Und die Menge ruft: »Direktor Li, jemand will Sie sprechen!«

Crane bemerkte nicht, dass ich mit meinen Gedanken abgeschweift war, und erzählte weiter.

Ist das Verfassen von Wandzeitungen eine politisch riskante Angelegenheit, so kann man andererseits sagen, dass das Zusammenstellen von Produktionsberichten eine ausgesprochene Gewissensentscheidung ist. Xinran, hast du schon mal von Yuan Longping gehört, dem sogenannten »Vater des Hybrid-Reises«? Nun, nach jahrzehntelanger Forschung ist es ihm im Jahr 2000 gelungen, einen Super-Reis zu züchten, der es den Bauern ermöglicht, auf nur 100 *mu* Land 700 Kilo Reis zu ernten. Doch wir sollten damals, 1976, Erträge von über 1000 Kilo pro *mu* melden! Unsere Kader behaupteten nämlich, unsere Vorgesetzten hätten ohnehin keine Ahnung von der Landwirtschaft und würden nur auf die Zahlen blicken. Je höher die Reiserträge, die wir meldeten, desto zufriedener würden sie sein und desto mehr Kunstdünger würden sie uns bewilligen, was wiederum bessere Ernten für das folgende Jahr bedeutete. Die Bauern hielten dagegen, dass sie, würden wir fälschlich zu hohe Erträge melden, höhere Abgaben zahlen müssten und daher viel weniger Reis zur eigenen Verfügung hätten. Nach einem Jahr schwerer Feldarbeit blieb den Bauern, nachdem sie ihre Steuern entrichtet hatten, manchmal nicht einmal mehr genug Reis, um ihre Familie zu ernähren. Tang Hai und ich hatten keine andere Wahl, als unsere Berichte zusammenzustellen und weiterzugeben, im ständigen Konflikt zwischen Pflicht und Gewissen. Tang Hai war viel mutiger als ich und widersprach in dieser Angelegenheit dem Kader der Produktionsbrigade häufig. Er war außerdem ziemlich klug. In den Berichten an unsere Vorgesetzten gebrauchte er immer wieder geschickte Formulierungen, mit denen er für die Bauern etwas größere Getreidezuweisungen herausholte. Mich brachte er dazu, dass ich Lobreden auf den Verantwortlichen für die Kunstdüngerzuteilung verfasste, um dem Dorf ein höheres Kontingent zu sichern.

Aber denk jetzt nicht, dass ich unsere Arbeit für das Schwarze Brett der Kommune herabsetzen will. Diese Schwarzen Bretter hatten viel Ähnlichkeit mit unseren heutigen Lokalzeitungen, nur eben an der Wand: Immer gab es irgendwelche »Titelgeschichten« über »herausragende Leistungen« auf diesem oder jenem Gebiet. Tang Hai und ich schafften es, das Schwarze Brett sehr effektiv zum Wohl der Dorfbewohner zu gestalten. Trotzdem war unsere Arbeit nur ein Tropfen Wasser auf den heißen Stein in den Wirren jener Zeit. Wir waren Teil der aufgepeitschten Wogen und von daher könnte man sagen, wir waren auch ein Teil des Problems. Falsche Prophezeiungen, gefälschte Zahlen, ungeheuerliche Parolen und geschmacklose persönliche Angriffe – das waren die »Meisterwerke«, die wir, unter Androhung von Strafe und Verfolgung, für das Schwarze Brett schreiben mussten.

Was Tang Hai und mir am meisten zu schaffen machte, war die Zuteilung der Arbeitspunkte für unsere Mit-Bauernhelfer. Arbeitspunkte waren gleichbedeutend mit Getreiderationen. Im Prinzip war es so, dass ein Mann aus dem Dorf mit einem Tag Feldarbeit 10 Arbeitspunkte verdiente, wenn er von 6 Uhr früh bis 6 Uhr abends arbeitete. Daraus wurde am Jahresende bei der Zuteilung Getreide im Gegenwert von 8 *fen* bis 1,5 *mao* (10 Fen = 1 Mao, wobei der heutige Gegenwert nicht dem damaligen Wert entspricht, doch die Umsetzung in Reis zeigt deutlicher den Wert als jeder Wechselkurs). Frauen schafften nur um die 6 Punkte täglich. Ein Kilo Reis kostete damals circa 3,5 Mao, was heißt, ein Mann musste einen ganzen Tag auf dem Feld schuften und hatte am Abend gerade mal das Geld für knapp ein Pfund Reis verdient. Kein Wunder also, dass jede zusätzliche Ausgabe, ob für neue Kleidung, den Arzt oder eine Hochzeit bzw. Beerdigung, damals für die Leute im Dorf eine ziemliche Sache war.

Was uns Bauernhelfer anging, so hatten wir jeden Tag genug zu tun, um überhaupt genug Geld für unser Essen zu verdienen. Wir bekamen nur einen *mao* für je 10 Arbeitspunkte. Da wir aber weder die Kraft noch die Erfahrung der Bauern hatten, schafften

wir meist nur 6 bis 8 Punkte täglich. Da ich noch recht jung und von kleiner Statur war und zudem keinerlei Geschick für die Arbeit mit den Händen besaß, schaffte ich bei meiner ersten Schicht nur 2 Punkte. Ich hatte mich also einen ganzen Tag lang für 2 *fen* auf dem Acker abgerackert. Doch so sehr Tang Hai und ich uns auch bemühten, den Schwächeren in unserer Gruppe irgendwie ein paar kümmerliche Extrapunkte zuzuschustern, das Land zu bestellen ist etwas anderes, als Zahlen zu schreiben. Im Ernteertrag spiegelt sich wider, wie viel du gesät hast – und hinter diesen nackten Zahlen konnte sich keiner verstecken.
Manchmal gaben wir Mädchen, die Regelschmerzen hatten, heimlich ein paar zusätzliche Punkte, was freilich nicht viel mehr als ein paar *fen* bedeutete. Wir sahen, wie unsere Freunde mit schmerzenden Gliedern und von Kopf bis Fuß von Schweiß überströmt auf den Felder schufteten, und wussten, dass ihnen unsere Tabellenmanipulationen nicht mehr einbrachten als ein paar Bissen Reis. Das war eine bittere Erkenntnis, bei der mir schwer ums Herz wurde.
Neben diesen buchhalterischen Pflichten gehörte es zu unseren Aufgaben, für die gesamte Kommune Hochzeitsgedichte, Nachrufe und Texte für eine ganze Reihe von Festen zu schreiben. Da die Bauern sehr viele lokale Bräuche und Feste hatten, war das Schreiben solcher Gedichte und von *jifu* (eine Art Gebetspapier) für uns Alltag. Das war zwar sehr anstrengend, gab mir aber gleichzeitig die Gelegenheit, die Gebräuche besser zu verstehen und zu begreifen, wie sehr das Leben dieser Menschen vom Wechsel der Jahreszeiten abhing. Ganz nebenbei brachte es mich Tang Hai näher.
Ich empfand ehrfürchtige Bewunderung für Tang Hais tiefes Verständnis der lokalen Gebräuche und der traditionellen chinesischen Medizin. Vermutlich fühlte ich mich deshalb zu ihm hingezogen, und diese Quelle unserer Zuneigung ist bis heute nicht versiegt.
Er erzählte mir, dass neben den vielen han-chinesischen Festen, die in der Bashang-Region gefeiert wurden, man dort auch eine Reihe lokaler Feste beging. Ein solches Fest war das Fest der ge-

füllten Speicher, das am 25. des ersten Mondmonats begangen wurde. An jenem Tag kamen die Familien zusammen, um gekochte Hirse und Mengkorn-Suppe zu essen, denn ein altes, von den Vorvätern überliefertes Sprichwort in jener Region besagt: »Wenn die Speicher voll sind, dann trage gekochte Hirse und Suppe auf.« Und natürlich wurden Feuerwerkskörper gezündet, was symbolisch für den Einsturz der Getreidespeicher stand. Dahinter stand die Vorstellung, dass die Ernte so reich war, dass die Speicher aus allen Fugen platzten.

Von Tang Hai erfuhr ich auch, dass der Boden in dieser Gegend so arm und die Erträge so gering waren, dass die Menschen regelmäßig hungern mussten. Nur zu ganz besonderen Anlässen konnten sie sich erlauben, in so »üppigen« Genüssen wie gekochter Hirse und Nudelsuppe mit Hafernudeln zu schwelgen. Vor ein paar Jahren habe ich gehört, dass man dort zum Fest der gefüllten Speicher jetzt Teigtaschen zur Nudelsuppe isst. Die Lebensbedingungen müssen sich also deutlich verbessert haben, auch wenn immer noch ein großer Unterschied besteht zu den Städten, wo man diese Dinge nach Herzenslust verspeist.

Tang Hai meint aber, dass diese veränderten Ernährungsgewohnheiten für die dort lebenden Menschen gar nicht gut sind. In dem trockenen Klima, wo es oft verheerende Stürme gibt, habe eine auf Weizen und Reis basierende Ernährung nicht denselben gesundheitlichen Wert wie eine ausgewogene traditionelle Ernährung. Verzehrten die Leute dann noch zu wenige Gemüse und Ballaststoffe, würden sie leicht krank. Er glaubt, den Menschen die Wichtigkeit einer gesunden Ernährung näherzubringen – und damit den Gesundheitszustand der Bevölkerung zu verbessern –, müsse für jede örtliche Verwaltung landauf landab oberste Priorität haben. Selbst ich glaube, dass er da in einer Traumwelt lebt – welche örtliche Verwaltung schert sich einen Deut darum, was beim gewöhnlichen Bürger auf dem Teller landet?

Als wir das *Chunli*-Fest, welches den Frühlingsanfang markiert, feierten, erzählte Tang Hai mir, dass es bei den Einheimischen einst das Frühlingskuh-Fest hieß. Früher nämlich, als noch Feudalbeamte das Fest ausrichteten, war der wichtigste Teil die Eröffnungszeremonie, bei der symbolisch auf eine Kuh eingeschlagen wurde. Mancherorts hieß das *Bianchun*. Die Frühlingskuh selbst war ein Holzgestell, das mit Lehm bestrichen wurde, der aber erst nach der Wintersonnwende aus der Erde genommen werden durfte. Mit diesem Lehm wurde der Körper der Kuh sehr detailliert und nach genauen Vorgaben modelliert. Der Körper der Kuh misst 36,5 *cun,* also ungefähr sechsunddreißigeinhalb Daumenlängen, die für die 365 Tage des Sonnenjahres stehen. Der Schwanz ist zwölf *cun* lang, was den zwölf Monaten entspricht. Die vier Klauen symbolisieren die vier Jahreszeiten. Überhaupt ist der ganze Körper der Kuh eine Versinnbildlichung der vier Jahreszeiten: die acht Hauptstationen der Sonne, die 360 Tage des Mondjahres und die zwölf Doppelstunden des Tages. Die Landwirtschaft ist ganz vom Lauf der vier Jahreszeiten bestimmt und die Feldarbeit regelt sich nach den acht Hauptpunkten der Sonne. Diese sind der Reihe nach: Frühlingsanfang, Frühlings-Tagundnachtgleiche, Sommeranfang, Sommersonnwende, Herbstanfang, Herbst-Tagundnachtgleiche, Winteranfang und Wintersonnwende. Die chinesische Astrologie rechnet mit einer Jahreslänge von 360 Tagen. Die zwölf Doppelstunden stammen noch aus Zeiten, als man im alten China die Zeitrechnung des Tages bei Sonnenaufgang begann und diesen in die sechs Tages- und die sechs Nacht-Doppelstunden einteilte. Im Grund genauso wie wir heute, nur dass wir dem Tag insgesamt vierundzwanzig Stunden geben. Am Tag vor Frühlingsanfang brachte man den Ahnen Opfergaben dar und schlug dann die Frühlingskuh mit einem bunt geschmückten Weidenzweig, der den Frühling symbolisierte. Dieser Weidenzweig maß wiederum vierundzwanzig *cun,* entsprechend den vierundzwanzig Stunden.

Später am Tag »führen« die Dorfleute die Frühlingskuh zur »Halle des Gedächtnisses« bzw. in den dörflichen Festsaal und bringen ein Weinopfer dar. Die ganze Familie, Jung und Alt, hilft mit, die »Kuh« zu führen und vor den »Pflug« zu spannen, wobei Erntelieder gesungen und Gebete für eine reiche Ernte gesprochen werden. Als wir dort lebten, waren die Roten Garden gerade eifrig mit der »Zerschlagung der Vier Alten« beschäftigt, und so wagte es in diesem Jahr keiner, die Frühlingskuh zu schlagen. Von den Älteren banden dennoch ein paar ihren Kühen rote Bänder ins Zaumzeug oder schmückten den Traktor damit. Einige baten Tang Hai auch, für sie ein Gedicht zu Ehren der Frühlingskuh und als Bitte um Wohlstand zu schreiben. Als ein paar der Bauernhelfer all die roten Bänder im Frühlingswind flattern sahen, dachten sie, es handle sich um eine neue Direktive des Vorsitzenden Mao. Sie sahen sich ratlos an und wunderten sich, warum sie noch nichts davon gehört hatten.

Das Totengedenkfest Qingming, bei dem man die Gräber der Verstorben fegt, fiel in Bashang auf den 5. April und der Brauch schien von den Roten Garden nicht unterbunden worden zu sein. Ich selbst hörte da zum ersten Mal von diesem Fest. Meine Eltern hatten nie mit uns Kindern den Ahnen geopfert. Mein erstes Totenopfer brachte ich daher zusammen mit Tang Hai seiner verstorbenen Mutter dar. Ich erzählte ihm, dass meine Familienchronik mit meinen Großeltern beginne und ich nicht die geringste Idee hätte, wer vor ihnen kam und was sie gemacht hätten. Mein Vater hat nie über diese Dinge gesprochen. Meine Großeltern ließen hie und da eine Andeutung fallen, aber meine Mutter schnitt ihnen dann regelmäßig das Wort ab: »Bitte! Sprecht vor den Kindern nicht so viel über die Vergangenheit. Das macht sie nur neugierig und dann fangen die Probleme an.«

Tang Hai sagte, als ich ihm das erzählte: »Unsere Gegenwart wurzelt in der Vergangenheit. Die eigene Familiengeschichte nicht zu kennen, ist sehr traurig und außerdem respektlos gegenüber den Ahnen. Genauso wie die Geschichte deines Landes nicht zu kennen eine Beleidigung für dein Volk wäre.«

Ich war davon nicht wirklich überzeugt. »Gut, das kann man schon so sehen. Aber über meine Familiengeschichte steht nichts in den Büchern, es gibt darüber keine Informationen. Und wenn mir die älteren Generationen nichts erzählen, wie soll ich denn etwas herausfinden?«

Damit hatte ich bei Tang Hai offensichtlich einen Nerv getroffen. Er musterte mich mit durchdringendem Blick: »Die Geschichte lebt mit und in uns. Die alten Sitten und Gebräuche durchziehen unser ganzes Alltagsleben. Wir sollten uns bemühen zu verstehen, was sich um uns herum abspielt, indem wir genau hinschauen, Fragen stellen, Beweise finden und mit unserem Verstand hinterfragen, was stimmt und was nicht. So bekommen wir alle Belege, die wir brauchen, um die Geschichte für spätere Generationen aufzuzeichnen. Haben so nicht auch unsere Vorfahren ihre Geschichte aufgeschrieben, die dann zu unserer Geschichte wurde?«

Ich wusste in dem Moment nicht, was ich darauf erwidern sollte, und ich denke, ich weiß es heute immer noch nicht. Vielleicht hatte er ja recht, doch ich glaube bis heute, dass es in China viele Menschen wie mich gibt, die der Ansicht sind, dass sie einzig durch Bücher etwas über die Geschichte erfahren können: Menschen, die nicht glauben, dass sie selbst ein Teil der Geschichte sind oder dass sie für kommende Generationen das nächste Kapitel im Buch der Geschichte schreiben.

Tang Hai jedenfalls hat nie aufgehört zu versuchen, Teil der Geschichte zu sein. Er hat sein ganzes Leben damit zugebracht, Fragen zu stellen, Zeitzeuge zu sein und Fakten zu überprüfen. Das Material, das er so über die Jahre zusammengetragen hat, deckt alle Aspekte der Gesellschaft ab.

Nach dem Drachenbootfest feierte man in unserer Region am sechsten Tag des sechsten Mondmonats das sogenannte »Tantenfest«. Die Töchter, die außerhalb des Dorfes geheiratet hatten, kamen bei dieser Gelegenheit zurück ins Dorf, um ihre Familien zu besuchen. Tang Hai benutzte das Fest, um ein paar der »Heimkehrerinnen« auszufragen, um etwas über die Ernährungsgewohnheiten an ihrem neuen Heimatort und die volksmedizinischen Heilmittel herauszufinden, die in der Familie ihrer Ehemänner verwendet wurden.

Einmal sagte er seufzend zu mir: »Frauen sind die Schneiderinnen, die Himmel und Erde zusammenhalten – Familie, Alltagsleben, lokale Sitten und Gebräuche und Kunst sind das sorgsam gewebte Werk der Frauen. Selbst wenn die Töchter zum Tantenfest nach Hause kommen, dann ›feiern‹ sie, indem sie ihren Müttern mit den Näharbeiten helfen. Mir ist nie eine Tochter begegnet, die nicht arbeiten musste, wenn sie zum Fest nach Hause kam oder die beim Frühlingsfest tatsächlich mal einen Tag frei hatte.«

Ein Fest, über das Tang Hai jedes Gespräch mit mir vermied, fiel auf den siebten Tag des siebten Mondmonats. An dem Tag bilden Elstern eine Brücke über den Himmelsfluss, damit der Hirtenjunge und die Weberin für diesen eine Nacht zusammen sein können. Er erzählte mir nichts über dieses Fest, aber es war nicht schwer herauszufinden, worum es dabei ging. Im Vorfeld der Nacht der Sieben debattierten Einheimische und Bauernhelfer endlos darüber, welche Paare »Hirtenjungen und Weberinnen« waren, welche Paare sich getrennt hatten oder im Begriff waren sich zu trennen, welche Frau von zweifelhaftem Ruf man an diesem Tag auf dem Markt beim Obstkaufen sehen würde. Das Seltsame war, dass um die Nacht der Sieben herum die jungen Burschen und Mädchen dem anderen Geschlecht nach Möglichkeit aus dem Weg gingen. Ich weiß noch, dass ich richtig Angst hatte, an diesem Tag mit Tang Hai zu arbeiten. Erst später habe ich kapiert, dass die Menschen gerade dadurch begriffen, was sie für jemand anderen empfanden, wenn sie diesem am Festtag aus dem Weg gingen.

Tang Hai erzählte mir auch, dass, egal, wo man in China hinging, die Menschen die sogenannten Drei Großen Geisterfeste sehr wichtig nahmen. Diese sind das Qingming-Fest (zusammen mit dem Kaltes-Essen-Fest), das Geisterfest, bei dem die Toten auf die Erde zurückkehren, und das Winterkleidungsfest, bei dem man seinen toten Ahnen symbolisch Kleidung für den kommenden Winter schenkt. Diese Festtage waren nicht nur eine Gelegenheit, den Ahnen seinen Respekt zu bezeugen, sondern eine gute Möglichkeit für die Familien, zusammenzukommen und den Kindern ihre Bräuche zu erklären, damit diese sie an die nächste Generation weitergeben konnten. So war es zum Beispiel

zum Qingming Fest üblich, die Grabstätten der Ahnen zu kehren, Ausflüge zu machen, die ersten Fische im Jahr zu essen oder Flusskrebse und viele weitere kalte Gerichte.
Zum Geisterfest am Frühlingsanfang verbrennt man Spielgeld zu Ehren der Ahnen. Es hat deswegen besondere Bedeutung, weil es ein Buß- und Versöhnungsfest ist. Jeder, der in den vergangenen zwölf Monaten etwas Schlechtes getan hat, kann an diesem Tag mithilfe verschiedener Rituale seine Vergehen bekennen und Himmel und Erde um Vergebung bitten. Zum Winterkleidungsfest am Winteranfang schenkt man Bedürftigen warme Kleidung. An diesem Tag bringt man den Ahnen an ihren Gräbern Opfer dar und verbrennt buntes Papier, das in Form von Kleidungsstücken zugeschnitten ist. So opfert man den Verstorbenen symbolisch Wärme. Dieser Tag soll die Familien auch daran erinnern, Vorbereitungen für den kommenden Winter zu treffen.
Ehe mich Tang Hai darüber »aufklärte«, wusste ich so gut wie nichts über diese Traditionen. Bei einem meiner seltenen Besuche zu Hause fragte ich meine Mutter einmal, ob sie überhaupt wisse, dass man am fünfzehnten Tag des siebten Monats das Geisterfest feiere? Sie antwortete, dass all diese Feste bereits ausgestorben waren, als sie in meinem Alter war. Sie kannte sie, wie man ein Wort kennt, dessen Klang einem bekannt vorkommt, ohne dass man weiß, was es bedeutet.
Am Tag vor unserem gemeinsamen Mitherbstfest in unserem Dorf in Bashang hatte Tang Hai es geschafft, ein Körbchen exotischer Früchte und ein Entenei zu organisieren. Bis heute weiß ich nicht, wo er die Sachen herhatte, aber ich hatte da so meinen Verdacht. Wie auch immer, er meinte jedenfalls: »Zum Mitherbst sollte man den Mond anbeten und Mondkuchen essen. Letztere können wir uns nicht leisten, also habe ich für uns eine Kalligraphie der Schriftzeichen meiner zwei Lieblingssorten Mondkuchen geschrieben. Und du kannst uns einen großen Mond malen, dann können wir den Mond auch so bewundern.«
Im Mondlicht las er mir dann eine Stelle aus dem Tagebuch vor, das seine verstorbene Mutter ihm hinterlassen hatte: »Mitherbst

ist die Zeit, sich zu erholen und neue Kräfte für den kommenden Winter zu sammeln. Der Herbst ist nicht nur die Jahreszeit, in der die Bauern die Ernte einholen, er ist auch die beste Zeit des Jahres, um auszuruhen, um im Herzen zur Ruhe zu kommen, um den Kopf klar zu bekommen und die Seele zu nähren.«

Durch Tang Hais Erklärungen entwickelte ich langsam ein Bewusstsein dafür, dass die Ursprünge unserer Kultur in solchen örtlichen Sitten und Gebräuchen und in deren Anbindung an die Zyklen der Natur lagen. Ich erkannte auch, wie sehr die chinesische Kultur sowohl mit der Natur als auch mit dem menschlichen Geist verbunden ist. Beim Fest der Neunen (am neunten Tag des neunten Monats) zum Beispiel bezeugen wir den älteren Generationen in der Familie unsere Achtung, weil sie die Jüngeren lehren, die Alten und gleichzeitig den Wert des Lebens zu schätzen. Und dann gibt es noch das Laba-Fest, das am achten Tag des letzten Mondmonats gefeiert wird. Zum Laba-Fest wird ein besonderer Brei aus acht verschiedenen Getreidesorten zubereitet, um den Kindern zu vermitteln, wie wichtig Umsicht im Leben ist. Und man bringt den Göttern Opfer dar, denen im Himmel ebenso wie denen, die mit uns in der Küche sind.

Am dreiundzwanzigsten Tag des letzten Mondmonats kehrt man seine Küche aus und bringt dem Küchengott Zaoshen Gaben dar in der Hoffnung, dass er sie dem Jadekaiser weitergibt und der wiederum im kommenden Jahr die gesamte Familie mit Kleidung und Essen versorgt.

Einige Chinesen meinen, wir wären ein Volk ohne Glauben. Doch als ich auf dem Land lebte, war zu spüren, dass jeder einzelne Handgriff von Glauben getragen war. Es war also ein sehr pragmatischer Glaube, geerdet und unmittelbar mit dem Leben der Menschen verbunden.

Am dreiundzwanzigsten Tag des letzten Monats im Jahr wird etwas gefeiert, das man »kleines Neujahrsfest« nennen könnte. Zu dieser Zeit hatten Tang Hai und ich besonders viel zu tun, denn es mussten zahllose Zweizeiler verfasst werden, ein Berg von *gongfu*-Botschaften und dann auch noch die unzähligen

Schriftzeichen für »fu«, also für Glück, geschrieben werden. Zu jener Zeit galten diese ebenso wie die traditionellen Abbildungen göttlicher Türhüter als feudalistisch, kapitalistisch und revisionistisch, weswegen es sie nirgends zu kaufen gab.

Indem wir diese Schriftzeichen und Gedichte schrieben, wurden wir die einzigen Lieferanten von »Neujahrskunst« für sämtliche Dörfer, die zu unserer Kommune gehörten.

Diese Arbeit war ermüdend, gleichzeitig fragte ich mich verwundert, wie diese Bauern einerseits so viel Angst vor den neuen politischen Göttern haben konnten und dennoch nicht fähig waren, Traditionen abzuschütteln, die über viele Generationen in ihrer Familie weitergegeben worden waren. Obwohl sie sich beim Kauf in die Gefahr begaben, dass ihre Familie deswegen auseinandergerissen, ja ihr ganzes Leben zerstört wäre, hätten sie um keinen Preis den höheren Mächten gegenüber auf solche Treuebeweise verzichtet.

Weil wir gerade bei Gedichten sind, diese Geschichte muss ich dir einfach erzählen. Wenn ich heute daran denke, dann weiß ich nicht, ob ich lachen oder weinen soll.

Ein alter Mann aus dem Dorf war mit den Vorbereitungen für die Hochzeit seines Sohnes zugange, die am ersten Tag des fünften Monats stattfinden sollte. Und so bat er uns, einen passenden Vers für ihn zu schreiben:

Zwei Hände, sie sollten sein
Ein Paar und eine Familie.

Doch als eines der revolutionärer gesinnten Mitglieder unsere Gruppe das las, warnte er den alten Mann: »Das hört sich so an, als würden sich die beiden nach der Hochzeit nicht mehr für die kollektive Produktion interessieren, sondern nur noch für ihre Familie. Ich weiß nicht, mir kommt das ziemlich kapitalistisch vor.«

Daraufhin bat uns der Mann, ein paar Veränderungen am Text

vorzunehmen. Um dem alten Mann nicht seinen Seelenzufrieden zu rauben, machte Tang Hai einen neuen Versuch:

Zwei Hände, die sich unermüdlich regen
Für Produktion und Ruhm.

Doch am nächsten Vormittag hatte der für unsere Kommune zuständige Propagandabeamte bei uns im Dorf zu tun. Als er die neuen Zeilen las, instruierte er uns: »Genossen, die Revolution ist überall auf dem Vormarsch. Es geht hier um viel mehr als nur um Produktionstheorie. Was ihr geschrieben habt, bringt das nicht zum Ausdruck – also ändert es!«
Und so wurde aus dem Text nun:

Zwei Hände, verbunden in Harmonie,
für Revolution und Linientreue.

Allerdings kam später am Nachmittag noch der Bezirksvorsitzende des Revolutionskomitees in unser Dorf. Als sein Blick auf unseren Hochzeitsspruch fiel, wetterte er: »Klassenkampf kommt vor jeder Art von Einheit. Solches Gerede von Einheit und Harmonie zum jetzigen Zeitpunkt schafft Verwirrung in der Klassenkampffrage. Schlimmer noch, das ist konterrevolutionär!«
Damit jagte er dem alten Mann eine Todesangst ein. Er rannte, was er konnte, um mit uns zu reden. »Schreibt irgendwas anderes, egal was, Hauptsache, wir kriegen keinen Ärger mehr. Ich flehe euch an! Das soll ein schönes, glückliches Fest werden. Verärgert die Kader nicht!«
Tang Hai, dem das mittlerweile alles zu bunt wurde, sagte dem alten Mann, dass er nicht wüsste, wie er den Hochzeitsspruch noch ändern sollte.
Zum Glück für den Vater des Bräutigams erklärte sich der Revolutionär aus unserer Gruppe, von dem ich zuvor erzählt habe, bereit, Hand anzulegen, und so entstand die folgende Endfassung des Hochzeitspruchs:

Zwei Hände, eng verbunden,
Ringen wild miteinander.

Aus heutiger Sicht: War das nicht eine völlig kranke Zeit?
Doch irgendwie schien das junge Paar einfach dazu verdammt zu sein, die Götter der Politik zu erzürnen, so als wäre das ihr unentrinnbares Schicksal. Kurz nach ihrer Hochzeit hörten sie von der jüngsten revolutionären Mode, die sich damals großer Beliebtheit erfreute, nämlich die häuslichen vier Wände mit Porträts des Vorsitzenden Mao und Zeilen um Zeilen seiner Aussprüche zu schmücken. Eines Tages nun fragte sie jemand aus dem Dorf: »Macht ihr es nachts immer in Gegenwart des Vorsitzenden Mao, direkt vor seinen Augen?«
»Nicht so schlimm«, meinten sie. »Nachts schalten wir das Licht aus, dann kann er nichts sehen.«
Kurze Zeit nach dieser Unterhaltung wurde das Paar von der Bezirkspolizei abgeholt. Die Führer der Kommune ließen das gesamte Dorf wissen: »Man hat die beiden abgeholt. Unser allmächtiger Führer kann selbst durch den dichtesten Nebel schauen. Er sieht sogar, was wir im Dunkeln treiben!«
Wie kamen wir Bauernhelfer mit einer solchen Situation zurecht, umgeben von Bauern, die blind sämtliche Befehle von oben befolgten? Wir mussten sehr vorsichtig sein, denn in diesen Zeiten war man auf sich allein gestellt. Wenn du dich in Schwierigkeiten gebracht hast, dann hat dir keiner geholfen, die Suppe auszulöffeln. Doch die Schulbildung, die wir zuvor erhalten hatten, war nicht völlig nutzlos. Wann immer sich eine Gelegenheit bot, dachten wir uns eine Möglichkeit aus, die ungebildeten revolutionären Kader an der Nase herumzuführen.
Unter uns Bauernhelfern waren auch ein paar Studenten vom Konservatorium. Anfangs, als wir aufs Dorf kamen, wagte keiner von ihnen, zu singen oder sein Instrument zu spielen, aus Angst, sich Ärger einzuhandeln. Später stellte die Kommune eine »Einheit zur Verbreitung der Gedanken von Mao Zedong« zusammen als Zeichen des guten Willens gegenüber uns Stadtjugend-

lichen. Man organisierte sogar ein Konzert, das zeigen sollte, dass die kleinen und mittleren Bauern solidarisch zu uns standen. Diese Musikstudenten nun waren recht pfiffig. Sobald sie auf der Bühne standen, verkündeten sie der wartenden Menge, sie würden ein Violinstück von Beethoven mit dem Titel *Ehre der Roten Sonne am Himmel* vortragen. Im Saal brach donnernder Applaus los, begleitet von begeisterten Rufen der Zustimmung. Kein Mensch kannte Beethoven, aber wenn er die rote Sonne pries, das Symbol unseres großen Führers, so konnte er ja nur ein großer proletarischer Revolutionär sein! Während der Beifall noch widerhallte, lieferten die Musikstudenten einen grandiosen Vortrag von Beethovens *Romanze in F-Dur,* gefolgt vom *Torerolied* aus *Carmen*, das sie dem Auditorium als *Klein- und Mittelbauern bestellen die Felder der Erde in B-Moll* ankündigten.

In unwissenden Zeiten wirkt Wissen wie ein Magnet. In Jahren des Chaos sind klare Gedanken wie Gold. In den finsteren Ecken der Rücksichtslosigkeit leuchtet moralisches Verhalten umso heller. Jeder neue Tag brachte neue politische Strömungen, neue Herausforderungen, und wir hatten keine Möglichkeit, offen über diese Dinge zu reden. Gespräche über »Kunst und Literatur« dienten uns als Deckmantel, um über die herrschende moralische Haltung bzw. ihr Fehlen zu diskutieren. Mit einigem Recht könnte man sagen, dass diese Gespräche nicht nur Diskussionen waren, sondern auch unsere Form von Rendezvous. Die Leute aus unserer Volkskommune zogen Tang Hai und mich immer damit auf, dass wir zwei die linke und die rechte Hand der Kalligraphie seien – er die linke, ich die rechte. Na ja, und so verliebte sich die linke Hand in die rechte.

Ein sanftes Lächeln legte sich über Cranes Gesicht, als sie dies erzählte. So sanft, dachte ich insgeheim, dass ein Schmetterling, setzte er sich auf ihre lächelnde Wange, wohl nicht davon aufgescheucht würde.

Doch erst als unsere Hände sich ein erstes Mal berührten, wurde offenkundig, dass zwischen uns Liebe war.
Ja, richtig, nicht beim Händchenhalten, nicht beim Händeschütteln – einfach nur bei der Berührung. Am Erntetag mussten wir alle hinaus auf die Felder, um den Mais einzubringen. Die Kinder und die Älteren entkörnten die Maiskolben, während die »einsatzfähige« Jugend die Maisstängel an der Wurzel abschnitt, auf Haufen schichtete und in den Hof der Produktionsbrigade brachte, wo schon alles für die Verteilung bereitstand. Maisstängel waren nämlich im ganzen Dorf ein begehrter Rohstoff. Sie wurden zum Häuserbau ebenso verwendet wie als Tiergatter. Die Bauern machten sogar eine Art Matratze daraus, wenn es richtig kalt wurde. Wie auch immer, das Schneiden von Maisstängeln war eine ziemlich anstrengende Arbeit – zumindest für mich.
Gegen Abend hin rutschte ich mit der Sichel ab und schnitt mich in den linken Handrücken. »Au!«, schrie ich reflexhaft auf. Was niemanden kümmerte, doch Tang Hai stand plötzlich wie aus dem Nichts vor mir. Ohne ein Wort zu sagen, holte er ein Stück Stoff aus seiner Weste und wickelte es um meine verletzte Hand. Dabei berührten sich unsere Hände. Wir liefen beide knallrot an, und mein Herz hämmerte so wild, dass ich schon fürchtete, es würde mir zum Hals herausspringen.
Später nutzte Tang Hai meine »Verletzung« als Vorwand, um meine Hand zu halten und zu streicheln. Die Wunde selbst verheilte eigentlich recht schnell, aber Tang Hai kam immer noch und verband sie für mich. Natürlich ließ ich ihn gewähren und sagte nichts. Wir wussten beide tief in unserem Inneren, was diese Geste in Wirklichkeit bedeutete, doch gleichzeitig nagte an uns die Sorge – wir konnten das Verbandwechseln ja nicht dauerhaft als Entschuldigung vorschieben. Und wie sollte es danach weitergehen? Das war der Augenblick, in dem uns beiden klar wurde, dass wir ineinander verliebt waren. Unsere romantischen Begegnungen beschränkten sich darauf, dass wir auf dem Brachland am Dorfrand spazieren gingen. Es war wirklich schade, dass es ums

Dorf herum keine Wälder gab, in denen sich heimliche Liebende hätten vor neugierigen Blicken verstecken können. Die einzige Intimität, zu der es zwischen uns kam, war das Händchenhalten, und selbst das taten wir im Geheimen.

Wann wir uns das erste Mal in die Arme nahmen? Das war auf dem Heimweg zum Dorf, nachdem wir in der Kommune einen Film angesehen hatten. Zu der Zeit waren Unterhaltungsmöglichkeiten in ganz China dünn gesät. In den Jahren, die ich auf dem Land verbracht habe, habe ich gerade mal drei Filme gesehen, und das waren Kriegsfilme – *Krieg im Tunnel, Krieg mit Minen* und *Kampf im Norden und im Süden*. Während der gesamten Kulturrevolution können in ganz China keine zehn Filme gedreht worden sein. Beijing war da etwas privilegierter als andere Städten, denn dort gab es wenigstens die Acht Modellopern, die die gesamte Zeit über aufgeführt wurden. Die meisten Beijinger kannten die alten Melodien auswendig und sangen sie ständig vor sich hin.

Wenn unsere Volkskommune einen Film vorführte, wurde das in den umliegenden Dörfern gefeiert wie Neujahr. Die Leute zogen ihre besten Sachen an, die freilich trotzdem grau oder blau waren. Zu diesen Vorführungen rückte dann die gesamte Familie an, Jung und Alt, und schleppte Klapphocker von zu Hause mit. Für die meisten jungen Leute war der Film Nebensache. Sie interessierte mehr, was nach bzw. während des Films geschah. Die Filmvorführungen waren nämlich beinahe die einzige Gelegenheit, sich mit seinem Schatz zu treffen. Wir Bauernhelfer gingen immer in Zweier- oder Dreiergruppen, brav nach Geschlechtern getrennt, zu diesen Filmen, kehrten aber als Pärchen im hochwillkommenen Schutz der Dunkelheit nach Hause zurück. Rendezvous waren für unsere Generation eine Art offenes Geheimnis, nicht wahr?

An jenem Tag sahen wir uns *Kampf im Norden und im Süden* an, und zwar mindestens zum siebten oder achten Mal. Ich erinnere mich noch, dass ich einen besonderen Militärmantel anhatte, wie sie damals schick waren. Meine Mutter hatte ihn mir über einen gemeinsamen Freund zukommen lassen. Es war ein Herbsttag wie aus dem Bilderbuch: frisch, klar und überhaupt nicht kalt. Doch wir wollten ein bisschen angeben – wie junge Leute in dem Alter das eben tun. Auf dem Weg zum Kinosaal sahen wir Tang Hai und ein paar seiner Freunde vor uns auf der Straße gehen. Meine Freundin wusste sofort, was die Stunde geschlagen hatte, und ging absichtlich schneller, sodass wir die Jungs überholen konnten. Auf der Straße wimmelte es von Leuten wie an einem Markttag. Und schon bald hörten wir eine männliche Stimme hinter uns rufen:

»He, wer ist denn die da mit dem Mantel? Nicht schlecht …«

»Ist das nicht Meng Aiguo?«

»Ja, sie ist es!«

Mein Herz machte vor Freude einen Hüpfer. Zwar hatte keine dieser Stimmen Tang Hai gehört, aber er hatte mich eindeutig gesehen und mitbekommen, was die anderen gesagt hatten. Vielleicht war er sogar ein bisschen stolz.

Im Dorf gab es eine Regel: »Wenn's am Himmel dunkel wird, fängt der Film an.« Der Film war kaum angelaufen, da spürte ich, wie mich jemand hinten am Mantel zupfte. Ich drehte den Kopf und sah Tang Hai, der mir still bedeutete, ihm zu folgen. Ich bat eine Freundin, mir meinen Platz frei zu halten, und bahnte mir einen Weg durch die Menge nach hinten. Als ich es ans andere Ende des Saals geschafft hatte, fiel mir vor Erstaunen beinahe die Kinnlade runter. Der ganze hintere Teil des Saals war von Pärchen belegt – da war wohl kein Mauerblümchen darunter!

»Ich bin hinter dir«, hörte ich Tang Hais gepresste Stimme dicht an meinem Mantelkragen. Vor Schreck zuckte ich zusammen und hätte fast aufgeschrien, hätte Tang Hai mir nicht mit einem »Pst« den Mund zugehalten. Er tuschelte etwas, als er die Arme um mich legte. Ich wehrte mich nicht. Später sagte Tang Hai, das erste Mal, als wir uns umarmten, habe sich für ihn so angefühlt, als hätte ich auf diesen Augenblick schon ewig gewartet. Er hatte recht, das hatte ich wirklich. Auch wenn ich sie selbst nicht klar

ausdrücken konnte, so kann man wahre Liebe doch nicht verbergen, meinst du nicht auch, Xinran?
Nein, geküsst haben wir uns an diesem Tag nicht. Und ich bin mir sicher, dass die anderen Pärchen das auch nicht haben. Wir haben uns nur umarmt, Händchen gehalten und so was. Sich in der Öffentlichkeit zu küssen galt damals noch als unschicklich. Es war nicht nur die Angst vor Strafe, die uns »brave Mädchen« davon abhielt, man hatte uns auch in dem Glauben erzogen, dass Küssen etwas ist, das man erst nach der Hochzeit macht.
Allerdings sollte sich herausstellen, dass ich so ganz und gar nicht zu diesen »braven Mädchen« gehörte, denn wenig später gaben Tang Hai und ich uns unseren ersten heimlichen Kuss – weder Erziehung noch die Angst vor einem schlechten Ruf hätten uns abhalten können, unseren leidenschaftlichen Impulsen nachzugeben!

Crane sah mich an, und in ihrem Gesicht war keine Spur von Bedauern oder gar Reue zu erkennen, weil sie gegen ein strenges soziales Tabu »verstoßen« hatte. Die Verhältnisse waren tatsächlich so gewesen, wie sie es beschrieb. Wer sich vor den 1990er-Jahren in der Öffentlichkeit küsste, kam dafür ins Gefängnis. Die jungen Leute können das kaum glauben, doch bis weit in die 1980er-Jahre hinein war das in China Realität.
In den 1970ern war Liebe ein »rationiertes Gut«, und Sex natürlich erst recht. Ich kann mich noch an ein Buch mit dem Titel »Das Herz eines jungen Mädchens« erinnern, das auf den Index kam, weil es angeblich »pornografisch« war. Das Buch zirkulierte nur in wenigen handschriftlichen Exemplaren unter den jungen Frauen und Männern, die Teil des literarischen Untergrunds waren. Vermutlich war dieses Buch das einzige Werk, aus dem junge Leute damals so etwas wie sexuelle Aufklärung bekamen.

Wann Tang Hai mir einen Heiratsantrag gemacht hat? Tatsächlich hat er das nie. Damals war das mehr eine Frage, wann sich die Oberhäupter der beiden Familien trafen. Wenn das passierte, hieß es praktisch, dass du verlobt warst. Frag mich jetzt nicht nach roten Rosen oder Diamantringen – wir haben nicht mal »Ich liebe Dich« gesagt. Miteinander gehen hieß damals, dass zwei Menschen sich still und leise allmählich näherkamen, sich verstehen lernten und einander ans Herz wuchsen. Für keinen aus unserer Generation war Liebe etwas, worüber man offen redete. Beim bloßen Gedanken wären die Menschen schon zusammengezuckt. Ob diese Zeit der Umerziehung in unserem Leben auch etwas Positives bewirkt hat? Wir haben alle mit großen Hoffnungen angefangen und an eine glänzende Zukunft geglaubt. Wir dachten, wir könnten alles erreichen, was wir uns vornehmen. Doch am Ende landeten die meisten von uns Bauernhelfern auf dem Feld und lernten, wie man Getreide pflanzt und erntet, während wir so ganz nebenbei die schlechten Gewohnheiten der Bauern übernahmen. Nach unserer »proletarischen Umerziehung« war alles, was wir durch unsere Erziehung an Kultur erworben hatten, durch Schmutz und Schweiß von uns abgewaschen. Der blanke Überlebenswille zwang uns, in allerprimitivste Verhaltensweisen zurückfallen. Du bist hungrig, also stiehlst du was zu essen. Du frierst, also nimmst du einem anderen die Decke. Niemand klärte uns über die biologischen Unterschiede zwischen Mann und Frau auf oder über die Veränderungen, die man in der Pubertät durchmacht. »Sexualkundeunterricht« hieß für viele Bauernhelfer, brünstige Tiere zu beobachten.

Wenn ich heute auf diese Zeit zurückschaue, sehe ich, dass wir zu den wenigen vom Glück Begünstigten gehörten. So viele Mädchen, die aufs Land geschickt wurden, erlitten ein ganz anderes Schicksal. Damals wusste keiner von uns, was die Zukunft bringen würde, und wir hatten schreckliche Angst, dass wir vielleicht den Rest unseres Lebens in diesen von der Welt vergessenen Dörfern verbringen müssten. Die Jungen dachten sich alle möglichen Pläne aus, wie sie Soldaten oder Fabrikarbeiter werden konnten, egal was, nur um wieder zurück in die Stadt zu kommen. Keine Arbeit war ihnen zu schlecht. Die Mädchen beuteten sich selbst aus und tauschten ihre Jungfräulichkeit gegen die Aussicht auf eine bessere Zukunft. Manche verloren keine Zeit und heirateten die Söhne der örtlichen Kader, um näher an den Schalthebeln der Macht zu sein, da sie es in den ärmlichen Behausungen oder die schwere Feldarbeit nicht länger ertrugen. Andere opferten ihren Körper und boten sich den Kadern der Kommune an in der Hoffnung, dass ihnen das den Rückweg in die Stadt öffnen würde.

Zwischen meiner Landverschickung im Jahr 1975 und dem Tag, an dem ich zusammen mit dem ersten Bewerberschwung die 1977 wieder eingeführte *gaokao,* die Nationale Hochschulaufnahmeprüfung, ablegte, lagen nur zweieinhalb Jahre. Unter den Menschen, die mich dort umgaben, hatten viele einen hohen Preis gezahlt und leiden heute noch an den Folgen dieser Erfahrung, wenn nicht sogar für den Rest ihres Lebens.

Da Tang Hai und ich die »linke und die rechte Hand« waren, als teilten wir einen Körper, konnten wir alles etwas gelassener sehen. Wir dachten uns, selbst wenn wir unsere Kinder da draußen auf dem Land aufziehen und für den Rest unseres Lebens wie diese Bauern leben müssten, könnte uns das nicht schrecken. Schließlich hatten wir Papier und Stift, Dichtung und Literatur, Malerei und Kalligraphie, die wir gemeinsam schufen, und natürlich unsere Liebe. Kurz gesagt: Wir dichteten uns in Gedanken eine andere Wirklichkeit, um das reale Leben mit all seiner Mühsal auszublenden.

Damit unser Leben etwas mehr Substanz und Bedeutung bekäme, meinte mein Vater, die »linke und die rechte Hand« sollten sich ein gemeinsames Projekt ausdenken, ein Projekt, das ein lebendiges Porträt unseres Umfeldes und seiner Besonderheiten zeichnete, die wir mittlerweile so gut kannten. So könnten wir den Menschen dort helfen, ihr Erbe zu bewahren, indem wir ihre Sitten und Gebräuche aufzeichneten, die über Generationen in der Familie weitergegeben worden waren, aber keinen Eingang

in die Schulbücher gefunden hatten. Kurz: Wir wollten die Essenz der chinesischen Kultur einfangen.
Meine Mutter erzählte, dass auch sie durch die Begegnung mit den von Armut geprägten Lebensbedingungen in der Heimatstadt meines Vaters einiges über das Volksbrauchtum gelernt habe. Solche örtlichen Sitten und Gepflogenheiten fänden vielleicht nur selten Eingang in Malerei oder Dichtung, hatten aber viele große Dichter und Maler inspiriert.
Also überlegten sich die »linke und die rechte Hand«, welches Projekt sie in Angriff nehmen könnten. Schließlich entschlossen wir uns, sämtliche volksheilkundlichen Rezepturen von Tang Hais Mutter zu sammeln und herauszugeben, ehe sie in Vergessenheit gerieten. Sollte sich eine Möglichkeit zur Veröffentlichung ergeben, würden wir unsere Sammlung mit der Gesellschaft teilen. Falls nicht, so hätte zumindest unsere Familie etwas, woran sie sich orientieren konnte. Während die »linke Hand« sich darum kümmerte, zog ich los, um verschiedene volksheilkundliche Ernährungspraktiken aufzuspüren, schriftlich niederzulegen und in einigen Fällen auch praktisch zu erproben. So konnte ich etwas für meine eigene Gesundheit tun, während ich lokale Gebräuche erkundete und aufzeichnete, also das, was heute manche als das lokale, immaterielle kulturelle Erbe bezeichnen. Der wichtigste Aspekt an dieser Arbeit war, dass wir uns so in das bäuerliche Leben vertiefen und gleichzeitig lernen konnten, etwas, was uns bislang ja verweigert worden war.
Wie lange wir an unserem Projekt gearbeitet haben? Nun, seit wir damit angefangen haben, ließen wir nie ganz davon ab. Diese Berichte und Aufzeichnungen zu überarbeiten und herauszugeben spielt eine zentrale Rolle in unserem Leben. Selbst als wir gezwungen waren, ein paar Jahre getrennt voneinander zu leben, haben wir nicht aufgehört, an unserem Projekt zu arbeiten. In gewisser Weise waren diese Aufzeichnungen unsere Liebesbriefe.
Nein, veröffentlicht wurde von unserem Material bisher nichts. Allerdings stehen sämtliche von Tang Hais geheimen Familien-

rezepten mittlerweile online und für alle frei zugänglich. Ich selbst bin immer noch mit dem Sichten und Ordnen meiner volkstümlichen Forschungsmaterialien beschäftigt. Ich denke, das wird mich noch zehn Jahre beschäftigen, so ungefähr jedenfalls. Seit ich begonnen habe, mich in die Geschichte und Volkskunde Chinas zu vertiefen, weiß ich, dass ich endlos so weitermachen könnte. Doch je weiter ich voranschreite, desto mehr Energie entwickle ich.

Irgendwann hatte mein Vater endlich eine Möglichkeit gefunden, mich vom Land in die Stadt zurückzuholen, doch Tang Hai musste im Dorf bleiben. Sein Vater war Übersetzer für Deutsch aus Shijiazhuang, und wegen dieser Kontakte nach Übersee wurde die gesamte Familie als Teil der fünf schwarzen Kategorien eingestuft. 1957, kurz nach Tang Hais Geburt, wurde sein Vater zur Umerziehung durch Arbeit verurteilt und in ein *laogai*, ein Arbeitslager, gesteckt. Seine Mutter, Ärztin der Traditionellen Chinesischen Medizin, arbeitete unermüdlich, um Tang Hai zu unterstützen, bis er in die Mittelschule kam. 1966, nach Ausbruch der Kulturrevolution, zwangen die Roten Garden Tang Hais Mutter, sich von seinem Vater scheiden zu lassen. Sogar ihre Familie riet ihr dazu, weil sie mit diesem Mann doch keine Zukunft habe. Nach dem Frühlingsfest 1967, die Lage hatte sich im Gefolge der Kulturrevolution zugespitzt, und zwei Wochen, nachdem sie die Scheidungspapiere unterschrieben hatte, bekam sie Besuch von einem Anführer einer Rotgardisteneinheit.

Er meinte, in diesen unruhigen Zeiten ein Kind allein großzuziehen sei schwer. Ihr Sohn sei noch sehr klein und ohne Vater würde er sicher zur Zielscheibe von Schikanen durch andere Kinder. Nein, da wäre es besser, sie würde ihn heiraten und dem Jungen eine stabile Familie bieten. Die Frau des Anführers war bei der Entbindung ihres Kindes gestorben. Daraufhin hatte er sich vollständig in den Dienst der revolutionären Sache gestellt. Er bekämpfte seinen Schmerz und seine Einsamkeit mit dem Leid anderer.

Tang Hais Mutter war wie ein Boot, das führerlos auf einem riesigen Ozean trieb. Was konnte sie schon anderes tun, als dieses mächtige Schiff, das da plötzlich auftauchte, als Glücksfall zu betrachten! Und so heiratete sie in ihrer Verwirrung den Rotgardisten. Doch nach einigen Wochen schlug der politische Wind plötzlich um, die Rotgardisteneinheit von Tang Hais Stiefvater wurde entmachtet, ihr Anführer selbst in ein *laogai* gesteckt – zusammen mit seiner neuen Ehefrau.

Weil Tang Hai krank war, kam er nicht mit seiner Mutter ins Lager, sondern fand vorübergehend Aufnahme bei einem Nachbarn. Nicht viel später überbrachte ihm jemand die Nachricht vom Tod seiner Mutter, zusammen mit zwei Bänden von Aufzeichnungen, die seine Mutter ihm hinterlassen hatte. Bis auf den heutigen Tag konnte niemand Tang Hai sagen, wie seine Mutter gestorben ist.

Von den Verwandten seines Vaters war niemand bereit, ihn zu adoptieren, doch da seine Mutter die Familien der Nachbarschaft so bereitwillig mit traditionellen Heilmitteln versorgt hatte, gab es genügend Leute, die sich gern um den noch nicht einmal zehnjährigen Tang Hai kümmerten. Zuerst lebte er bei einer alten Tante in seiner Straße, durch und durch Revolutionärin und sogar Mitglied des Revolutionskomitees. Nachdem sie gestorben war, zog er für die Nächte in das Büro des Revolutionskomitees, wo er sich in einer Ecke ein kleines Bett einrichtete. Dort wohnte er, bis er 1974 vom Gymnasium abging. An dem Tag hefteten ihm die Nachbarn, die ihn all die Jahre unterstützt hatten, eine große rote Blume an die Brust und schickten ihn in sein neues Zuhause auf dem Land – nach Bashang.

Nein, ich weiß nicht, ob sein Vater noch lebt. Wir haben alles versucht, ihn ausfindig zu machen, wir versuchen es immer noch. Bisher hatten wir kein Glück, aber vielleicht bringt ja das Internet irgendwann etwas zum Vorschein.

Mein Vater hatte wie gesagt seinen Einfluss spielen lassen und mich 1977 nach Beijing zurückgeholt. Und er besorgte mir Arbeit bei einer Nachschubeinheit des Militärs, die mein älterer Bruder leitete. Als zivile Mitarbeiterin hatte ich mich nun um die Familien der Militärs zu kümmern.

Ich war also wieder zu Hause bei meinen Eltern, in einer Umgebung, die sich vertraut und zugleich fremd anfühlte. Ich war nicht mehr derselbe Mensch, ich hatte einen langen Weg zurückgelegt, hatte meinen Liebsten gefunden. Mich von Tang Hai trennen zu müssen gab mir das Gefühl, wieder das kleine Küken zu sein, das nicht zum Ufer finden kann. Immer wieder lag ich meinem Vater in den Ohren, er solle doch auch Tang Hai da herausholen. Er tat sein Bestes, aber irgendwann entdeckten seine Untergebenen, dass es über Tang Hai keine Akte gab. Das war höchst ungewöhnlich, denn damals gab es nur über Bauern keine Akten. Deswegen konnte er jedoch nicht mehr beweisen, je eine Aufenthaltsgenehmigung für die Stadt besessen zu haben.

Das klingt schier unglaublich, doch bis 2003, als unser Aufenthaltsrecht geändert wurde, hat man in diesem Land ohne eine Aufenthaltsgenehmigung für die Städte buchstäblich nicht existiert. Die vielen Zuwanderer, die vom Land in die Stadt kamen, hatten bis dahin an ihrem neuen Wohnort keine offiziellen Rechte: Man konnte deswegen sogar eingesperrt werden. In Anbetracht dieser Umstände drängte mein Vater mich, »den Tatsachen ins Auge zu blicken« und mich nach einem Ehepartner aus der Stadt umzusehen.

Das für uns Chinesen – vielleicht auch nur für uns Han-Chinesen – hervorstechendste Merkmal ist, neben unserer Fähigkeit, Leid still ertragen zu können, dass wir uns immer den gerade herrschenden Strömungen unterwerfen. Fände jemand eine Möglichkeit, chinesische Familienchroniken über die vergangenen hundert Jahre zu erstellen und all die Eheschließungen und Karrieren nachzuverfolgen, dann würde sich, wie ich glaube, ganz klar zeigen, dass der gerade herrschende politische Trend bestimmte, mit wem man sich verband. In den 1950ern heiratete man aus politischen Gründen, in den 1960ern gab die Klassenzugehörigkeit den Ausschlag, in den 1970ern wollte jeder einen Offizier der Volksbefreiungsarmee heiraten, in den 1980ern jemanden mit Universitätsabschluss. In den 1990ern begannen die Menschen allmählich ihren Gefühlen zu vertrauen, und seit 2000 heißt es: jeder Mann und jede Frau für sich allein.

Was die Frauen und ihren »Partnergeschmack« angeht, so musste es in den 1950ern ein Arbeiter sein, ein Soldat in den 1960ern, ein Gelehrter in den 1970ern, in den 1980ern ein Dichter, und in den 1990ern musste der Mann vor allem Geld haben. Jetzt, so scheint es, muss es ein hoher Funktionär sein …

Ich bin sehr dankbar, dass es Tang Hai und mir gelungen ist, nicht von diesen Verwerfungen der Heiratspolitik erfasst zu werden. Wir zweifelten nie daran, dass wir uns liebten. Außerdem halfen uns die gemeinsamen volkskundlichen Recherchen, uns allen wechselnden politischen Trends zum Trotz unseren Idealen treu zu bleiben.

Ich bekam von Tang Hai einen Brief, in dem er schrieb, er habe das Gefühl, seine Jugend laufe ihm davon und er wolle seine letzte Chance im Leben beim Schopf packen, ehe es zu spät sei. Er wolle studieren, sein Schicksal wenden, das die Götter der Politik ihm auferlegt hatten, um schließlich politisch, sozial und bildungsmäßig dasselbe Niveau zu erreichen wie ich. Dann und nur dann würden wir heiraten. Ich antwortete ihm, dass es unser Schicksal sei, einander linke und rechte Hand zu sein, und dass wir den Rest unseres Lebens damit verbringen würden, Laub und Zweige zu sammeln, um unserer Liebe ein Nest zu bauen.

Natürlich habe ich diese Briefe aufgehoben. Das ist unser einziger Familienbesitz, das Einzige, was wir unseren Kindern einmal hinterlassen können.

Später suchte Crane Fotokopien einiger dieser Briefe für mich heraus, damit ich mir ein besseres Bild ihrer Liebesgeschichte machen konnte.

Genossin Crane: Ob Leib und Geist gesund sind, hängt nicht von der Medizin ab, sondern davon, wie es in deinem Herzen aussieht. Sei vorsichtig mit dem, was du zu anderen sagst. Halte in der Einsamkeit an der Wahrheit in deinem Herzen fest.

Tang Hais Brief war mit Bleistift auf ein altes Arbeitspunkte-Registerblatt geschrieben, das vielleicht halb so groß war wie eine A4-Seite. Die Schrift war kaum zu entziffern.

Genosse Tang Hai: Das Herz ist wie der blaue Himmel, und deine Sinne gleichen dem Wind und dem Regen. Den Himmel macht ein Sturm nicht bang, auch wenn er gewiss Zerstörung mit sich bringt. Auch wird der blaue Himmel der Sonne nie zürnen, nicht dem Mond und den Sternen, nur weil sie einmal das Dunkel nicht durchdringen.

Cranes Antwort war auf einem Leihschein der Universitätsbibliothek in überaus eleganten Schriftzeichen verfasst.

Mein Himmel ist nichts als ein wunderschöner weißer Kranich. Auf frostkalten Feldern wärmt der Froschprinz sich allein an seinen Gedanken. Seine Mutter hat ihn einst gelehrt, die drei Schlüsselelemente des Lebens seien Energie, ihr Fließen und ihr Gleichgewicht.

Unser Geist kann die Energie aus unserer Nahrung vermehren. Freude im Herzen stillt jeden Hunger und macht das Bittere süß. Und so bin ich glücklich, wenn ich an dich denke, und finde selbst auf steiniger Erde noch Nahrung.

Übungen des Leibes lassen das qi *in den Organen zirkulieren. Das ist das Fließen, von dem ich eben sprach. Doch fehlt das Wasser, kann das Fließen des* qi *schlimme Auswirkungen zeitigen. Und so trinke ich in diesen frostigen Tagen immer heißes Wasser, damit ich genug Energie habe, dir zu schreiben.*

Das Gleichgewicht stellt sich ein, wenn wir die richtige Nahrung wählen. Ist deine Gesundheit nicht im Gleichgewicht, fühlen sich die Organe schlecht behandelt. Gleicht man das nicht zur rechten

Zeit aus, so bricht ein Krieg aus zwischen den Organen. Nach einem solchen Krieg wieder Frieden zu schaffen, ist sehr schwer, denn genesen dauert länger als krank werden, so wie es leichter ist, einen Berg hinunterzustürzen, als ihn zu erklimmen. Jetzt weise ich beim Essen nichts mehr zurück, öffne mein Geschmacksempfinden weit, sodass ich alle nährenden Stoffe aufnehme und meinen Leib in einen friedvollen Himmel verwandle, damit mein schöner und gütiger weißer Kranich frei seine Kreise ziehen kann.

Tang Hai hatte den Brief auf einen Streifen roten Papiers geschrieben, von der Art, wie es gewöhnlich für Reime verwendet wurde. Es war sehr lang, sehr schmal und sehr rot.

An diesen Brief war die folgende Notiz von Crane geheftet:

> Tang Hais Schriftzeichen waren ganz aus der Form geraten, weil seine Hand beim Schreiben vor Kälte zitterte. Doch zwischen den Zeilen konnte ich spüren, was er empfand. In jener Zeit verwendeten wir keinerlei Anrede, wenn wir uns schrieben, das wäre auch gar nicht nötig gewesen. Der Himmel, den wir bewohnten, war unserer, unserer ganz allein. Außerdem wollten wir verhindern, dass irgendwelche Kader auf den Postämtern unsere Briefe als Beweis unseres »reaktionären Fehlverhaltens« gegen uns verwendeten.

Blauester Himmel über einem endlosen Meer.
Ein Heiliger im Westen verwendete die Macht der dichterischen Sprache, um den Menschen Trost zu spenden. Er schrieb einst: Du würdest fest sein und dich nicht fürchten. Dann würdest du der Mühsal vergessen und so wenig gedenken als des Wassers, das

vorübergeht; und die Zeit deines Lebens würde aufgehen wie der Mittag, und das Finstere würde ein lichter Morgen werden.

Crane hatte dieses Bibelzitat an den Rand eines Artikels geschrieben, den sie aus der Zeitung ausgeschnitten hatte. In dem Artikel vom Oktober 1982 geht es um den »Beschluss betreffend die gesamte Partei«, gefasst auf der Zweiten Plenartagung des XII. Zentralkomitees der Kommunistischen Partei Chinas. Diese Verlautbarung verurteilte die Kulturrevolution, stellte diejenigen, die an Gewaltaktionen und Zerstörungen beteiligt waren, bloß, kritisierte ihr Verhalten und schloss sie vom politischen Leben der Partei aus. Aus irgendwelchen unerfindlichen Gründen beharren die westlichen Medien aber darauf, die Kommunistische Partei Chinas hätte die katastrophalen Fehler, die sie während der Kulturrevolution gemacht hat, niemals zugegeben.

Frühlingskranich:
Feuer verbrennt das Leben bis auf den Grund,
    doch fürchtet es das sanfte Wasser.
Wasser bringt Zerstörung,
    doch der Boden verschlingt es.
Erde türmt sich gewaltig auf,
    doch der gleichgültige Wind fegt sie hinweg.
Wind zerschmettert alles,
    bricht sich aber dennoch an den Bergen.
Gebirgspfade sind tückisch,
    doch haben die Menschen nie aufgehört, sie zu gehen.
Der Mensch hat einen unbezwingbaren Geist,
den doch Liebe und Macht in den Untergang reißen.
Liebe und Macht können die Zeit überdauern,
doch am Ende zerschellen auch sie an der Zeit und schwinden.
Überall um uns herum ist die Zeit,
doch das Herz beherrscht sie oder macht sie vergessen.

Diese Zellen standen in einem der wohlbekannten Übungshefte zum Schreibenlernen. Jedes chinesische Kind über drei kennt diese Blätter mit den kleinen Quadraten, auf denen es sich in Kalligraphie übt, sobald es sich auf den mühevollen Weg macht, die 18 000 Schriftzeichen zu lernen, die wir noch haben. Danach hilft die Schule ihnen, 5000 Jahre Geschichte und Kultur mittels dieser kleinen Kästchen nachzuerzählen.

Crane hatte wieder eine kleine Notiz hinzugefügt: *Zu der Zeit waren aller Bauernhelfer, die mit uns auf dem Land lebten und arbeiteten, bereits wieder zurück in der Stadt. Nur Tang Hai war noch dort.*

Damals erzählte mir Tang Hai auch von seinen Plänen, sich an der Militärakademie zu bewerben, um Fernmeldetechnik zu studieren. Dies war ein zwingender Schritt für jeden, der eine Stelle in der Industrie suchte. Ich erklärte mich sofort bereit, ihm bei der Suche nach genaueren Informationen zu helfen. Das Problem war nur, dass die Kulturrevolution zwar beendet war, die meisten öffentlichen Bibliotheken aber erst wieder aufgebaut werden mussten, nachdem die Roten Garden sie zerstört hatten. Darüber hinaus war Fernmeldetechnik ein ganz neuer Studiengang und so bekam man selbst in Buchhandlungen kaum die nötigen Bücher.

Von ein paar Leuten hörte ich, dass man die entsprechenden Lehrbücher, wenn überhaupt, nur in Universitätsbibliotheken finden konnte. Allerdings durfte dort nicht jeder einfach Bücher ausleihen. Um Tang Hai bei seinen Plänen besser unterstützen zu können, schrieb ich mich für ein Fernstudium in Computertechnik ein, was zu der Zeit in China ebenfalls noch ein völlig unbekanntes Fach war. Soweit ich weiß, waren wir damals die ersten chinesischen Studenten, die Computertechnik studierten.

Die Computer damals waren so ganz anders als das, was wir heute kennen. Das waren noch riesige Kisten, und was darin an Technik steckte, passt heute auf einen Mikrochip von der Größe eines Fingernagels. Mein Studium der Computertechnik war für meine eigene berufliche Laufbahn zwar völlig nutzlos, aber im-

merhin erhielt ich einen Studentenausweis und damit Zugang zur Universitätsbibliothek, wo ich nach Büchern und anderen Hilfsmitteln für Tang Hai recherchieren konnte.
Ich machte meinen Abschluss an der Fernuniversität im Jahr 1983, und im selben Jahr schaffte Tang Hai es unter die vier besten Bewerber seiner Provinz und wurde zum Studium am Institut für Elektronik der Volksbefreiungsarmee zugelassen. Zum Frühlingsfest 1984 besuchte Tang Hai mich zum ersten Mal in Beijing, doch ließ er sich bei meinen Eltern und auch bei mir zu Hause nicht sehen. Stattdessen quetschte er sich in die winzige Bude eines Freundes.
Ich war damals eine einfache Arbeiterin, während Tang Hai von einem Haufen begabter Studentinnen umgeben war. Das bereitete meiner Mutter einige Sorgen, die sie nicht für sich behielt: »Tang Hai ist ein durchaus passabler junger Mann geworden. Ich bin mir sicher, er hat einige Optionen, was das Heiraten angeht.« Ich ging darauf nie ein, um mir nicht anmerken zu lassen, dass mich ähnliche Befürchtungen plagten, doch ich war wirklich beunruhigt. Um nicht den Anschluss an die ständige Vorwärtsentwicklung der Gesellschaft zu verlieren, bewarb ich mich für ein weiteres Fernstudium, diesmal in Psychologie. Warum ausgerechnet dieses Fach? Möglicherweise hatte ich Angst, Tang Hai zu verlieren, und wollte mich so vorbeugend gegen eventuelles künftiges Liebesleid wappnen. Ganz ehrlich, lach jetzt nicht, diese Entscheidung zeigt, wie viele Sorgen ich mir damals machte.
Ob Tang Hai mir während seines Studiums weiter Rezepte von volkstümlichen Heilmitteln geschickt hat? Ja, das hat er, und zwar zuverlässig einmal pro Woche. Er sagte immer, er sei zwar ein armer Student, aber diese Arzneien würden ihm viel Geld sparen und obendrein eine Menge Freunde einbringen.
Ein Beispiel? Nun, kurz nachdem er seine Ausbildung angefangen hatte, heiratete Ducky, meine jüngere Schwester. Tang Hai schickte dem Paar einige seiner »Sex-Geheimnisse« als Hochzeitsgeschenk. Später hat Ducky mir gestanden, das sei das nützlichste Geschenk gewesen, d[illegible]e bekommen hat! Später, als

wir zwei dann heirateten, hat Tang Hai eine eigene Abschrift für mich gemacht. Wenn es dich interessiert, kann ich dir mal eine Kopie schicken. Tang Hai hat ohnehin die meisten seiner Aufzeichnungen online gestellt, um sie mit der Öffentlichkeit zu teilen. Es sind auch welche von seiner Mutter darunter. Du kannst sie ganz leicht im Netz finden.

Wenig später fand ich Cranes volkskundliche Sexrezepte schon in meiner Mailbox:

Demnach gibt es drei »Phasen der Leere«, während derer man sich sexueller Aktivitäten enthalten sollte.

Diese drei Phasen sind die jährliche, die monatliche und die tägliche Leere. Die grundsätzliche Idee hinter dem gesamten System ist, dass man im Einklang mit den 24 Sonnenperioden und den jahreszeitlichen Veränderungen der Natur leben soll, um bei guter Gesundheit zu bleiben.

Keine sexuellen Aktivitäten am Tag der jährlichen Leere.

Es gibt zwei jährliche Phasen der Leere: die erste zur Wintersonnwende. Einem alten Sprichwort zufolge wird das *yang* zur Wintersonnwende geboren. An diesem Tag beginnen sich im Körper Feuer und Energie zu bilden, die für *yang* stehen. Wenn man die »Geburt« des *yang* nicht beachtet, verliert man gute Energie. Dieser Tag heißt auch »Die Leere des Jahres«, weil an diesem Tag der Körper am schwächsten ist.

Die zweite jährliche Leere tritt zur Sommersonnwende ein. Es heißt, dass an diesem Tag, der nach dem gregorianischen Kalender auf die Zeit um den 22. Juni fällt, das *yin* geboren wird und sich danach die *yin*-Kraft langsam aufbaut. Doch *yin* und Wasser sind noch sehr schwach, was den Körper für die »Leeren« anfällig macht.

Zur Sommer- und zur Wintersonnwende schwanken *yin* und

yang besonders stark. Auch das *qi* ist aktiver als gewöhnlich und der Körper ist daher schwächer als sonst. Daher sollte man sich an Sonnwendtagen und den Tagen unmittelbar davor und danach nicht sexuell betätigen. Andernfalls büßt man zum einen Lebenskraft ein, zum anderen besteht ein Ungleichgewicht zwischen Energie und Blut. Wenn eine Frau an einem solchen Tag schwanger wird, wird das Kind seiner Mutter gegenüber wahrscheinlich feindlich gesonnen sein.

Keine sexuellen Aktivitäten am Tag der monatlichen Leere

Die Phase der »monatlichen Leere« tritt auf während der Tage, in denen der Mond im ersten Viertel steht, während der letzten Tage der letzten Mondphase und an den Tagen, an denen die Mondsichel so schmal ist, dass man sie nicht sehen kann. In der chinesischen Medizin steht der Mond für *yin*. Während der eben genannten Tage ist das *yin qi* in der Natur überschießend, weswegen es besser ist, an diesen Tagen ebenfalls auf Sex zu verzichten. Wird eine Frau an diesen Tagen schwanger, so hat das wahrscheinlich schwerwiegende Folgen für die körperliche und geistige Gesundheit des Kindes. Der beste Zeitpunkt für die schönste Sache der Welt sind also Vollmondnächte und Zeiten, wenn die Blumen blühen. Lebe im Einklang mit der Welt und der Natur.

Keine sexuellen Aktivitäten während der »täglichen Leere«

Die »Phase der Tagesleere« tritt beispielsweise auf, wenn sich der Himmel verfärbt und Stürme aufziehen oder während einer Sonnen- bzw. Mondfinsternis. Auch in solchen Momenten sollte man auf sexuelle Aktivitäten verzichten. An Tagen, an denen eine Sonnen- oder Mondfinsternis auftritt, gibt es ebenfalls starke Veränderungen des *qi,* und die äußeren Kräfte der Natur können leicht den Körper schädigen.

Kein Sex nach Alkoholgenuss

Alkohol erhöht die Körpertemperatur speziell bei Männern, und diese feuchte Hitze hat eine schwierige Geburt zur Folge. Hitze kann auch die Qualität des Spermas negativ beeinflussen. Heutzutage bereiten sich die Menschen bewusst auf eine Empfängnis vor. Sie hören auf zu rauchen und Alkohol zu trinken, was eine sehr erfreuliche Entwicklung ist. Diese Art von verantwortlichem Verhalten für die Zukunft des Kindes sollte gefördert werden.

Kein Sex, wenn man zornig ist

Wenn man gereizt oder zornig ist, fließt das Blut in den Adern schneller, was sich negativ auf das *qi* auswirkt. In der Folge sinkt die Energie- und Blutmenge beträchtlich, da der Körper sein eigenes *qi* zu unterdrücken versucht. Wird eine Frau in einem solchen Moment schwanger, entwickelt das Kind Hautgeschwüre.

Kein Sex, wenn man Angst hat

Einige junge Leute heute fühlen sich durch ihre Umgebung gehemmt oder fürchten, beim Liebesspiel ertappt zu werden. Manche Erwachsenen leiden noch an den Verletzungen durch die früherer Partner, was so weit gegen kann, dass sie im Schlafzimmer Panik bekommen. Das aber schädigt den Körper massiv. Die Folgen können unter anderem Impotenz, starker Schweiß oder Herzrasen sein. Wird eine Frau unter solchen Umständen schwanger, hat sie wahrscheinlich eine Fehlgeburt, weil das *qi* der Eltern zum Zeitpunkt der Empfängnis sehr schwach war.

Kein Sex, wenn man krank ist

Der Geschlechtsverkehr selbst führt zu einem enormen Verlust an *yang qi*. Wer nicht gesund ist, braucht aber gerade dieses *yang qi*, um seine Krankheit zu bekämpfen. Wenn man während einer

Krankheit Sex hat, verwendet man sein *yang qi* auf unangemessene Weise und leidet daher doppelt so viel.

Kein Sex in der Öffentlichkeit

Eine alte taoistische Regel besagt: »Vergnüge dich nicht unter dem Sternendach.« Das soll heißen, dass man kein Kind zeugen soll, wenn man Sex im Freien hat. Der Grund dafür ist, dass der Tau am Boden dem Körper schadet und die Schwangerschaft negativ beeinflusst.

Tang Hai meinte, diese alten Tabus bezüglich Schwangerschaft und Empfängnis wirkten wie religiöse Gebote, in Wirklichkeit aber gehe es darum, dass der Mensch im Herzen eine respektvolle Haltung einnimmt. Ihr wahrer Sinn und Zweck sei zu zeigen, dass ein Mensch nur dann, wenn er die Natur ebenso fürchtet, wie er sie achtet, sich vor Leid und Unglück schützen kann. Immerhin schaffe man bei der sexuellen Betätigung ein neues menschliches Leben.

Tang Hai und ich heirateten, nachdem er seinen Abschluss an der Militärakademie gemacht hatte, wo er mittlerweile zum Ausbilder aufgestiegen war. Das war Ende Juli 1987. In diesem Jahr war es in Beijing ungewöhnlich heiß. Damals hatte man noch keine Klimaanlagen, trotzdem waren wir nicht so übel dran wie die armen Leute unten im Süden, die sich nachts mit Mücken und Temperaturen von gut 30 Grad abplagen mussten. Wir hier konnten wenigstens nachts gut schlafen. Verglichen mit den Städten im Süden war Beijing praktisch eine Sommerfrische.

Nun darfst du aber nicht glauben, dass wir die Unterhaltungsangebote nutzen konnten, nur weil wir in der Hauptstadt lebten. Die meisten Menschen hatten damals keinen Fernseher, und wer ein Radio sein Eigen nannte, gehörte zu denen, die es geschafft hatten.

Meine Eltern hatten immerhin einen kleinen Schwarz-Weiß-Fernseher. Was bedeutete, dass unser Innenhof zum Nachbarschaftstreff wurde. Die Leute versammelten sich gerne dort, auch weil es kühler war, und sie brachten ihre Klapphocker mit. Meine Eltern hatten ja nach wie vor nur die wenigen einfachen Möbel, die ihre Arbeitseinheit ihnen zugeteilt hatte. Die Nachbarn aber bauten ihre Hocker in unserem zwanzig Quadratmeter großen Hof vor dem Fernseher mit seiner Bildschirmdiagonale von vielleicht 23 Zentimetern auf.

Wenn ich mich recht erinnere, haben wir uns an jenem Tag die Wiederholung eines Science-Fiction-Films angesehen: *Zwanzigtausend Meilen unter dem Meer*. Ausländische Filme wurden damals nur selten ausgestrahlt, deswegen haben wir uns *Zwanzigtausend Meilen unter dem Meer* unzählige Male angeschaut.

Mittendrin tauchte plötzlich Tang Hai in unserem Hof auf. Seine Uniform war schweißgetränkt. Ehe ich ihn auch nur begrüßen konnte, ließ er seine Militär-Reisetasche einfach fallen, nahm mich bei der Hand und führte mich ins Haus.

Du weißt ja, dass wir damals alle noch dachten, Männer und Frauen dürften sich unter keinen Umständen bei der Hand nehmen, deswegen machte Tang Hais Verhalten mich verlegen. Doch es ging alles so schnell, dass weder meine Eltern noch sonst jemand einschreiten konnten. Dann ging Tang Hai mit mir hinaus auf die kleine Gasse, wo wir allein waren.

»Ich … ich habe meinen Abschluss. Man hat mir angeboten, als Ausbilder an der Universität zu bleiben. Verstehst du, was das heißt? Wir können jetzt endlich heiraten!« Tang Hai schnappte hörbar nach Luft, als er diese Worte hervorstieß.

»Ich … Wir … Ich meine – du und ich? Wir können heiraten?« In dem Moment war ich weniger Kranich als dumme Gans! Doch der Mann, der vor mir stand, hatte sich vom klapprigen Gelehrten in einen Adler verwandelt, der kühn in den Lüften kreiste.

Wann wir dann geheiratet haben? Du wirst es mir vielleicht nicht glauben, aber das war gleich am nächsten Tag. Es gab nichts vorzubereiten, niemanden zu verständigen, niemanden einzuladen. Immerhin hatten wir auf diesen Tag schon zehn Jahre gewartet. Damals hatten wir getrennte Wege eingeschlagen, weil die Klassenschranken es so wollten. Doch dann hatten wir uns und unseren Platz am Himmel wiedergefunden, den wir uns selbst geschaffen hatten. Dort konnten wir endlich vereint unsere Schwingen ausbreiten, zwei Vögel, in Liebe vereint.

Erst zum Frühlingsfest im folgenden Jahr bekamen meine Geschwister Gelegenheit, uns zur Hochzeit zu gratulieren und Geschenke zu überreichen.

1987, als wir geheiratet haben, waren die beliebtesten Hochzeitsgeschenke »drei Räder und ein Lautsprecher«, d. h. ein Fahrrad, eine Nähmaschine, eine Uhr und ein Radio. Diese Dinge galten auch als Grundausstattung für jeden Hausstand. Außer unserer Liebe aber nannten wir damals nichts unser Eigen. Bei den jungen Leuten heute heißt so etwas: eine »nackte Ehe«.

Etwa ein halbes Jahr, nachdem wir geheiratet hatten, wurde ich als Bibliothekarin an Tang Hais Militärakademie angenommen. Wegen der Ein-Kind-Politik haben wir nur eine Tochter, Tang Li. Wir nennen sie aber Lili. Sie hat Englisch studiert und ist dann in die USA gegangen, um einen Master in Übersetzungswissenschaft zu machen. Jetzt arbeitet sie für eine ausländische Firma. Ihrem Großvater väterlicherseits, der ebenfalls Übersetzer war, ist sie nie begegnet, aber sie hat bestimmt einige seiner Gene geerbt. Die Kräfte der Natur versetzen mich immer wieder in Staunen.

Ein altes chinesisches Sprichwort sagt: »Die Wogen am unteren Jangtse werden von den Wellen des Oberlaufes ins Meer geschoben.« Das soll heißen, dass das Alte unaufhörlich vom Neuen abgelöst wird und die neue Generation stets die übertrifft, die es ablöst. Aber das stimmt nicht, zumindest nicht, soweit es meine Lebenserfahrung betrifft. Auf die Geschichte unserer Familie trifft eher ein Satz zu, den die alte Frau Jiu Jin in einer Geschichte des Dichters Lu Xun sagt: »Die Jugend heute ist nicht das, was sie zu meiner Zeit war.«

Du kennst mittlerweile viele Geschichten von den drei Generationen der Familie meiner Mutter. Die Liebe meiner Großeltern wurzelte in der alten Dichtung. Meine Eltern fanden durch die klassische westliche Literatur und die *dayou*-Dichtung zueinander. In dem China, in dem ich geboren wurde, kannte man weder Literatur noch Romantik. Ebenso wenig gab es Filme, Bücher oder Theater. Alles, was es damals gab, waren politische Parolen. Wie wird die Geschichte einst über unsere Generation urteilen? Tang Hai und ich sind oft bis spät in die Nacht aufgeblieben, um darüber zu diskutieren, was unsere von den Generationen davor und danach unterscheidet und was gerade diejenigen von uns so anders macht, die in den Wogen der politischen Sturmflut untergegangen sind, die unser Land überschwemmte. Was wird man einmal sagen über uns? Vielleicht, dass wir die Generation waren, die alle Wurzeln verloren hat.

Wir wurden in eine Welt ständiger kriegerischer Auseinandersetzungen und alles erstickender politischer Kampagnen hineingeboren: Koreakrieg, die Kampagne der drei und fünf Antis, der Große Sprung nach vorn. Die Jahre unserer Kindheit waren geprägt von noch nie da gewesenen Katastrophen, ob nun natürlichen Ursprungs oder menschengemacht. Die Menschen liefen durch die Gegend wie lebende Leichen, ihre Köpfe wurden nur noch von den Sehnen gehalten, die deutlich unter der Haut hervortraten. Unsere Lehrer hatten keine richtige Ausbildung, und mit unseren Klassenkameraden schlossen wir keine Freundschaften fürs Leben. In unseren Schulbüchern war auf jeder zweiten Seite vom Klassenkampf die Rede. In der Blüte unserer Jugend hat man uns gepackt und in eine Finsternis geworfen, in der wir nichts weiter lernten, als die Angst als unentrinnbaren Begleiter hinzunehmen.

Als wir nach langen Jahren der Abwesenheit endlich wieder nach Hause zurückkehren durften, mussten wir feststellen, dass die Träume, auf die sich dieses Land gründete, ebenso wie ihre Urheber nicht mehr existierten. Es war niemand mehr da, der uns dabei hätte helfen können, als Menschen zu wachsen und uns zu entwickeln. Unsere Träume waren schnell verblasst und der nüchternen Erkenntnis gewichen, dass wir keinen festen Platz mehr hat-

ten in dieser Welt, weder im Kreis der Familie noch außerhalb. Und so kochte in unserer Seele ein Gebräu aus Angst und Zögerlichkeit, das bittersüße Lebensgefühl unserer Generation.
Die Reform- und Öffnungspolitik der 1980er-Jahre war für uns der Rettungsring, der uns einen Ausweg bot. Plötzlich war es ganz normal, dass man zwanzigjährigen Gymnasiasten, dreißigjährigen Studenten und vierzigjährigen Abendschülern begegnete. Unser ganzes Leben war von der Achterbahnfahrt der wechselnden politischen Strömungen bestimmt gewesen, der Berg-und-Tal-Fahrt zwischen Euphorie und Verzweiflung. Doch dadurch haben wir auch gelernt, Mut zu zeigen. Den Mut, zu denken, zu reden, zu handeln, zu siegen, zu lieben, zu hassen, ja selbst den Mut zu scheitern. Leute, die nicht einen müden *fen* hatten, wagten es, auf die weite See der chinesischen Geschäftswelt hinauszusegeln. Andere, die nicht eine Fremdsprache beherrschten, machten sich auf in die Welt, um dort ihr Glück zu suchen. Wieder andere wurden ohne nennenswerte Vorerfahrung zu Leitern großer Unternehmen. Einige waren sogar so mutig, in Europa und den USA Grundstücke und Immobilien zu erwerben, obwohl sie noch nie ihren Fuß in eines dieser Länder gesetzt hatten. Diese bis zum Skelett abgemagerten Menschen, die so lange still gelitten hatten, wurden jetzt mit einem Mal zum Rückgrat unserer Nation.

Die ganze Art, wie Crane an jenem Tag zu mir sprach, der Nachdruck, den sie auf jede Silbe legte, gab mir das Gefühl, dass diese Worte nicht bloß so dahergesagt waren von dieser Chinesin in den Fünfzigern. Das waren die ohrenbetäubenden Schreie der Repräsentantin einer Generation, die jetzt, nach einem halben Jahrhundert der Unterdrückung, im Haus der chinesischen Geschichte endlich ihren Widerhall fand.
Ich fragte Crane, ob denn ihre Geschwister ihre Ansichten teilten, weil ich immer wieder erstaunt feststelle, wie groß die Kluft zwischen Geschwistern sein kann, gerade weil China sich so dramatisch schnell verändert hat. Ich erzählte ihr, dass mein Mann Toby

mir gegenüber einmal gemeint hatte, man könne bei Chinesen mitunter den Eindruck haben, sie gehörten verschiedenen Generationen an, selbst wenn sie gerade einmal zwei, drei Jahre auseinander waren vom Alter her.

Das ist schon möglich. Wir gehören vielleicht zur selben Generation, aber in diesem kurzen Zeitraum hat China Veränderungen durchlaufen, die keiner vorhersehen oder planen konnte. Ich denke, das ist so ähnlich wie bei meiner Mutter und ihren Geschwistern. Das China, das meine Tante Red gekannt hat, unterschied sich stark von dem China, das ihre jüngeren Geschwister kannten. Der Altersunterschied zwischen ihr und meiner Mutter war schon eher ein Generationenunterschied. Und meine Mutter und Tante Orange trennen gerade mal zwei Jahre, aber das Schicksal hat sie in ganz andere Richtungen, in ganz andere Welten geführt. Und dann sind da noch mein Onkel in Hongkong und mein Onkel in Amerika. Wenn die beiden so zusammensitzen und mit ihren westlich beeinflussten Ansichten über ihr Heimatland reden, kann ich es schier nicht fassen, dass diese zwei Meinungen von Leuten aus ein und derselben Familie oder gar aus meiner Familie stammen sollen.

Mein Vater hat mal gesagt, unsere Familie hätte wegen unserer Spitznamen eher etwas von einem Zoo – Tiger, Wolf, Kranich, Affe und Ente. Ich würde eher sagen, dass wir mehr wie ein großes internationales Konsortium sind, in das die verschiedenen Beteiligten ihre Vertreter entsenden.

Tiger, der älteste Bruder, steht den Ansichten meiner Eltern insofern am nächsten, als er recht konservativ ist. Meine Eltern gehören zu jenen, die vom Sieg der Kommunistischen Partei im Jahr 1949 am meisten profitiert haben. Sie sind wahre Meister darin, die Fehler, die die Partei in der Vergangenheit gemacht hat, wegzudiskutieren, selbst wenn diese massives Leid verursacht haben. Dabei sind sie nicht dumm, sie wissen genau, dass einige der Maßnahmen schlicht falsch waren. Aber sie erfinden Entschuldigungen für die Partei, um ihre eigenen Überzeugungen zu rechtfertigen, oder sie versuchen, das Ganze einfach zu vergessen. Mein ältester Bruder glaubt, dass China ein großartiges Land mit einer riesigen Bevölkerung und komplexen inneren Angelegenheiten ist, geprägt von zahllosen inneren Widersprüchen und Problemen. Es ist genau so, wie Laozi gesagt hat: »Einen großen Staat regiert man so, wie man kleine Fische brät – mit zu viel Gestocher ruiniert man sie. Wenn die Regierung sich zu sehr einmischt, verlieren die Menschen den Mut.«

Eine gute Küche erfordert sowohl Zeit wie Geschicklichkeit, und weder das eine noch das andere sollte man vernachlässigen. Kluge Anführer aber werden immer mehr Gewicht auf die Geschicklichkeit legen. Ein guter General muss auch ein guter Soldat sein. Genauso verhält es sich mit dem Versuch, ein großes Land zu regieren. Dazu braucht es ein waches Bewusstsein dafür, was dieses Land braucht und wann und wie sich diese Erfordernisse im Lauf der Zeit verändern. So wie man einem Menschen einen dummen Fehler, den er früher gemacht hat, nicht vorhält, ebenso bereitwillig sollte man dem Land und der Partei die alten Fehler vergeben, denn es sind schließlich Menschen, die das Land und die Partei ausmachen.

Mein älterer Bruder glaubt, dass, egal wie hoch seine Ideale, wie unbegrenzt seine Talente, wie breit gefächert und kultiviert seine Interessen sind, der Mensch vor allem eines zu sein hat: verantwortungsbewusst. Und nicht nur das, er sollte auch bereit sein, den Preis zu bezahlen, den die Verantwortung mit sich bringt. Wir als Kinder müssten unseren Eltern Glück und Frieden bringen. Wenn man eine Familie gründet, möchte man, dass sie in gesicherten, guten Verhältnissen leben. Im Beruf wiederum sollte man alles dafür tun, dass die eigene Arbeitseinheit erfolgreich ist. Ich glaube, dass die beiden letzten Generationen in China sich zum Großteil in diesem Wertesystem wiedererkennen, weil sie mit politischen Verwerfungen, einem ständigen Auf und Ab, großgeworden sind. Man fügte sich den Direktiven der Partei widerwillig, weil es unvermeidlich war wie der Wechsel der Jahreszeiten. Offensichtlich war mein älterer Bruder, der während der Kulturrevolution um die zwanzig war, so vom revolutionären Eifer beseelt, dass die Leute regelrecht Angst vor ihm hatten. War eine Frau nicht in der Partei, so brauchte sie sich erst gar keine Hoffnungen zu machen, er könne ein Auge auf sie werfen. Später verabredete er sich mit einer Frau, die zu einem bestimmten Parteiflügel gehörte. Wenn die beiden ein Rendezvous hatten, lasen sie zuerst gemeinsam in den Gesammelten Werken des Vorsitzenden Mao und diskutierten dann ihre revolutionären Erfahrungen. Selbst als sie heirateten, war ihr Ehegelöbnis eine Umdichtung des bekannten Revolutionsliedes *Die Fahrt zur See hängt ab vom Steuermann*:

Die Fahrt zur See hängt ab vom Steuermann,
Leben und Wachstum hängen ab von der Sonne.
Diese Ehe soll der Partei zur Ehre sein,
Dem ewigen, nie zu lösenden Vermächtnis.

Seine Frau, also meine Schwägerin, hat mir einmal heimlich anvertraut: »In unserer Jugend, gab es unter uns eine ganze Menge Leute, die waren von der Revolution wie besessen. Tagsüber legten wir die Maobibel nicht für eine Minute aus der Hand, und ehe wir unsere Essstäbchen nahmen, sagten wir dem Großen Vorsitzenden Dank. Nachts, ehe wir das Licht löschten, warfen wir uns gemeinsam vor seinem Bild nieder und baten ihn um Verzeihung oder flehten ihn an, unsere Widersacher niederzustrecken. Hatte der Große Vorsitzende den Massen etwas zu verkünden, sprangen wir aus dem Bett und begaben uns hinaus auf die Straße, um ein Loblied auf seine neuesten Ideen zu singen. Dein Bruder hüpfte dabei immer überaus ernsthaft durch die Gegend, allerdings konnte er mit den anderen Schritt halten!
Später bekam der Vorsitzende Mao von einem Diplomaten – aus welchem Land weiß ich nicht mehr – eine Kiste mit Mangos geschenkt. Diese Mangos machte Mao wiederum einigen Arbeitern in Beijing zum Geschenk. Von dieser Geste zutiefst bewegt, mar-

schierten nun Arbeiter im ganzen Land durch die Straßen mit nichts anderem als Ziel, als Mangos darzubieten. Dein Bruder wurde sogar dazu auserwählt, bei einem dieser Umzüge die Mangos zu tragen. Später fragte ich ihn, warum dieser Ausländer uns so viele Mangos geschenkt hatte? Die würden doch alle bald schlecht werden? Worauf dein Bruder mich nur ansah und in aller Ernsthaftigkeit antwortete: ›Die Mangos des Großen Steuermanns werden niemals schlecht!‹ Da mag was Wahres dran gewesen sein, der Grund war aber vermutlich eher der, dass man Hunderte von Wachsmangos gemacht und an die Arbeiter in den Städten verteilt hatte.
Ja, er war ganz sicher einer von denen, die den Vorsitzenden Mao wie einen Gott verehrt haben. In unserer Hochzeitsnacht ging dein Bruder zu Bett und machte sofort das Licht aus, weil es, wie er sagte, respektlos sei, sich vor Maos Porträt zu entblößen!
Freilich war auch die Loyalität unseres großen Bruders Tiger gegenüber der Partei nicht immer hundertprozentig. Zumindest ließ er gelegentlich seinen Einfluss zum Nutzen der eigenen Familie spielen, um seinen jüngeren Geschwistern zu helfen. Mein zweiter Bruder Wolf und ich fanden so dank ihm Arbeit, und meine kleine Schwester Ducky und ihr Mann entgingen einer saftigen Geldstrafe, weil er ihnen half, das Melderegister zu »korrigieren«, als man dahinterkam, dass sie zu jung geheiratet hatten.
Mein zweiter Bruder Wolf war mit Abstand der rebellischste von uns Geschwistern. Unsere Mutter sagte immer, Wolfs Charakter sei eine Mischung aus Engel und Dämon. Obwohl er zur Spezialeinheit der Armee ging, hielt er sich nie so hundertprozentig ans Reglement wie unser älterer Bruder. Wolfs politischer Kommissar hatte unter unserem Vater Dienst getan. Daher wollte er Wolf unter seine Fittiche nehmen, aber Wolf erteilte ihm eine Abfuhr und pfiff auf den höheren Rang. Wo immer er auch nur die geringste Ungerechtigkeit witterte, zog er dagegen zu Felde.
Dem Kommissar blieb nichts anderes übrig, als meinem Vater über Wolfs Verhalten Bericht zu erstatten. Vater war stinksauer

auf Wolf, so sauer, dass er ihn zum Bau der Eisenbahnlinie von Chengdu nach Kunming abkommandierte. Meine Mutter, die so gut wie nie mit meinem Vater stritt, war deswegen ziemlich wütend auf ihn. Dass ihr Sohn solchen Strapazen ausgesetzt sein sollte, war für sie schier unerträglich.

Ich kann mich noch erinnern, wie Vater Mutter hinaus in den Hof rief und brüllte, dass Wolf ein Emporkömmling sei und dass man ihm besser früher als später eine Lektion erteilen müsse. »Was ist dir lieber: dass er beizeiten lernt, was sich gehört, oder dass er ins Gefängnis kommt?« Worauf Mutter kein Wort mehr sagte.

Und so landete Wolf für drei Jahre beim Eisenbahnbau. Wie er später sagte, waren es diese Jahre, in denen er Berge durchstach, Gruben aushob und Gleise reparierte, die ihn zum echten Wolf gemacht hätten. Unser Vater war im Grunde seines Herzens ein ausgesprochen sanfter und fürsorglicher Mensch. Er dachte, dass nach diesen drei Jahren – mehr als tausend Tage – auch der wildeste Wolf gezähmt sein würde, und so schickte er Wolf nach Shanghai, um Ingenieurwesen zu studieren. Und soll ich dir was sagen, dort wäre er fast zusammen mit Hu Xiaoyang, dem Sohn von Hu Lijiao, dem man vorwarf, Mitglied in einer verbrecherischen Vereinigung zu sein und Frauen missbraucht zu haben, zum Tod verurteilt worden.

Mit dem Ende der Kulturevolution 1977 öffnete China sich gegenüber dem Westen. Damit hielten in Chinas Großstädten wie Beijing, Shanghai und Guangzhou die Fast-Food-Restaurants von McDonald's und eine bisher nicht gekannte sexuelle Freizügigkeit Einzug. Doch Letztere war für die meisten Chinesen vor dem Hintergrund ihrer fünftausendjährigen Tradition nicht akzeptabel. Für sie hatte China die Kontrolle über das eigene Land verloren und war von der westlichen Kultur vergiftet worden. Als Reaktion darauf verhaftete die chinesische Regierung mehre Mitglieder von Banden, die mit der neuen sexuellen Freizügigkeit in Verbindung gebracht wurden, und verurteilte sie zum Tode. Unter den Verurteilten war Hu Xiaoyang, Sohn des Hu

Lijiao, des ehemaligen Vorsitzenden des Städtischen Volkskongresses von Shanghai, und Enkel von Zhu De, dem Oberkommandierenden der Volksbefreiungsarmee.

Vater tobte vor Wut, war aber gleichzeitig außer sich vor Angst. Er befahl Wolf, sofort nach Beijing zurückzukehren, wo er nun als Stabsoffizier unter seinem älteren Bruder Dienst tun musste. Das versetzte seinem Selbstbewusstsein einen ziemlichen Schlag. Als die beiden noch klein waren, hatte Wolf immer bewundernd zu seinem älteren Bruder aufgeschaut. Aber aus der Bewunderung wurde allmählich Eifersucht und die beiden konkurrierten in jeglicher Hinsicht miteinander. Am Ende war Wolf wie besessen davon, besser zu sein als Tiger und zu beweisen, wie intelligent er war. Und nun war er seinem älteren Bruder unterstellt, der ihn ständig maßregelte, ja ihm sogar den Aufstieg verwehrte. Natürlich war das ein harter Schlag für ihn.

Irgendwann wurde es Wolf zu viel, und er nahm wütend seinen Abschied. Er hinterließ einen Brief für Vater. Niemand erzählte uns Jüngeren von diesem Brief, wir erfuhren erst viel später davon. Was er enthielt, hat Vater uns aber nie gesagt.

Wolf quittierte den Militärdienst und machte sich auf in die Innere Mongolei, wo er in der weiten Steppe mit Pferden handelte. Als er seine Ersparnisse aus seiner Zeit beim Militär aufgebraucht hatte, zog er hinunter in die Provinz Shanxi, wo er Kohle transportierte. Damals verdienten Kohlehändler noch nicht so viel wie heute. Wolf und seine Arbeitsgruppe schufteten Tag und Nacht und pendelten zwischen den Kohleminen und den Verladebahnhöfen hin und her.

Ein Jahr später kam Wolf nach Hause und erzählte uns, dass er sich mit einem korrupten Kohlehändler und der Mafia eingelassen hatte, dann aber habe er auf den rechten Pfad zurückgefunden. Danach folgte er wirklich seinen Instinkten und dem Lockruf des Geldes und ging in die Provinz Zhejiang. Ein halbes Jahr später rief er mich an und erzählte, die Leute in Zhejiang wüssten wirklich, wie man Geschäfte macht, und dass es dort starke Seilschaften gebe. Das Problem sei nur, dass man den Dialekt von Zhejiang sprechen müsse, um Zugang zu diesen Netzwerken zu bekommen. Da er diesen Dialekt nicht beherrsche, fühle er sich wie ein Wolf unter Menschen, wie ein Tier, auf das alle Jagd machten.

Einmal habe ich Wolf gefragt, was er denn so Schlimmes angestellt habe, dass man ihn so bald nach seiner Ankunft in Shanghai wieder zurückgeschickt hatte. Daraufhin hat er mir erzählt, dass er während der drei Jahre beim Eisenbahnbau in der Einsamkeit des Quinling-Gebirges nicht einmal Zeitung hatte lesen oder Radionachrichten hatte hören können. Jeder neue Tag sei nur ein weiterer Kampf mit dem Berg gewesen. Das Ingenieurkorps habe aus lauter blutjungen Burschen bestanden, die ständig herumalberten und sich ziemlich vulgär über Frauen äußerten.

Dazu muss ich vorausschicken, dass Wolf diese Art von Gesprächen bis dahin nicht gekannt hatte. Das heißt, bis er sich ein Bild von einer Frau machen konnte und er körperlich eine massive Veränderung durchlief. Und schon hing er am Haken, als er ins quirlige Shanghai kam, das immer noch nach Ausschweifung roch, obwohl die Kulturrevolution eben erst zu Ende gegangen war. Bald hatte er sich einer Clique von Nachtclubfreunden angeschlossen, alles Söhne und Töchter hochrangiger Funktionäre in Shanghai. Man muss wissen, dass »Nachtclubfreund« nur ein anderer Ausdruck war für Leute, die sich aufführten wie ein Haufen Rohlinge.

Wolf stürzte sich voller Begeisterung in dieses neue Leben und brachte immer wieder ein neues »Lamm« mit nach Hause, das er gerissen hatte. Unsere Mutter war entsetzt und bat ihn eindringlich, doch nicht zu verrohen. »Bigamie ist ein Verbrechen!«, schrie sie immer wieder. Wolf ließ sie wettern und legte ihr dann beschwichtigend den Arm um die Schulter. »Arme alte Mama, du machst dir zu viele Sorgen. Wir leben in den Zeiten der Reform- und Öffnungspolitik und im Zeitalter des Fortschritts. Beziehungen zwischen Mann und Frau sind jetzt kein Anzeichen mehr irgendeiner Verrohung.«

»Ich werde keine Revolutionärin heiraten, aber auch keine Konterrevolutionärin. Wenn eine Frau mich nicht liebt, dann können wir nicht zusammen sein. Wenn sie mich liebt, meine Familie sie aber ablehnt, dann können wir auch nicht zusammen sein. Heiraten? Eine Familie gründen ist kein Geschäft, bei dem man Waren austauscht oder den Beruf wechselt, und alles ist in Ordnung. Wenn ich ein Kind hätte, aber im Leben sonst nichts zustande brächte, dann wäre das eine Schande für Kind und Kindeskinder.«

Von allen Lämmern, die Wolf mit nach Hause brachte, mochte Mutter ein mongolisches Mädchen ganz besonders. Mutter sagte, sie habe sie von dem Moment an gemocht, als sie mit Wolf zur Tür hereinkam, weil sie ihre Arbeit ordentlich verrichtete und ein freundliches Wesen hatte. Nur ihre Stimme, diese mächtige Stimme aus den Berghügeln, verschreckte die Leute ein wenig. Sobald sie den Mund aufmachte, schien das Dach zu wackeln, sagten wir immer.

Später aber verschwand die Mongolin mit fahrenden Zigeunern und sollte nicht mehr an Wolfs Seite zurückkehren. Was Wolf jetzt macht? Er lebt in Shenzhen und handelt mit Aktien. Keiner von uns weiß, ob er mit jemandem zusammen ist. Mein älterer Bruder hat gemeint: »Wenn Wolf nach Hause kommt, ist er ein Teil der Familie. Wenn nicht, ist er ein Fremder, der uns nichts angeht.«

Wie Wolf unsere Generation sieht? Er macht sich oft über uns lustig. »Diejenigen von uns, die einfach der Parteilinie folgen«, so sagt er, »sind letztlich die ›Gelackmeierten‹. Man hat uns ausgetrickst, sodass wir uns mit den niedrigsten Pensionen begnügen, während wir uns gleichzeitig um die ältere Generation kümmern und um die kleinen Prinzen der 80er und 90er, die sich nicht von zu Hause trennen können. Wir haben uns so bemüht und so viel ertragen, und doch ist *xiao kang*, der moderate gesellschaftliche Wohlstand, für uns unerreichbar geblieben. Und jetzt heißt es, *wir* seien diejenigen, die die Verwirklichung des ›chinesischen Traums‹ verzögert hätten. Offensichtlich sind wir an allem schuld …«

Er hat es so empfunden, dass unsere Generation historisch in einer Zeit lebte, in der alles drunter und drüber ging, wodurch in ihnen eine Gier danach entstanden sei, Meister des eigenen Schicksals zu sein. Nach Krieg und Frieden, Chaos und Unwissenheit sei nun eine Welt angebrochen, in der Kinder nur die drei »Nein« kennen – kein Verantwortungsbewusstsein, keine Werte, keine Gefühle. Sie hätten keine Ahnung von Geschichte, empfänden für ihre Familie nur Gleichgültigkeit, und was die Tatsachen des Lebens anginge, schwelgten sie in seliger Unwissenheit.

Ich bezweifle, dass es jemals zuvor in der Geschichte der Menschheit vergleichbare soziale Umwälzungen innerhalb von nur drei Generationen gegeben hat. Doch es fällt uns Chinesen sehr schwer, dem entwas entgegenzusetzen, weil es uns an Beispielen fehlt, an denen wir uns orientieren könnten. Die politischen Führer des Landes sagen, man überquert einen Fluss, indem man mit den Füßen nach Steinen fühlt. Aber da stellt sich doch zuerst die Frage, ob wir überhaupt genug Zeit haben herauszufinden, wie tief und wie breit dieser Fluss ist? Und wissen wir denn, welche Steine es sind, die uns helfen können, durchs Wasser zu kommen? Welche Steine sind groß genug, um den nächsten Schritt vorwärts abzusichern? Vielleicht liegt es an den unruhigen Zeiten und den Umbrüchen, die Wolf erlebt hat, dass er nun die Welt um sich her ständig hinterfragt.

Mit dieser Frage beschloss Crane die Geschichte ihres Bruders Wolf. Ihre Schilderung vermittelte mir das Bild eines Mannes in mittleren Jahren, der gegen eine Flut von Fragen ankämpft, die ständig über ihn hereinbrechen. Mir war, als hätte ich ihn gekannt.

Ohne meine Reaktion abzuwarten, wandte Crane sich nun der Geschichte von Monkey, ihrem jüngeren Bruder, zu.

Kleiner Bruder Monkey war das vierte Kind. Mehr als jeder andere von uns führte er ein unbeschwertes Leben. Er ist ein ziemlich unabhängiger Geist und gibt immer damit an, dass er ein »Nichtsler« sei – ohne Glauben, ohne Klasse, ohne Wünsche. Sein Motto: »Glauben ist die Ursache von Krieg. Klasse ist der Vorwand für Ausbeutung. Wünsche sind die Wurzel allen Übels.« In den Augen aller anderen war er, wie unsere Mutter es ausdrückt, »durch und durch Affe« – rastlos, schwatzhaft und lustig.

Tatsächlich war Monkey nicht nur das belesenste von uns Kindern – er verschlang Bücher über alles, von der Astronomie über die Geografie hin zu Geschichte und Naturwissenschaften –, er hatte auch bei weitem das größte handwerkliche Geschick. Er konnte Tische, Stühle, Fenster und Türen reparieren, Fahrradreifen wechseln, die Programme auf dem Fernseher einstellen und die Antenne ausrichten, in null Komma nichts das Geschirr waschen und sonst noch alles Mögliche. Ich habe nicht die leiseste Idee, wie und wann er das alles gelernt hat.

Monkey wurde mit dem Gymnasium im selben Jahr fertig, als nach der Kulturrevolution das *gaokao,* die Universitätsaufnahmeprüfung, wiedereingeführt wurde, bei der er allerdings dreimal nacheinander durchfiel. Das lag weniger an mangelnder Intelligenz als daran, dass die »Standardantworten« einfach nicht seine Zustimmung fanden. Mutters Kommentar zu diesem Thema war, anerkannte wissenschaftliche Theorien mit selbstgestrickten Ideen angreifen zu wollen sei, wie mit Eiern auf Steine zu werfen.

Worauf Monkey ihr entgegenhielt, wer sich mit seinem Denken ausschließlich in den geistigen Bahnen der »Standardantworten« bewege, stünde auf derselben Stufe wie die Einzeller mit ihrer eher primitiven Reproduktionsform. Zur Höherentwicklung der Zivilisation aber seien komplexere Formen nötig.

Das war etwa zu der Zeit, als ich Tang Hai half, Unterlagen für sein Studium zusammenzutragen. Monkey unterstützte mich oft dabei. Er half mir, wichtige Kapitel zu kopieren, damit ich sie ihm schicken konnte. Was damals ein mühseliges Geschäft war, weil es weder Scanner noch digitale Scandienste wie heute gab.

Damit Tang Hai an seine Unterlagen kam, hieß es: von Hand Abschriften erstellen und per Post schicken.

Eines Tages, als wir wieder einmal dabei waren, seitenweise Abschriften zu erstellen, platzte Monkey heraus: »Vielleicht werden ja durch die Entwicklung der Telekommunikation eines Tages alle Menschen ›Nichtsler‹?«

Später schlug Monkey beruflich tatsächlich eine »Nichtsler-Laufbahn« ein. Er stürzte sich Hals über Kopf in die Computerbranche, ehe er sich dann aufs Internet verlegte. Heute arbeitet er im Cloud-Computing. Unsere Mutter sagt immer, er sei nur insofern ein »Nichtsler«, als er keine feste Anstellung und keine Frau habe und sich für nichts anderes als Computer interessiere. Doch Tang Hai hat uns immer widersprochen: Was das Verständnis der Entwicklungen in der Telekommunikation anginge, sei Monkey ihm immer voraus gewesen.

Womit Monkey sich über Wasser gehalten hat? Tatsächlich verdient er mehr als wir anderen. Für die meisten Leute ist er einfach ein arbeitsloser Bummelant – er selber zieht die Bezeichnung »Freelancer« vor. Man hat ihn zum Beispiel engagiert, um das städtische Verkehrsleitsystem einzurichten. Er hat in den Computerlaboren der Universitäten gearbeitet, IT-Trainings für Manager gegeben und Special Effects für Filme gemacht und noch vieles mehr. So viel mehr, dass ich gar nicht weiß, was alles noch. Er ist wirklich wie ein rastloser Affe, der im Wald seiner Karriere von Ast zu Ast springt. In diesem Wald gibt es tatsächlich keinen Glauben, keine Klassen und kein Begehren.

Wie Monkey unsere Generation sieht? Als würde er sich je über so was Gedanken machen … Vielleicht würde er sagen, wir Chinesen hätten uns viel zu sehr daran gewöhnt, dass andere unsere Geschichte »säubern« und »bereinigen«. Wir würden passiv jene Version akzeptieren, die man uns präsentiert, statt die historische Wahrheit selbst zu ergründen. Nur ein Bruchteil der geschriebenen Geschichte des letzten Jahrhunderts, ein Tropfen im Ozean, sei wahr. Was noch übrig sei, sei die viel gerühmte Schönheit unserer Altertümer, die vermeintliche Glorie der

Kommunistischen Partei, die tragischen Geschichten vom Lössplateau und der Nördlichen Wildnis, die den literarischen Bewegungen von heute Stoff liefern, und die heulenden Wölfe und blökenden Schafe der berühmt-berüchtigten Nebeldichter, die sich gegen die Einschränkungen der Kulturrevolution wendeten.

Wie viele der Geschichtsbücher, die wir der nächsten Generation hinterlassen, erhellen tatsächlich die irrwitzigen politischen Kämpfe und den Verlust all der Leben?

Wie viele Kapitel erzählen denn von den verdreckten Behausungen, in denen während der Kulturrevolution Kinder vor Mauern hockten, die schwarz waren von Ruß und Rauch, nur weil sie in eine Familie hineingeboren waren, die einer der »fünf schwarzen Kategorien« zugerechnet wurde?

Wie viele Absätze berichten von jenen Kriegsveteranen, die verwundet wurden, als sie unser Land schützten, und die sich heute verschulden müssen, um einen Arzt bezahlen zu können?

Wie viele Seiten berichteten von dem Paar, das in der klirrenden Winterkälte Frühstück auf den Straßen verkauft und die unablässig schuften müssen, Tag für Tag, ohne auch nur einen Moment Zeit für sich selbst?

Wie viele Zeilen handeln von den Kindern und den Alten, die heute, wo alle vom Land in die Stadt ziehen, um Geld zu verdienen, allein zurückgelassen werden?

Bevor so etwas wie Glaube, Klassenkampf oder auch nur Begehren tatsächlich irgendeinen positiven Einfluss auf China haben können, müssten die Chinesen erst einmal ein Verständnis dafür entwickeln, was Glaube, Klassengesellschaft und Begehren wirklich bedeuten.

Affe ist bis heute Single geblieben, und ich habe nie etwas von einer Freundin oder einem Freund gehört. Als er noch ein Apartment gemietet hatte, kam er oft zu uns nach Hause. Aber seit er sich vor ein paar Jahren eine Zweizimmerwohnung gekauft hat, lässt er sich nur noch selten blicken. Ich vermute, er ist, was man heute einen *otaku* nennt – ein computer- und spielesüchtiger

Nerd. Mein älterer Bruder sagt immer, dass der Computer für Monkey sein Leben, seine Frau und seine Welt bedeutet.
Wie immer man es auch betrachtet, Monkey lebt wirklich in einem dreifachen Nichts.

Während sie das sagte, kam mir der Gedanke, dass das Internet für viele Chinesen genau der Raum ist, in dem sie Wünsche entwickeln und gleich wieder loslassen können. Doch ich behielt meine Gedanken für mich, weil ich Crane nicht unterbrechen wollte, die schon angefangen hatte, von ihrer kleinen Schwester zu erzählen.

Kleine Ducky ist die Nachrichtenzentrale der Familie. Jede Faser ihres Körpers besitzt die Fähigkeit, zu jeder Zeit und an jedem Ort Neuigkeiten zu verbreiten. Großvater nannte sie immer eine kleine Ente mit großem Schnabel. Und Großmutter meinte, dass ihr Mundwerk mehr arbeite als sämtliche anderen Glieder ihres Körpers zusammen!
Kaum konnte sie reden, löcherte sie die ganze Familie mit ihrer endlosen Fragerei: Warum ist dies so und das so? Wir mussten immer ein Lexikon parat haben, weil unsere Eltern nicht duldeten, dass wir ihr falsche Antworten gaben und sie so in Unwissenheit hielten. Und als sie laufen gelernt hatte, war es um unsere und die Privatsphäre unserer Nachbarn geschehen.
Nach ihrem ersten Tag im Kindergarten kannte die Erzieherin jedes Familienmitglied samt dessen Eigenheiten.
»Die Füße vom Opa riechen, drum muss die Oma ihm immer Blumen ins Badewasser tun.« – Tatsächlich war es Safran zur Anregung des Kreislaufs.
»Oma isst keine Nusshäuser, nur Nussbabys.« – Sie ist nur den Kern und nicht die Schale.
»Papa spielt so gern Verstecken, dass er erst heimkommt, wenn es dunkel ist.« – Tatsächlich musste er lange arbeiten.

»Mami versteckt Bücher in ihrer Hose.« – Als Mutter das zu Ohren kam, geriet sie in Panik. Das Einzige, was sie getan hatte, war, ein paar Gedichtbände in ihrem Schrank zu verbergen. Zum Glück nahm keiner allzu ernst, was Ducky mit ihren damals drei Jahren daherplapperte. Trotzdem fühlte Mutter sich genötigt, ihre geliebten Gedichte zu verbrennen, denn damals galt es als schweres Vergehen, irgendetwas zu besitzen, was als feudalistisch, kapitalistisch oder revisionistisch eingestuft wurde.

»Älterer Bruder und Tante können nur einen kleinen Neffen oder eine kleine Nichte haben, keinen kleinen Bruder und keine kleine Schwester.« – Damit meinte sie natürlich die Ein-Kind-Politik.

»Zweiter Bruder macht gern Feuer, wenn er heimkommt. Dann müssen alle schwitzen.« – Das entsprach durchaus den Tatsachen.

»Große Schwester redet gern mit Fischen, aber Gräten mag sie nicht.« – Einmal blieb mir eine Gräte im Hals stecken, und seitdem habe ich immer Angst, es könnte wieder passieren.

»Dritter Bruder ist wie der Affenkönig Sun Wukong, er reißt gern Sachen kaputt.« – Wir haben Monkey immer mit dieser Figur aus dem Roman *Die Reise nach Westen* verglichen.

Unsere Mutter hat mir später erzählt, dass sie und Vater Angst vor dem Tag hatten, an dem Ducky in die Schule kommen sollte. Sie befürchteten sehr, dass sie – was sie ja oft genug tat – drauflos reden und irgendetwas herausplappern könnte, was als reaktionär betrachtet werden und die Familie politisch ins Unheil stürzen konnte.

Und Ducky ging wirklich noch keinen ganzen Monat zur Schule, da wurde unsere Mutter auch schon von der eben erst eingesetzten Direktorin des Revolutionskomitees einbestellt.

Mit todernster Stimme fragte die Direktorin unsere Mutter: »Was in aller Welt soll das bedeuten: ›Rot ist nur schön mit ein bisschen Grün.‹? Warum sollte das revolutionäre Rot das Grün brauchen, um schön zu sein. Willst du etwa behaupten, Rot allein sei nicht schön?«

Mutter schaute sie nur verständnislos an. Sie hatte keine Ahnung, wovon die Direktorin da redete!
»Aber das sind die Worte, die deine Tochter Meng Liguo – *Wie nennt ihr sie? Ducky?* – gebraucht hat. Kinder sagen solche Dinge nicht zum Spaß. Ist das irgendeine Form von reaktionärem Gedankengut, die ihr dem Kind zu Hause einimpft, oder nicht? Redet ihr dem Kind etwa ein, dass das revolutionäre Rot nicht schön ist?«
Unsere arme Mutter! Sie konnte beim besten Willen nicht sagen, wo Ducky so was aufgeschnappt haben konnte.
»Darf ich fragen, wann sie das gesagt hat?« Mutter zitterte vor Angst, als sie diese Frage stellte, und schwitzte gleichzeitig Blut und Wasser.
Die Direktorin holte ein Blatt Papier aus ihrem Schreibtisch und überflog es kurz. »In diesem Bericht kannst du lesen, dass unsere revolutionären Schüler heute das Thema hatten: ›Ich stelle meine Familie vor.‹ Und da hat die Schülerin Meng Liguo geschrieben, dass alle ihre Mutter Han Anbi nur ›Green‹ nennen und dass ›Rot nur schön ist mit ein bisschen Grün.‹«
Auf diese Erklärung hin stieß Mutter einen Seufzer der Erleichterung aus. »Genossin Direktorin, unsere Familie ist sehr groß. Wahrscheinlich hat Meng Liguos Großmutter, die nicht lesen und schreiben kann, meiner Tochter das beigebracht, bevor sie mit der Schule angefangen hat, um sie mit all unseren Verwandten bekannt zu machen. Weil sie nicht schreiben kann, denkt sie sich dazu solche kleinen netten Sätze aus. Lassen Sie mich Ihnen noch ein weiteres Beispiel geben. Von Meng Liguos Vater sagt Großmutter immer, sein Name sei Meng Dafu – *fu* wie *fu* in Reichtum –, weil sie überzeugt ist, die Kommunistische Partei würde uns allen Wohlstand bringen!«
Kaum hatte die Direktorin Vaters Namen vernommen, war sie wie ausgewechselt. Plötzlich überschlug sie sich fast vor Nettigkeit.
»Ach! Sie sind die Gattin von Volkskommissar Meng? Aber warum haben Sie das nicht gleich gesagt?«
Einmal mehr war Mutter sprachlos. »Ich … äh …«

»Aber das ist ja wunderbar! Mein Mann arbeitet in der Abteilung von Kommissar Meng. Da können wir ja ein wenig aufeinander achtgeben.«

Mutter antwortete lächelnd: »Wir haben noch zwei andere Kinder an dieser Schule. Meng Liguos ältere Schwester Meng Aiguo und ihren älteren Bruder Meng Baoguo.«

»Hört, hört! Welch großartige revolutionäre Namen! Sie werden die Kinder sicher auf den goldenen Pfad der Revolution führen!«

Den beiden Frauen war im Innersten nur zu bewusst, dass die Formulierung »ein wenig aufeinander achtgeben« einen ungeschriebenen politischen Pakt besiegelte: »Partei A stellt sicher, dass ihr Mann den Ehemann von Partei B fördert. Im Gegenzug sorgt Partei B dafür, dass die Kinder von Partei A gut durch die Schule kommen.«

Wenn wir jetzt im Spaß sagen, dass »Rot nur mit ein bisschen Grün schön ist«, seufzt unsere Mutter jedes Mal: »Zum Glück hatte ich diese kleine Abmachung mit der Direktorin, sonst hätte Ducky uns alle in Teufels Küche gebracht!« Worauf Ducky gekränkt schimpft: »Nicht schon wieder die alte Leier! Ich habe es tausendmal gesagt: Ihr seid wirklich Kinder der Revolution, ohne jede Liebe und Leidenschaft.«

Vielleicht ist tatsächlich was dran an dem alten Sprichwort: Das Leben geht seine eigenen Wege. Sobald nämlich Ducky zum Studieren an die Uni ging, verliebte sie sich Hals über Kopf in einen jungen Mann von der Fakultät für Betriebswirtschaft. Der war die Sorte Mensch, der ganze Tage verbringen konnte, ohne ein Wort zu sagen. Er war praktisch so stumm wie ein Fisch. Sie gingen vier Jahre miteinander, nach dem Abschluss nahmen sie gemeinsam eine Wohnung in Zhuhai, wo sie Arbeit gefunden hatten. Am Tag ihrer Hochzeit fragten ihre Freunde die beiden, wie sie bis jetzt denn miteinander klar gekommen wären, so unterschiedlich, wie sie seien.

Der Bräutigam, mein neuer Schwager, lief rot an und sah die Braut an, worauf sie zu ihm sagte: »Möchtest nicht du heute ausnahmsweise einmal etwas sagen? Etwas, das wir als Erinnerung an unsere Hochzeit bewahren können?«

Der Bräutigam schwieg erst eine Weile und ließ sich dann für jedes Wort Zeit: »Sie redet, ich liebe, aus dem über Liebe Sprechen ist Liebe geworden.«

Worauf Vater antwortete: »Sehr gut gesagt!«

Wenn die Gesellschaft das Meer ist, so weiß Ducky, ihr Boot in den sicheren Hafen zu bringen. Während die anderen sich abstrampeln, um sich im Konkurrenzkampf über Wasser zu halten und nicht zu ertrinken, weiß sie genau, wo man die Zehen ins Wasser stecken kann, ohne sich in Gefahr zu bringen. Im schlimmsten Fall wird sie höchstens bis zur Hüfte nass. Sie ist eine wahre Meisterin darin geworden, das Plätschern der Wellen zu genießen, ohne sich den Gezeiten auszusetzen.

Wie kann ich dir erklären, was ich meine? Als die beiden nach Zhuhai zogen, arbeiteten sie für eine regierungsnahe Firma. Das hieß, dass sie Entwicklungsprojekte realisieren konnten und gleichzeitig ein geregeltes Einkommen aus staatlichen Fördergeldern bezogen. Ducky hat früher als Wolf mit Aktien gehandelt, aber sie ist dabei nie gierig geworden, sondern begnügte sich mit dem, was sie zum Leben brauchte. Sie hatte ihren Plan konsequent durchgezogen. Später, als es die Menschen scharenweise nach Yunnan zog, sprangen auch sie auf den fahrenden Zug auf, um sich dort eine zweite Heimat zu schaffen. Oder eigentlich ihre dritte, rechnet man das Haus unserer Eltern in Beijing dazu.

Während die meisten Geschäftsleute für ihre Unternehmungen das geschäftige Treiben einer Hauptstraße bevorzugen, eröffneten Ducky und ihr Mann ihren Laden in einem wenig frequentierten, alten Viertel am Flussufer. Das Haus, in dem sich ihr Laden befand, war wirklich nur aus Bambus gebaut und gehörte einem alten Mann aus der Stadt. Die beiden aber hatten die Idee, ein paar Tische und Stühle auf die Terrasse zu stellen und Tee, Kaffee und ein paar einfache Gerichte anzubieten. Was zur Folge hatte, dass der Laden immer mehr Touristen anzog, welche die Stille und Schönheit dort genossen. Bald wurde das Lokal zu einem Treffpunkt für reisende Europäer und Amerikaner. Ducky und ihr Mann verwendeten das Geld, das sie verdienten, um dem alten Mann und seiner Frau zu helfen, das Bambushaus zu renovieren und mit einer Innentoilette, einer Küche und Warmwasserversorgung auszustatten.

Yunnan entwickelte sich schnell zu einem beliebten Reiseziel, und meine Schwester und ihr Mann halfen dem alten Besitzer, einen Pächter für den Laden zu suchen. Sie fanden schließlich einen holländischen Fotografen, der Chinesisch sprach. Ducky hat mir erzählt, dass der Holländer neun Jahre in Yunnan geblieben ist. Er hatte die ganze Welt bereist, doch eine so wundervolle Landschaft und ein so reiches kulturelles Erbe seien ihm nirgendwo sonst begegnet.

Die vergangenen zwei Jahre haben Ducky und ihr Mann viel Geld mit Antiquitäten verdient. Die taten irgendwo zwei von diesen alten Gestellen für Vorratskrüge auf und brachten sie mit nach Hause. Als mein Vater sie sah, schimpfte er nur: »In unserem Dorf hatten früher alle solche Krüge, um darin eingelegtes Gemüse aufzubewahren, das Brot trocken zu lagern und Wein zu machen. Diese Krüge wurden für alles Mögliche verwendet. Die Leute heute sind doch wirklich unmöglich. Schnappen sich einfach irgendwelche alten Sachen, von denen sie nicht mal wissen, wozu sie gut sind, nur um sie zu Geld zu machen!«

Letztes Jahr haben die beiden einen Onlineshop eingerichtet und unsere Eltern überredet, ihnen doch ein Zimmer in ihrem Haus als Lagerraum zu überlassen. Bald entwickelte sich das Geschäft so gut, dass unsere Eltern mit ihren achtzig Jahren rumrennen und Pakete zur Post bringen mussten. Das Postamt liegt zwar gleich um die Ecke, trotzdem war mein älterer Bruder sauer auf Ducky, weil sie so wenig Respekt für unsere Eltern zeige. Doch Ducky gab ihm ordentlich heraus: »Die Eltern zu achten heißt nicht, sie wie Bodhisattvas zu verehren, sondern ihnen zu helfen, die Dinge, für die ihre Kinder sich interessieren, zu verstehen und zu würdigen. Und wenn sie sich dabei auch noch ein wenig die Beine vertreten können, umso besser. Die Beine werden schließlich als Erstes alt, oder etwa nicht?«

Allem Anschein nach hatte Ducky mit ihrer Behauptung sogar recht – mit der Gesundheit unserer Eltern ging es von da an tatsächlich aufwärts.

Kinder? Duckys Tochter Yoyo wuchs bei meinem Vater und meiner Mutter auf, weil ihre Eltern ständig auf Achse waren. Sie kümmerten sich überhaupt nicht um ihre Tochter, tauchten auf und waren wieder fort wie die Flut. Als Yoyo vom Studium in Australien zurückkam, kauften sie ihr eine Zweizimmerwohnung, um ihr ein bisschen »Freiheit« zu geben. Yoyo sieht ihren Vater und ihre Mutter tatsächlich nur, wenn sie zum Frühlingsfest nach Hause zu meinen Eltern kommen. Während wir uns hier unterhalten, sind die beiden irgendwo im tibetischen Hochland unterwegs, um sich selbst in der Natur zu finden oder so was in der Richtung.

Wie Ducky die Dinge sieht? Ehrlich gesagt, sieht sie viel zu viele Dinge, und die ändern sich auch noch ständig. Sie behauptet, das läge daran, dass sie gerne Risiken eingeht, und im Großen und Ganzen hat sie mit all ihren kleinen Projekten auch Erfolg gehabt. Trotzdem hat sie keines je wirklich zu Ende geführt.

Wir wurden in einer Zeit geboren, in der zahlreiche Hände große Stärke bedeuteten. Wir hatten viele Brüder und Schwestern, und jede Familie war wie ein Prismenspiegel – jede kleine Änderung im Tagesgeschehen spiegelte sich in diesem kleinen Raum in allen erdenklichen Facetten wider. Heute stehen die Türen unseres Landes weit offen, und wir sind nun Teil des Kaleidoskops dieser Welt. Jetzt erreichen uns alle kulturellen Strömungen aus den fünf Kontinenten, und sich zu verlieben ist nicht mehr auf ein bestimmtes Alter, ja nicht mal aufs Geschlecht begrenzt. Viele Menschen aus unserer Generation, die jetzt in den Fünfzigern oder Sechzigern ist, fühlen sich wie ein Tiger, der aus seinem Käfig ausbricht. Diejenigen, die reich geworden sind, kaufen sich auf einmal Weingüter in Europa, um ihre romantischen Anwandlungen zu befriedigen. Und der Rest tanzt auf öffentlichen Plätzen zu plärrender Musik und schwelgt in Erinnerungen an die Jugendliebe.

Crane schloss ihre Erzählung mit den Worten: »Ich habe immer geglaubt, dass die Liebe der Ursprung allen Lebens ist und dass weder Religion, Politik, Brauchtum oder Besitz sie einschränken können. Andererseits, wenn ich mir so anschaue, was unsere Generation in diesem Land erlebt, dann frage ich mich, ob ich mich da nicht getäuscht habe.«

Ich sah Crane an und dachte insgeheim: »Nun, es gibt kein Land auf dieser Erde, wo es der Liebe gelungen wäre, über all das – Religion, Politik, Brauchtum oder Kapitalismus – zu siegen. Es liegt eine tiefe Kluft zwischen Wahrheit und Wirklichkeit, und diese wird es immer geben. Darum werden die Menschen immer die Liebe suchen und für sie kämpfen.«

Später gelang es mir durch wiederholte Nachforschungen herauszufinden, was Kangmei, der Tochter von Orange, damals als Mädchen geschehen war. Tatsächlich war ihre Kindheit um einiges schlimmer gewesen als meine. Nachdem ihr Vater von den Roten Garden zu Tode geprügelt worden war, schien Orange mit dem Tod ihres Mannes ihre geistige Gesundheit verloren zu haben – und auch jede Liebe war erstorben. Um ihrer Kinder willen nahm sie sich nicht das Leben, doch ihr ganzes Denken kreiste nur noch um den Tod.

Kangmei, die gerade mal zwölf war, übernahm die Verantwortung für ihre Mutter, die kaum noch aus dem Haus ging und erste Zeichen von Demenz zeigte. Sie hätte nie gewagt, ihrer Mutter von den körperlichen und seelischen Misshandlungen zu erzählen, die sie in der Schule über sich ergehen lassen musste. Manchmal wurden ihr auch die Essensgutscheine gestohlen, und obwohl sie selbst fast vor Hunger starb, brachte sie den Reis, den sie auf der Straße erbettelt hatte, zu ihrer Mutter nach Hause.

Eines Tages, sie war fünfzehn, zerrte ein Rotgardist in mittleren

Jahren sie einfach von der Straße weg in ein verlassenes Fabrikgebäude, wo er sie vergewaltigte. Kangmei wollte so nicht mehr weiterleben und stieg auf das Dach ihres Hauses, um hinunterzuspringen. Doch als sie dort oben stand, sah ein Arbeiter sie und redete ihr gut zu, doch bitte herunterzukommen. So sprang sie nicht, und der Mann brachte sie nach Hause. Als er sah, unter welch trostlosen Bedingungen Kangmei und ihre Mutter hausten, begann dieser Arbeiter sie still und leise zu unterstützen und ihnen in den Härten der Kulturrevolution unter die Arme zu greifen.

Erst 1979 wurde Kangmeis Vater zusammen mit der ersten Gruppe von Diplomaten offiziell rehabilitiert. Noch in derselben Woche konnte sie ein neues Haus beziehen, das ihr, sie war nun dreiundzwanzig, als Entschädigung für das Leid ihres Vaters zugesprochen wurde. Sie heiratete den Arbeiter, der sie Jahre zuvor gerettet hatte, einen Herrn Wu. Ein Jahr später bekamen die beiden eine Tochter.

Das Mädchen bekam den Namen *Wuhen*, »ohne Narben«, in der Hoffnung, dass sie nie ähnliches Leid würde erdulden müssen wie ihre Mutter und Großmutter. Die Wunden in Oranges Herz aber sind bis heute nicht verheilt.

Als ich all das niedergeschrieben hatte, fiel mir wieder ein, was mein Großvater einmal gesagt hatte: »Man wäscht die Flecken aus den Kleidern, aber damit geht auch die Farbe verloren.« Die Kulturrevolution hat China vielleicht von den Flecken befreit, welche die Kommunistische Partei ausgemacht hatte – Feudalismus, Kapitalismus und Revisionismus –, doch zugleich ließ sie unweigerlich die Farben der Liebe verblassen.

4. Teil

Die Geschichte der drei Enkelinnen

Die 3-D-Generation

Nachdem ich von Red, Green und Crane die Geschichte dreier Frauengenerationen ihrer Familie gehört hatte, war mir klar, dass ich an der Stelle nicht aufhören konnte. Interesse und Neugier hielten in mir den Wunsch wach, auch noch mit der folgenden Generation zu sprechen – einer Generation, die China ins 3-D-Zeitalter trug, indem sie sich von den Fesseln der Tradition befreite und den großen Sprung in die Verwestlichung wagte; einer Generation, welche die Grenzen dessen, was ein Individuum in dieser Gesellschaft vermag, immer weiter dehnte. Ihre Welt unterschied sich von der ihrer Eltern und Großeltern so sehr, dass Gemeinsamkeiten kaum noch zu erkennen waren …

Doch als ich Red und Green von meinen Plänen erzählte, meinten beide einhellig, das sei nicht möglich. Ich sprach die beiden mehrfach darauf an, zu verschiedenen Zeiten, an verschiedenen Orten, doch die Antwort fiel immer gleich aus.

»Xinran, du wirst sie einfach nicht unter einen Hut bekommen! Es ginge ja vielleicht noch, wenn du nur mit einer redest. Aber mit allen fünf – dann bist du die nächsten drei bis vier Jahre damit beschäftigt, hinter ihnen herzujagen. Und noch mal zehn Jahre, wenn du ihre Geschichte in einer Ausführlichkeit hören willst wie die unseren. Und bis du mit Schreiben fertig bist, haben sie vielleicht selbst schon Enkelkinder!«

Ihr Leben wurde vom Computer beschleunigt – selbst ihre Dating-Partner scheinen sich mit Schallgeschwindigkeit zu ändern. Ihre Kommunikation, ihre Arbeit kennt keine geografischen oder sprachlichen Grenzen mehr. Diese Kinder können jederzeit ins Internet, 24 Stunden täglich, sieben Tage die Woche, 365 Tage im Jahr. Der endlose Strom an Informationen prägt ihr Denken und ihre Entscheidungen. Dass wir uns einfach ein paar Tage lang zusammensetzen und über die Familie reden, ist für sie unvorstellbar.

Crane hatte dann die rettende Idee: »Xinran, versuch doch, dich mit meiner Tochter anzufreunden, so wie es die Leute ihrer Generation tun. Wir Älteren sollten ohnehin versuchen, mit der Zeit Schritt zu halten, in der unsere Kinder leben, denn nur so kann sich die Gesellschaft weiterentwickeln und die Geschichte fortschreiten. Um einigermaßen mit meiner Tochter in Kontakt zu bleiben, habe ich gelernt, ein Handy zu benutzen, einen Computer, ja sogar Bildtelefon. Oder wie meine Tochter es beschrieb: Wenn meine Generation lernt, mit der ihren Schritt zu halten, dann werden die Kommunikation und die emotionale Bindung zwischen uns stärker und tiefer sein, als das zwischen den vorangegangenen zwei Generationen je der Fall war. Wenn nicht, werden wir in der Steinzeit landen und hilflos auf das digitale Zeitalter starren, in dem sie leben.«

»Und sie hat recht – seit ich angefangen habe, WeChat zu nutzen, kann ich sie jederzeit kontaktieren. Ich kann sogar Videotelefonate mit ihr führen. Wir können chatten, wann immer uns danach ist. Und es kostet nichts. Wenn du lernst, WeChat zu nutzen, wird meine Tochter Lili einem Interview sicher zustimmen.«

Ich bin ein Mensch, der die Dinge gern auf alte, traditionelle Weise tut – was ich meist mit dem Argument rechtfertige, ich wolle mich nicht zur Sklavin moderner Technik machen. Ich begreife ja, dass die modernen Kommunikationsmittel den Leuten Vorteile bringen, in meinem Fall aber hatte ich Angst, WeChat würde unwiderruflich Tore aufstoßen, sodass ich in einem Meer von Informationen ertrinken würde. Wenn ich unterwegs war, mich ausruhte, arbeitete oder aus anderen Gründen keine Zeit hatte, auf die Nachrichten meiner Freunde und Angehörigen zu reagieren, dann, so fürchtete ich, würden sie sich vielleicht grundlos Sorgen machen, wenn sie nicht von mir hörten. Warten kann wunderbar sein, aber meistens ist es das eben nicht.

Es kann bitter sein, beängstigend und nicht wenige Ressentiments hervorrufen.
Aber ich war fest entschlossen, mehr herauszufinden über die Veränderungen, die China in den letzten hundert Jahren durchlaufen hatte. Und dafür ist die Geschichte einer Familie nun mal das beste Beispiel. Ich wusste: Wenn ich die Geschichten der jüngeren Generation nicht zu hören bekam, würde ich niemals imstande sein, die Gegenwart oder Zukunft dieser speziellen Familie nachzuzeichnen. Aus diesem Grund richtete ich, entgegen meiner Überzeugung, WeChat auf meinem Smartphone ein. Mit den jungen Leuten auf eine Weise zu kommunizieren, die ihnen vertraut war, erwies sich als der erste Schritt, ihre Geschichten zu verstehen.

Lili, Tochter von Kranich, Enkelin von Green. Geboren 1988, zur Zeit des Interviews 27 Jahre alt

Nach dem Bild zu urteilen, das sich auf meinem Smartphone öffnete, war Lili sehr zierlich. Das und ihr zartes Stimmchen ließen sie erscheinen wie eine Sechzehnjährige, nicht wie eine Frau Ende zwanzig.
Wie viele chinesische Mädchen ihres Alters hatte Lili die Kunst perfektioniert, den besten »Selfie-Winkel« für sich zu finden, sodass ihre Augen größer aussahen, ihre Nase höher zu sitzen schien, ihr Kinn spitz wirkte und ihr Mund winzig – alles Merkmale »weiblicher Schönheit« bei der heutigen Jugend Chinas.
Doch die Art, wie sie sprach und dachte, machte schnell deutlich, dass hinter dieser Fassade ein Geist steckte, der sich seiner Wurzeln immer klarer bewusst wurde, und ein Herz, das begann, sich der Süße der Liebe zuzuneigen.

Lili und die Moderne

Sie haben also alles über meine Familie gehört, nehme ich mal an. Zumindest über die älteren Generationen. Kommt es Ihnen nicht auch so vor, als hätten meine Urgroßeltern in einer Märchenwelt gelebt? Zumindest erzählt man sich das so in der Familie. Die Eltern meiner Mutter waren eher wie Statuen, in Bronze gegossen von der chinesischen Revolution – ich meine, sie zeigten ja kaum mal irgendwelche menschlichen Gefühle. Es heißt ja, meine Mutter und ihre Geschwister hätten in einer Art politischem Zoo gelebt, mit seinem schrecklichen Tiger, dem unberechenbaren Wolf, der kontemplativen Crane, dem frechen Monkey und der wagemutigen Ducky! Ich denke, unsere Generation ist so eine Art Mini-UN. Wir haben alle ganz unterschiedliche Ansichten von der Welt.

Von Großmutter Greens Kindern hatte Onkel Tiger zwei Kinder, einen Jungen und ein Mädchen. Wissen Sie, dass Großmutter immer dachte, die Ein-Kind-Politik sei speziell für sie gelockert worden? Der zweite Onkel, Wolf, und der dritte Onkel, Monkey, haben gar keine Kinder. Ich bin das einzige Kind von Crane und meine Tante Ducky hat auch eine Tochter. Wenn Sie die Kinder von Großmutters Brüdern und Schwestern mitzählen, dann sind es einfach zu viele. Wir haben Cousins in den Vereinigten Staaten und in Hongkong, aber die sind alle verheiratet und führen ein ruhiges Dasein. Das ist, als würde man auf verschiedenen Planeten leben. Wir reden kaum je miteinander. Von allen, die in der Volksrepublik leben, haben wir eigentlich nur Kontakt zu Wuhen, Tante Kangmeis Tochter.

Die beiden Kinder unseres ersten Onkels gehören vielleicht rechnerisch zur selben Generation, aber sie sind beide doch älter als wir. Wir witzeln immer, dass sie wie Straßenbahnen sind, weil das Land und die Partei sie von oben lenken und ihr Weg unten von unseren Vorfahren festgelegt ist. Sie werden nie aus dem Gleis springen und etwas Eigenständiges machen.

Der erste Onkel ist so ein Typ, der den politischen Hintergrund der Freunde seiner Kinder kontrolliert. Seit wir klein waren, mussten seine Kinder beim Frühlingsfest, bei dem sich die ganze Familie trifft, vor unseren Großeltern Aufstellung nehmen und ihnen berichten, wie gut sie sich in der Schule bzw. auf der Arbeit machten. Für Yoyo, Wuhen und mich ist das immer ziemlich peinlich, andererseits aber muss man sagen, dass sie für ihre Leistungen auch einen Großteil ihrer Träume opfern mussten. So erfolgreich sie beruflich auch sein mochten, Sie müssen mal drauf hören, was sie über ihre Familien sagen. Ich hatte immer das Gefühl, dass ihr Leben von Trauer geprägt ist.

Daher finde ich, dass eigentlich nur Yoyo, Wuhen und ich zur selben Generation gehören. Warum nur wir drei? Meine Großmutter hat erzählt, Sie schreiben Bücher über chinesische Frauen und chinesische Familien. Da müssen Sie doch schon mal etwas darüber geschrieben haben, wie tief die Kluft zwischen den Generationen in China ist? Anders kann man das kaum ausdrücken – es ist echt unglaublich! Da muss man sich nur mal das Liebesleben der Chinesen ansehen. Aber zuerst muss ich mich entschuldigen, sozusagen im Voraus, denn ich kann nur für die Frauen in dieser Familie sprechen. Die Männer waren alle recht stille Typen, fast schon passiv, wenn es um Familienangelegenheiten ging. Nur die Frauen haben ihren Kindern je etwas über die Vergangenheit der Familie erzählt. Allerdings fielen diese Geschichten manchmal ganz unterschiedlich aus, je nachdem, wer sie erzählte. Und dann waren sie wieder total gleich. Alle redeten gerne über die Frauen der Familie, das ist mal sicher. Ich vermute, sie wussten einfach nicht, was sie über die Männer sagen sollten.

Meine Großmutter erzählte mir, dass zur Zeit meiner Urgroßmütter Ehen von den Eltern arrangiert wurden. Damals war es eine Seltenheit, dass Jungverheiratete einander wirklich liebten. Meistens war es nur der Gehorsam gegenüber den Eltern, der die Eheleute zusammenbleiben ließ. Dass Frauen es dann wagten, ihrem Herzen zu folgen oder körperlicher Anziehung nachzugeben, kam nur sehr selten vor. Die Glücklicheren unter ihnen wurden nur nach dem Familienrecht bestraft, die weniger Glücklichen mussten den »hölzernen Esel reiten«, eine perfide Strafe, denn das war ein hölzerner Pfeil, der in die Vagina drang, sodass die Frauen oft verbluteten. Als ich das hörte, dachte ich, meine Großmutter erzähle mir Schauermärchen. Erst als jemand mir einen Link zu einem Artikel über das »Strafrecht der Unmoral« schickte, konnte ich mich überzeugen, dass sie die Wahrheit sagte.

Die Generation meiner Großmutter war dann mit allen möglichen Aspekten der Revolution beschäftigt. Diese neuen Ideen trieben einen Keil zwischen ihre Brüder und Schwestern: Die Brüder verfolgten zunächst einmal von Übersee aus, wie sich alles entwickelte. Meine Großmutter und ihre Schwestern hingegen nahmen sich der revolutionären Sache an.

Meine Mutter war eines von fünf Kindern. Die ersten drei Kinder waren zur Zeit der Kulturrevolution – der gefühllosesten Zeit in der Geschichte unseres Landes – noch Teenager. Damals kam man selbst für einen Kuss schon ins Gefängnis. Die letzten zwei Kinder kamen während der Zeit der Reform-und-Öffnungspolitik zur Welt. Onkel Monkey erzählte, dass sei eine sehr bewegte Zeit gewesen, eine verrückte, aufregende, verlockende Zeit. Meine Tante Ducky meinte, es sei ein internationales Fest gewesen.

Für uns ist es eher so, dass wir es komisch finden, wenn jemand Geschwister hat, aber ganz normal, mit sechzehn oder siebzehn schon mit gut einem Dutzend Jungs geschlafen zu haben. Sagt das nicht alles über die Kluft zwischen den Generationen? Es gibt immer noch chinesische Eltern, die denken, die Familie sei das Maß aller Dinge – und es sei wichtig, dass Kinder sich die Kindespietät auf die Fahne schrieben. Kein Wunder, dass sie den Sprung über die Generationenkluft in die Jetztzeit nicht schaffen. Haben nicht die Führer unseres Landes ihre ganze Energie darauf verschwendet, ständig über diesen Abgrund hin und wieder zurück zu hüpfen, weil sie allen gefallen wollen?

Wenn man so darüber nachdenkt, ist es vermutlich nicht mal richtig, Yoyo, Wuhen und mich zur selben Generation zu rech-

nen. Uns trennen zwar nur wenige Jahre, doch unsere Ansichten über Ehe, Gesellschaft und Zukunft sind grundverschieden.
Einen Punkt gibt es, über den meine Mutter und ich ständig in Streit geraten: Sie glaubt, dass sich zu verlieben das Fundament des Lebens ist, wichtiger als Glaube, Politik, Kultur, Tradition oder Besitz. Wie soll das gehen?
Sagen wir Chinesen nicht immer, man müsse zuerst »Tacheles reden«, bevor man »Liebe spricht«? Es geht ständig darum, ob ein Zusammensein überhaupt machbar ist, bevor Liebe oder Zuneigung entstehen können. Dabei ist das doch das Entscheidende, wenn man einen Partner sucht, oder? In den 1950er-Jahren musste der politische Hintergrund passen, in den 1960ern der soziale Status. In den 1970ern war der Maßstab aller Dinge die Zugehörigkeit zur Arbeiter-, Bauern- oder Soldatenklasse. In den 1980ern hatte man ohne gute Erziehung keine Aussichten, damals galten Studenten als die besten Partner. In den 1990ern hingegen war die Wahrheit hinter so vielen Gerüchten versteckt, dass man sich einfach auf sein Bauchgefühl verlassen musste!
Und jetzt? Im Internet-Zeitalter gibt es keine universell gültige Wahrheit mehr. Jeder kann sich online seine eigene Identität schaffen. Die Leute richten ihre Partnersuche nach recht sterilen Daten aus wie Körpergröße, Gehalt et cetera. Kann man vor diesem Hintergrund tatsächlich noch glauben, dass Liebe wichtiger ist als Religion, Politik, Kultur, Brauchtum oder Besitz? Natürlich nicht! Meine Mama ist ein bisschen … wie sagt man da noch gleich? Eine Träumerin. Ja, genau, ein bisschen verträumt. Aber, Xinran, erzählen Sie ihr bitte nicht, dass ich das gesagt habe!«
»Natürlich nicht, aber ich kann ja nicht garantieren, dass sie dieses Buch nicht lesen wird!«
Das stimmt, aber wie viele Menschen, die Bücher lesen, behalten am Ende einzelne Sätze im Kopf? Ich bin beeindruckt, wenn sich mal jemand ungefähr an die Handlung erinnert. Bücher sind wie Wassertropfen, die in das große Meer der Bibliothek fließen.
Ich fragte Lili, ob die Faktoren, die ihre Mutter genannt hatte,

Liebe, Kultur und so weiter, je Einfluss auf ihr Liebesleben gehabt hätten. Ihre Antwort schrie sie beinahe heraus.
»In Ordnung, Xinran, dann mache ich eben das Interview. Ich weiß sowieso schon, was ich sagen will.«
Während Crane mich erst einmal gefragt hatte, was ich denn hören wollte, erklärte ihre Tochter mir, sie wisse ohnehin schon, was sie sagen wolle. Als Lili begann, mir ihre Geschichte zu erzählen, dachte ich: »Ist dies nicht der beste Beleg für die Kluft zwischen den Generationen?«

Lilis Geschichte: die Millenium-Generation in China

Die Beziehung zu meiner Mutter war nicht eng, bis ich den Universitätsabschluss hatte. Vorher schienen meine Eltern sich nicht groß darum zu kümmern, was aus mir wurde, solange ich nicht das Examen vermasselte oder sterbenskrank wurde. Und das ging den meisten meiner Klassenkameraden so. Wir haben uns irgendwie durch die Pubertät gemogelt und erkundet, welche Veränderungen unser Körper und unsere Gefühle durchliefen, während sie gleichzeitig passierten. Glücklicherweise hatten wir das Internet, wo wir anonym verständnisvollen Rat fanden. Manchmal tun mir die älteren Leute buchstäblich leid. Ich habe keine Ahnung, wie sie das mit dem Leben damals hinbekommen haben.
Meine Erfahrungen in der Liebe waren sozusagen der Hintergrund, vor dem sich mein Leben als Heranwachsende abspielte, aber ich würde nicht sagen, dass es sich dabei um »blühende Landschaften« handelte. Ich habe keine besonders anrührende Geschichte zu erzählen. Ich weiß nur, dass diese »Landschaften« durch und durch geprägt waren von Glauben, Politik, Kultur, Brauchtum und Besitz.
Meine erste Liebe blieb unerwidert. Unerwiderte Liebe? Haben Sie noch nie davon gehört? Mit Narzissmus hat das nichts zu tun. Es ist vielmehr, als wären Sie ein Fan und entwickelten obsessive

Züge. Aber es ist noch schlimmer … wie kann ich Ihnen das nur erklären? Vermutlich wissen Sie schon, was ich meine! Wie auch immer: Ich habe mich in einen berühmten chinesischen Sänger verliebt. Sie haben sicher schon von ihm gehört.
Jeder einzelne seiner Songs ließ mich in Tränen ausbrechen. Ich weiß wirklich nicht, wie das zugeht, dass die Stimme eines Menschen so großes Herzeleid auslösen kann. Ich war damals ungefähr vierzehn, wurde zu Hause wie eine Prinzessin behandelt und hatte in der Schule nur Supernoten.
Sie haben meine Mutter ja kennengelernt, und nun haben Sie mich gesehen. Da ist Ihnen vermutlich klar, dass mein Vater auch sehr gut aussieht. Wie sich ein hässliches Entlein fühlt, konnte ich mir beim besten Willen nicht vorstellen. Ich war auch nie depressiv oder so was. Aber aus irgendeinem Grund riefen seine Songs in mir eine tiefe Traurigkeit hervor, von der ich vorher keine Ahnung gehabt hatte. Eines Tages, als ich seine Musik hörte, wurde ich plötzlich ganz schwach und verlor beinahe das Bewusstsein. Können Sie sich das vorstellen?
Auch meinen ersten Orgasmus hatte ich, als ich seine Musik hörte. In diesen kurzen Sekunden fühlte ich mich wie eine Göttin aus einer anderen Welt. Hinterher war ich erst mal entsetzt. Ich wusste nicht, was mit mir passiert war! Anfangs glaubte ich sogar, jemand habe mir Drogen ins Schulessen gemischt, denn ich hatte im Film gesehen, dass Leute sich so benahmen, wenn sie Drogen genommen hatten. Bitte lachen Sie nicht! Aber keine Sorge, der Sänger, um den es geht, ist Leslie Cheung, und er ist sogar noch älter als mein Vater. Nun, mittlerweile ist er tot. Er hat Selbstmord begangen. Aber seine Stimme klingt immer noch jung!
Später verknallte ich mich in einen der Mathelehrer an der Schule. Er sah Leslie Cheung sehr ähnlich und zog sich sehr viel besser an als seine Kollegen. Ich hatte ihn allerdings nie als Lehrer, sodass ich kaum Zeit mit ihm verbrachte. Natürlich dauerte diese Schwärmerei nicht allzu lange. Ich sah ihn mal mit einer Lehrerin streiten, und er schubste sie herum wie ein Barbar. Er hatte

keinen Stil, nicht so jedenfalls, wie man es von einem gebildeten Mann erwartet.

Dann habe ich mich eine ganze Weile überhaupt nicht mehr für Männer interessiert. Viele meiner Mitschüler in der Oberstufe fingen damals an zu daten, aber ich war mehr oder weniger mir selbst überlassen. Die Jungs dort interessierten mich einfach nicht.

Dabei war ich immer schon der Meinung, dass alles vorherbestimmt ist. Ich weiß, dass »der Eine« irgendwo da draußen auf mich wartet. Ich hoffte, ich würde ihn finden, als ich zum Studieren in die Vereinigten Staaten ging.

Ich war neunzehn, als ich dort ankam. Das fremdartige Essen, die ungewohnte Sprache und der Lebensstil, mit dem ich so gar nicht vertraut war, führten dazu, dass ich mir wie im Elfenbeinturm eingesperrt vorkam und ihn kaum verließ. Das Einzige, was mir Trost spendete, war Leslie Cheungs Musik. Ich bin sicher, dass Sie mich verstehen: Wenn man allein in einem fremden Land ist, geht diese Art Musik einem direkt ins Herz.

Eines Tages saß ich allein auf dem Rasen des Campus und hörte den Song: »I Am What I Am«. Die Tränen rannen mir übers Gesicht, als ich daran dachte, was für eine schreckliche westliche Mahlzeit ich bald wieder zu essen bekommen würde.

»Geht es dir gut? Brauchst du Hilfe?« Eine chinesische Stimme war das. Ich sah auf und sah einen jungen Mann, der auf mich zusteuerte.

»Mir … mir geht es prima. Ich war nur so versunken in den Song, den ich gehört habe. Ich habe mich wohl zu sehr hineingesteigert«, versuchte ich eine Erklärung.

»Das freut mich. Hast du auch gerade angefangen, hier zu studieren? Ich glaube, wir haben uns noch nicht kennengelernt, aber ich habe dich schon in der Cafeteria gesehen. Du siehst immer so zögerlich aus, als gehörtest du nicht zum Rest. Einige von uns chinesischen Studenten meinten schon, dass du vielleicht Hilfe brauchen könntest.« Während er sprach, sah er zu einer Gruppe

Studenten hinüber, die nicht allzu weit weg im Gras saßen und plauderten. Ein paar winkten mir zu.

Sein Name war Gao Ming. Er studierte Finanzmanagement im zweiten Jahr und war Vorsitzender der chinesischen Studentenvereinigung.

Gao Mings Auftauchen holte mich von meiner einsamen Insel und gab mir festen Boden unter die Füße. Seine Zuneigung wirkte, als wäre sie direkt von einem der Songs von Leslie Cheung inspiriert! Ich öffnete mich ganz seiner Fürsorge, und mit der Zeit spürte ich, dass auch er die Zuneigung zwischen uns zu genießen begann. Aber Xinran, diese »Zuneigung« hatte zwei Seiten: die eine war die Dankbarkeit für seine Unterstützung, die andere sein Drang, mich zu beschützen. Wir waren damals noch keine Liebenden. Ganz ehrlich, ich dachte, ich sei nicht gut genug für ihn.

Gao Ming ermutigte mich, mich mehr in der Studentenvereinigung zu engagieren. Mein Talent und meine Energie fanden wohl viele Studenten anziehend. Bald wurde mein Studentenwohnheim zum Treffpunkt, wo wir online Filme guckten. Natürlich waren die meisten Besucher männlich.

Gao Ming und ich hatten ständig neue Ideen für die Vereinigung. Wir erfanden sogar ein Motto für uns: »Pflege Frieden im Leben und sei stolz auf Dein Studium: Lebe friedvoll und arbeite freudig!« Da er Vorstand der Studentenvereinigung war, nahmen wir es als selbstverständlich hin, dass Gao Ming auch Sprecher unseres Wohnheims werden sollte. Für mich war das natürlich super, denn ich war gern mit ihm in meinem Zimmer zusammen. Auch er schien sich in dieser trauten Umgebung wohlzufühlen.

Im Jahr darauf um die Osterzeit beschlossen ein paar Freunde und ich, die Ferien zu nutzen, um den Grand Canyon zu besichtigen. Beim Abendessen in der Cafeteria schmiedeten wir zusammen Pläne, als Gao Ming herüberkam.

»Wovon redet ihr da eigentlich? Ihr seht alle total *high* aus!« Seine Frage richtete sich eindeutig an mich.

»Wir fahren zum Grand Canyon. Gerade habe ich einen Geländewagen gebucht!«, fiel einer unserer Freunde ein.

»Lili, fährst du auch mit?« Gao Ming schien überrascht.
»Ja, klar, alle vier fahren wir«, sagte ich, den Mund voller Essen.
»Warum hast du mir nichts davon gesagt?« Gao Mings Stimme hatte einen aggressiven Tonfall angenommen.
»Du … Wolltest du nicht über die Ferien nach China?« Ich wusste nicht, was mit ihm los war.
»Du hast also nur darauf gewartet, bis ich weg bin, um mit anderen Leuten Pläne zu schmieden?!« Seine Augen funkelten vor Wut.
»Ich … Warum soll ich nicht fahren? Ich weiß nicht, was daran falsch sein soll?« Unsere Freunde murmelten eine Entschuldigung und verkrümelten sich. Wir waren nun alleine am Tisch.
»Wie kannst du mich nur so behandeln? Du scherst dich offensichtlich keinen Deut um *uns*!« Das schrie Gao Ming förmlich heraus, alle Leute um uns herum starrten uns an.
Auch ich war nicht gerade gut auf ihn zu sprechen. »Warum bist du nur so wütend? Was ist denn los mit dir? Du fliegst zurück nach China und besuchst deine Familie, und ich fahre mit Freunden weg. *Das Wasser des Flusses vermengt sich nicht mit dem Wasser des Brunnens* – das hat mit dir doch gar nichts zu tun.«
»Ich finde … wie kannst du nur mit den anderen Pläne machen, ohne mir auch nur Bescheid zu sagen?« Wütend stach Gao Ming mit der Gabel auf den Tisch ein.
»Ja, aber warum denn? Das ist doch keine Veranstaltung der Vereinigung!« Ich fand, dass er keinen Grund hatte für seinen Ärger.
»Ich weiß, dass es damit nichts zu tun hat. Aber mit *uns* doch eine ganze Menge!«
Als ich das hörte, stand ich unvermittelt auf. Mit einem Mal war mir klar, dass Gao Ming mehr in mir sah als nur eine Freundin.
Gao Ming merkte, dass mir die Worte fehlten. Er nahm mich bei der Hand, zog mich auf den nächsten Stuhl und sagte etwas, das ich irgendwie überhörte – in meinem Gehirn überschlugen sich die Gedanken. Gao Ming war in mich verliebt? Dieser »Mr. Perfect« wollte tatsächlich etwas von mir? Er schien sich wirklich für

mich zu interessieren. Vielleicht war ja das, was ich für ihn empfand, auch Liebe? Ich war ihm stets dankbar gewesen für alles, was er für mich getan hatte, aber war das wirklich Liebe?
Die Verwirrung darüber quälte mich die ganze Nacht. Gao Ming erzählte mir später, wir seien gemeinsam zurück zum Wohnheim gegangen, aber er sei nicht mit hereingekommen. Als er sah, wie ich mich verhielt, hatte er den Eindruck, dass sein Verhalten mich verwirrt, ja erschreckt hatte. Da hatte auch er es mit der Angst zu tun bekommen.
Xinran, finden Sie nicht, dass der Ausdruck *jingxi* – »angenehm überrascht« – sich auch als *xijing* lesen lässt: »überraschend angenehm«? Nun, was auch immer es war, wir beide wurden Liebende. Er flog über Ostern nicht nach China zurück, und ich schaffte es nie zum Grand Canyon.
Stattdessen reisten wir gemeinsam nach New York. Wer bezahlte? Wir beide, wir teilten uns alles redlich. In der ganzen Zeit, die wir miteinander gingen, stritten wir nicht einmal über Geld. Wir kamen beide aus Ein-Kind-Familien, daher landete alles Geld, das unsere Eltern und Großeltern entbehren konnten, in unseren Händen. Das soll aber nun nicht heißen, dass wir Kinder sind, die nur von ihren Eltern abhängen.
Warum wir Schluss machten? Nun, etwa sechs Monate, nachdem das mit uns offiziell war, entwickelte Gao Ming einen schlimmen Anfall von »amouröser Zwangsstörung«. Es ging damit los, dass er mir den ganzen Tag über SMS schickte – damals gab es noch kein WeChat.
»Was tust du gerade?«
»Wann kommst du denn ins Wohnheim zurück?«
»Mit wem bist du zusammen?«
Es war wie ein Nonstop-Verhör, vierundzwanzig Stunden am Tag, sieben Tage die Woche. Ich musste ihm sogar sagen, wann genau ich schlafen ging, welche Prüfungen ich machte – einfach alles. Wenn ich nicht gleich antwortete, kam er und wartete vor dem Seminarraum auf mich. Meine Kommilitonen sahen ihn

durch das Fenster in der Tür und zogen mich auf: »Kommt er schon wieder, um dich zu kontrollieren?«
Als er anfing, jeden Kontakt meinerseits zu männlichen Studenten zu unterbinden, bekam ich das Gefühl, er versuche, mich in einen Käfig zu sperren. Natürlich liebte er unsere gemeinsamen Spaziergänge auf dem Campus, aber er ließ mir keinerlei Freiheit mehr und hielt mich ständig an der kurzen Leine. Wenn er herausfand, dass ich mit einem anderen Mann gesprochen hatte, wurde er ungeheuer wütend, ganz egal, was ich als Grund vorbrachte. Schließlich beschloss ich, dem ein Ende zu bereiten, als ich entdeckte, dass er meine E-Mails kontrolliert hatte. Ich sagte ihm, dass ich solch ein besitzergreifendes Verhalten nicht mehr akzeptieren würde. Ich hätte jede Achtung verloren, die ich einst vor ihm hatte.
Aber Gao Ming war zu stolz, um mein Nein zu akzeptieren. Das lag weniger an seinen Gefühlen für mich als an der Tatsache, dass es an seinem Selbstwertgefühl kratzte, wenn eine Frau ihm den Laufpass gab. »Seit ich ein kleiner Junge war«, erklärte er mir mit kaum verhohlener Wut, »habe ich den Ton angegeben. Das galt sogar für meine Eltern – sie tun, was ich sage. Was bildest du dir eigentlich ein, mich wegzuschicken! Das entscheide ich und sonst niemand.«
Der Vorsitzende der Studentenvereinigung, der nette, junge Mann, der zärtliche Liebende Gao Ming. Dieses Bild zersprang vor meinen Augen in tausend Scherben.
Ich sah ihn kalt an: »Gut! Warum hältst du dann keine Versammlung ab, auf der du bekannt gibst, dass du dich von mir getrennt hast? Oder wie wäre es damit: Wir gehen zusammen in die Cafeteria und du demütigst mich beim Abendessen vor allen Anwesenden? Oder noch besser: Wir nehmen auf dem Campus Aufstellung, und während die ganze Uni zusieht, kannst du ihnen sagen, was ich für eine Schlampe bin! Wie du willst: Ich bin dabei. Ich mache mit aus Anerkennung dafür, dass du mir früher mal geholfen hast. Aber nur damit du es weißt: Ich werde für dich nie wieder etwas empfinden.«

Gao Ming tat nichts von all dem. Tatsächlich brach er das Studium ab und ging zurück nach China. Ich habe gehört, seine Eltern haben ihm eine Position als Beamter verschafft.
Wie es mir damit ging? Als ich hörte, dass er abgebrochen hatte, empfand ich einen dumpfen Schmerz und leise Schuldgefühle. Er hatte nur noch ein halbes Jahr bis zur Abschlussprüfung vor sich gehabt. Vielleicht hätte ich unsere Beziehung weiterführen sollen, bis er den Abschluss hatte? Vielleicht wäre er eine Stütze der Gesellschaft geworden, wenn ich mich seinen Forderungen gebeugt hätte?
Aber heute sehe ich das anders. Grenzenlose Selbstsicherheit ist einfach nur Arroganz, und Ehrgeiz ohne Mitgefühl ist nichts weiter als Selbstsucht. Wenn Menschen sich in einer Beziehung nicht auf Augenhöhe begegnen können, dann klappt das nicht. Wenn sie sie nicht jede Sekunde vermissen, in der sie nicht zusammen sein können, dann wird da nichts draus.
Am Anfang, wenn man neu mit jemandem ausgeht, dann macht es Spaß, alles zu tun, was der andere will. Sie geben ihm, was immer er braucht. Wir wollen ja gefallen, wollen, dass der andere uns dankbar ist. Doch mit der Zeit kann diese Art Zuneigung dann Eifersucht wecken, und plötzlich will man den anderen kontrollieren. Eine reife Liebe ist eine, die die Bedürfnisse und die Persönlichkeit beider Partner berücksichtigt. Nur wenn beide Seiten gleichberechtigt sind, kann es wahre Liebe sein. Finden Sie nicht?
Ich glaube nicht, dass Liebe von Opfern abhängt. Zwei Menschen, die einander lieben, teilen die Traurigkeit ebenso miteinander wie die Liebe. Es ist kein Opfer, wenn Sie etwas tun wollen. Außerdem, wenn es zwischen zwei Menschen kein Vertrauen und keinen Respekt gibt, dann haben die beiden keine gemeinsame Zukunft. Habe ich recht, Xinran?
Im zweiten Jahr beschloss ich, mir ein Geburtstagsgeschenk von meinen Eltern machen zu lassen. Ich ging los und kaufte mir das neue iPhone. Dieses irrwitzig praktische Kommunikationsmittel eröffnete mir dann Zugang zu einer Welt voller Möglichkeiten,

vor allem, was »Online-Partner« anging. Seitdem habe ich nicht mehr aufgehört, es zu nutzen, aber obwohl ich zahllose virtuelle Bekanntschaften habe, habe ich nur zwei »Online-Freunde«. Sie waren für mich wie Mentoren und Freunde, die mich an ihrer Lebenserfahrung teilhaben ließen und an ihrer Philosophie. Es ist so schade, dass wir uns nie im wirklichen Leben getroffen haben! Ich glaube nicht, dass man das als Liebe bezeichnen kann. Ich wüsste auch nicht, ob sie das so gesehen hätten. Manchmal haben sie ganz schön heftig mit mir geflirtet, aber gerade wenn es um Online-Lover geht, dann gibt es da die wirklichen und die unechten. Wenn man sie nicht im richtigen Leben trifft, wie soll man das sagen, zu welcher Sorte einer gehört? Und selbst wenn wir uns getroffen hätten, hätten wir vielleicht überhaupt nichts füreinander empfunden? Ich glaube, ich würde sie gerne mal kennenlernen. Natürlich hätte ich nichts dagegen, gleichzeitig mehrere Freunde zu haben. Wenn ein Mädchen heute nur einen Freund hat, dann schaut man ja regelrecht auf die Frau herunter.

Mehrere Partner gleichzeitig? Wie schaffen die Leute das nur? Mir wurde klar, dass das China, das ich kannte, sich von dem China dieser neuen Generation erheblich unterschied. Mir drängte sich der Eindruck auf, dass meine Unwissenheit nie mit ihnen und ihrer Zeit würde Schritt halten können.
Während ich über mein China nachdachte, erzählte Lili weiter von ihrem.

Im Moment allerdings habe ich einen »richtigen« Freund. Wenn du mit jemandem zusammen bist, sind alle in deinem Umfeld gleich viel entspannter. Wenn nicht, dann machen deine Eltern sich Sorgen, ob du je heiraten wirst. Deine Freunde bemühen sich ständig, dich mit jemandem zu verkuppeln. Und man selbst fühlt sich manchmal richtig wertlos: »Ist mein Leben denn nicht die

reine Katastrophe? Bin ich so schrecklich, dass niemand mich mag?« So was in der Art.
Ich habe meinen jetzigen Freund kennengelernt, als ich in den Vereinigten Staaten studiert habe. Er ist Engländer und heißt Ben. Er ist groß, dünn und ein angenehmer Typ. Sehr … englisch, irgendwie. Wir haben uns auf einer Studentenfeier über gemeinsame Freunde kennengelernt. Er kannte einen meiner Freunde und ich einen Jungen aus seinem Bekanntenkreis. Wir hatten alle ein bisschen was getrunken und redeten und redeten. Dann fingen wir an, zu viert Sachen zu unternehmen, miteinander auszugehen, Spaß zu haben.
Ich war damals im dritten Studienjahr, während die anderen schon an ihrem Master saßen. Als unsere beiden Freunde ihren Abschluss machten, blieb Ben und hängte noch einen Doktor dran. Ich befolgte seinen Rat und schrieb mich für einen Masterstudiengang ein. Als ich den Abschluss in der Tasche hatte, wollten meine Eltern, dass ich zurück nach China komme. Schließlich sei ich ihr einziges Kind, der *einzige Grashalm auf dem Feld*.
Also ging ich zurück und fing an, für ein ausländisches Unternehmen zu arbeiten. Ich hätte nie geglaubt, dass Ben schon so bald nachkommen würde, aber er fand einen Job, als er für seine Doktorarbeit im chinesischen Internet recherchierte. Anfangs sah ich Ben wohl eher als kleine Seitenstraße auf dem Weg meines Lebens, aber als er mir schrieb, dass er in China einen Job bekommen hätte, überlegte ich, ob unsere Leben nicht doch enger miteinander verknüpft sein könnten.
Später erzählte mir Ben, er habe mich vom ersten Moment an gemocht, gleich beim Kennenlernen. Er hätte seinen Doktor auch deswegen gemacht, um in meiner Nähe bleiben zu können. Hört sich das nicht an wie aus dem Film? Ben macht gerne Witze, und ich nehme die Dinge auch nie besonders ernst, aber mittlerweile bezeichnen wir uns als »mein Freund« bzw. »meine Freundin«.
Wir leben zwar in verschiedenen Städten, aber mit dem Hochgeschwindigkeitszug ist es recht einfach geworden, uns zu sehen. Von Nanjing nach Beijing braucht man nur noch vier Stunden.

Und natürlich gibt es WeChat, was auch eine große Rolle spielt. Wir sind Liebende, die hauptsächlich online daten, aber ganz anders als mit den zwei geheimen Online-Freunden, die ich habe.
Was ich an Ben mag? Er hat ein sonniges Naturell, ist wissbegierig und witzig. Ich fühle mich mit ihm sehr entspannt und sicher. Ben beschwert sich nie über irgendetwas. Selbst wenn seine Reisetasche gestohlen wird oder er seine Brieftasche oder seinen Pass verlöre, dann würde er höchstens sagen. »Ach je. Aber wenigstens hat das Geld jetzt jemand, der es brauchen kann!« Finden Sie nicht, er ist ein bisschen wie Ah Q?[1] Sehr locker irgendwie. Doch wenn er über manche Dinge redet, kann er sich wirklich ereifern. Dann kann er schon mal Klartext reden.
Was uns am anderen jeweils am meisten anzieht, ist nämlich die Art, wie wir miteinander streiten. Hört sich idiotisch an, nicht? Wir sind nämlich nur selten einer Meinung, obwohl sich jeder die größte Mühe gibt, den anderen davon zu überzeugen, dass er recht hat. Wir genießen einfach die endlosen Debatten.
Worüber wir streiten? In den USA meist über die Weltpolitik.
Ich bin für die Demokratische Partei der USA, für die britische Labour Party und für die Chinesische Gesellschaft für die Förderung der Demokratie. Ben ist für die Republikaner, für die Conservative Party Großbritanniens und für die Kommunistische Partei Chinas. Ich habe nie verstanden, wieso er denkt, die Kommunistische Partei Chinas sei konservativ.
Ich sage ihm dann, dass die Parteien, die ich unterstütze, für die Demokratie eintreten, und dass die Demokratie für die Arbeiterklasse die größten Vorteile bringt. Wenn es in einer Gesellschaft nicht viele Stimmen gibt, lässt sich nie soziale Gleichheit herstellen. Und die Parteien des rechten Flügels beuten Minderheiten

1 »Ah Q« ist eine Romanfigur des Dichters Lu Xun. *Die wahre Geschichte des Ah Q* wurde ursprünglich als Fortsetzungsroman für die *Pekinger Morgenzeitung* geschrieben, entwickelte sich aber zusehends zur Gesellschaftssatire, da Ah Q jede Demütigung zum psychologischen Sieg umdeutet. Heute gilt der Roman als Meisterwerk der modernen chinesischen Literatur. Auf Deutsch wurde er 1982 bei Suhrkamp veröffentlicht.

aus und Menschen, die am Rand der Gesellschaft leben. Alles für den eigenen Gewinn.
Ben andererseits meint, dass ohne eine gewisse Struktur die Menschen einfach Mitläufer bleiben und glauben, dass Macht sie schützen kann, ganz egal, von wem sie ausgeübt wird. Er meint, die Massen hätten weder die Kraft noch das Kapital, um Verantwortung für die Entwicklung der Gesellschaft zu übernehmen. Jede Gesellschaft, die auf Gleichberechtigung abzielt, müsse eine gute materielle Grundlage besitzen. Er meint, die Parteien, mit denen er sympathisiere, setzten auf Faktoren, die nur ihr Land besitze. Dadurch könnten sie soziale Ressourcen integrieren und die Stabilität der Gesellschaft gewährleisten.
Er sagte immer zu mir: »Nur weil die Partei sich ›kommunistisch‹ nennt, heißt das noch nicht, dass sie nur Gleichberechtigung und Kommunismus predigt. Sie hat auch positive Seiten? Ohne die paternalistische Kontrolle durch die Kommunistische Partei hätte China sich nie innerhalb von dreißig oder vierzig Jahren von einem Land, dessen Bevölkerung sich von Lebensmittelmarken ernähren musste, zu einer wirtschaftlichen Supermacht entwickeln können, die Unternehmen in fast aller Welt aufkauft.« Es hörte sich fast so an, als würde mein Vater reden. Aber natürlich ist mein Vater Funktionär der Kommunistischen Partei.
Ganz besonders abstoßend finde ich die US-Politik im Nahen Osten und die Art und Weise, wie die Vereinigten Staaten sich als Weltpolizisten aufführen. Ben aber meint, man könnte heute noch nicht sagen, ob diese Politik gut oder schlecht sei. Man müsse abwarten, wie die Geschichte darüber urteilen würde. Und dann führt er meistens an, dass in den Vereinigten Staaten gut die Hälfte der Menschen gegen Lincoln war, als dieser noch an der Macht war, und heute hält man ihr für den größten Präsidenten der USA!
Aber auf ein paar Dinge haben wir uns auch einigen können. Nicht viele, aber immerhin … Wir finden beispielsweise beide, die USA sollten den Schusswaffenverkauf eindämmen, aufhören,

Waffen an alle Welt zu liefern, und die Gewaltdarstellung in Hollywoodfilmen einschränken bzw. die Altersgrenzen heraufsetzen.

Seit wir wieder in China sind, streiten wir hauptsächlich über die chinesische Gesellschaft. Ben liebt China mehr als ich, daran gibt es keinen Zweifel. Er glaubt, es gebe für alle Fehler der Vergangenheit eine einfache Entschuldigung.

Ich sage zum Beispiel immer, wie abstoßend ich die Heuchelei der chinesischen Eliten finde. Ich finde, die Regierung hat sich da eine regelrechte Hundemeute herangezüchtet, die sie einsetzen kann, wie immer es ihr beliebt. Ben meint, so einfach sei das nicht gewesen, vor allem für die Eliten: »In China hat doch jahrelang das Chaos geherrscht. Dann kam ein Jahrhundert, in dem sich das Land nach außen vollkommen abschottete. Der Abstand zwischen China und dem Rest der Welt war enorm – buchstäblich und im übertragenen Sinne. Niemand sprach damals auch nur eine Fremdsprache. Da mussten die Menschen sich dann recht unvermittelt weiterentwickeln. Die Eliten sind sozusagen die Helden, die sich aus dem Chaos entwickelt haben.«

Doch er gibt wenigstens zu, dass die Helden heute wie die der Vergangenheit nichts erreicht hätten, ohne dass andere dafür Blut, Schweiß und Tränen vergießen mussten. Der einzige Unterschied ist, dass die Helden von heute keine Messer tragen.

Etwas anderes, was ich wirklich nicht gutheißen kann, ist die Tatsache, dass in China heute Bildungs-, Gesundheits- und Rechtswesen auf Privatunternehmen übertragen werden. Ich mache mir Sorgen, dass China, wenn es so weitermacht, den Glauben und den Charakter unseres Volkes ans Geld verkauft. Aber Ben meint, das sei einzig die Schuld des Westens, der China infiziert habe. Er findet, wir seien von den amerikanischen Banken, Telekommunikationskonzernen und Pharmaunternehmen betrogen worden. Und er denkt, dass sich hinter den Kulissen immer noch so einiges abspielt, obwohl es ja immer wieder Berichte über aufgedeckte Korruptionsskandale gibt. Er fragt mich dann Sachen wie: »Warum glaubst du, gibt es in den Vereinigten Staaten mehr Anwälte als in jedem anderen Land der Welt und man schafft es trotzdem nicht, dieses betrügerische Verhalten in den Griff zu bekommen?« Seiner Ansicht nach liegt das daran, dass das Rechtswesen der Geschäftszweig ist, der in den USA am meisten Geld abwirft. In seinen Augen sind Anwälte die schlimmste Sorte Mensch überhaupt!

Genau genommen sind wir uns über fast gar nichts einig. Er hat immer eine andere Meinung als ich. Selbst als wir über die Unterschiede zwischen Mann und Frau stritten, behauptet er, über Frauen besser Bescheid zu wissen als ich!

Dann sagt er Sachen wie:

»Frauen sind emotionale Geschöpfe, die in jeder Situation immer das Schlimmste annehmen. Sie sind hundertmal dickköpfiger als Männer.«

»Sobald eine Frau von dem Mann, den sie liebt, verletzt wird, ist ihr alles egal. Manchmal nimmt sie sich sogar das Leben.«

»Frauen sind doppelzüngig – außen lachen sie, innen aber weinen sie.«

»Frauen mögen traurige Lieder mehr als Männer, weil sie viel verletzlicher sind.«

Das konnte ich natürlich so nicht stehen lassen, also entgegnete ich: »Ich höre immer gerne traurige Lieder, und ich bin nie von jemandem verletzt worden. Ich weine, weil ich mit den anderen mitfühle.«

»Äußere Wunden sind leicht zu sehen«, gab Ben da zurück. »Aber seelischer Schmerz ist ganz anders. Menschen nehmen ständig Informationen aus der Umwelt auf, selbst ohne es zu merken. Und diese winzigen Informationseinheiten werden dann zu unbewussten Gefühlen, die uns zu emotionalen oder körperlichen Reaktionen veranlassen, ohne dass wir wissen warum. Manchmal zum Beispiel errötet eine Frau, wenn sie einen Mann trifft, obwohl sie ihn nicht kennt. Warum? Weil der Mann etwas an sich hat, das die Frau unbewusst anzieht.«

Als Beweis berief Ben sich auf eine Studie über das Phänomen emotionaler Telepathie, die an der Universität Harvard durchgeführt wurde. Ein liebendes Paar musste sich drei Minuten lang ansehen, danach begannen die Herzen der beiden im selben Takt zu schlagen, als würde der Arzt ihn vorgeben. Oder er erzählte mir, dass Menschen, die lange verheiratet sind, einander immer ähnlicher werden.

Als ich das hörte, musste ich lachen: »Ich werde nie aussehen wie du, mit deinem spitzen Kinn und der riesigen Nase.«

Ben lachte auch. »Ich weiß nicht recht. Viele Chinesinnen lassen sich ja mittlerweile operieren und sich eine größere Nase und ein spitzeres Kinn machen. Aber wenn wir zusammenbleiben, musst du dir das gar nicht antun – dann kriegst du das ganz von selbst.«

Normalerweise sprechen wir Englisch, manchmal aber helfe ich Ben auch mit seinem Chinesisch. Die vier Tonhöhen, die unterschiedlichen regionalen Dialekte, die Jugendsprache und der schier grenzenlose Wortschatz haben ihn am Anfang oft zur Verzweiflung getrieben. Dabei war es für mich auch nicht einfach, Ben zu helfen. Ich habe sprachlich so lange nur in meiner Welt gelebt, dass mir gar nicht klar war, wie unfassbar Chinesisch ist.

Unser Wortschatz hat sich fünftausend Jahre lang entwickelt. In jedem Zeichen, das für ein Wort steht, hallen unendlich viele andere Zusammenhänge wider. Der Begriff *fu gui* (富贵) zum Beispiel. In diesen beiden Zeichen gibt es drei verschiedene Bedeutungsebenen: *fu* (富) bedeutet »reich«, *gui* (贵) bedeutet »teuer«; zusammengenommen heißt *fu gui* dann »reich und von hohem sozialen Status«. Ben begriff den Unterschied zwischen *fu* und *gui* nie. Er schreibt auf Chinesisch Dinge wie: »Nach der Reform- und Öffnungspolitik wurden die chinesischen Bauern immer kostspieliger.« Dann ist da der Begriff *gu niang* (姑娘), was »junge Frau« bedeutet. Das Zeichen *niang* (娘) allein hat dieselbe Bedeutung wie *ma* (妈), also »Mama« oder »Mutter«. Das heißt aber nicht, dass die beiden Zeichen austauschbar wären. Ben erzählte mir von einem französischen Studienkollegen, der sich in ein chinesisches Mädchen verliebt hatte. Er schrieb ihr einen Liebesbrief, konnte sich aber nicht mehr erinnern, wie sich das Zeichen *niang* genau schrieb. Und so verfiel er auf die kluge Idee, es durch *ma* zu ersetzen. Statt sie als »liebe junge Dame« anzusprechen, nannte er sie »liebe väterliche Tante«.

Die zwölf chinesischen Tierkreiszeichen sind auch so ein Thema, das die Westler begeistert. Sie reden gerne mit Chinesen über ihr Zeichen und seine Bedeutung. Unglücklicherweise wissen die meisten nicht, dass *shu yu* (属于), das so viel heißt wie »zu einer bestimmten Kategorie gehörend«, und *shu* (属), »im Jahr des … geboren sein«, vollkommen verschiedene Bedeutungen haben. Den Unterschied lernen sie meist erst dann, wenn sie Fehler machen. Ein kanadischer Studienkollege von Ben sagte zum Beispiel mal: »Ich gehöre einem Schwein!«

Ben meint, die vier Tonhöhen seien der »natürliche Feind« des westlichen Chinesisch-Studenten.

Ich tat immer mein Bestes, um Ben zu trösten. Ich sagte ihm, es gebe in China so vieles zu berücksichtigen, dass nicht einmal der erfahrenste Sinologe alle Fehler vermeiden könne. Da war zum Beispiel der deutsche Geschäftsmann, der ein halbes Leben lang Chinesisch lernte, aber nicht verstand, warum sein Beijinger Geschäftspartner mit der Idee, deutsche Wurst für 250 Yuan zu verkaufen, nichts anfangen konnte. Erst später sagte ihm ein chinesischer Freund, dass *er bai wu* oder »250« in Beijing »Idiot« heißt! Ähnlich wie *shi san dian,* »13 Uhr«, in Shanghai.

Da sie nur wenig über die chinesische Volkskultur wussten, wurden Ben und seine Freunde nicht selten zur Zielscheibe des Spottes, als sie nach China kamen. Zum Beispiel entdeckten einige seiner Kolleginnen einen Laden mit wunderbaren »Styles«. Die Damen deckten sich ein und wussten nicht, dass es Begräbniskleidung war, was sie da gekauft hatten. Und sie trugen die Sachen auch noch am Abend zu einem offiziellen Bankett. Sie erschreckten die chinesischen Gäste zu Tode, als sie, die in chinesischen Augen eh schon so bleich wie »unsterbliche Seelen« sind, auch noch in traditioneller chinesischer Begräbniskleidung auftauchten.

Ich habe auch schon gehört, dass Westler häufig das gelbe Papier, das Chinesen verbrennen, um die Toten zu ehren, für Grußkarten halten. Sie kauften solche Karten, schrieben »Fröhliche Weihnachten und ein glückliches neues Jahr« darauf und schickten sie an chinesische Freunde. Für einen Chinesen ist das, als erhielte er eine Botschaft aus dem Jenseits.

Ich denke, die jüngste Öffnung wird sich wohl sehr stark auf die chinesische Sprache auswirken, denn nun wird sie immer mehr mit Fremdsprachen vermengt. Und die Menschen, die wirklich die Essenz der Sprache verstehen, die begreifen, was hinter diesen Veränderungen steht, sind dünn gesät. Nicht mal wir Chinesen bekommen wirklich mit, was da passiert. Wenn Ben mich nach einem Wort fragt, das man benutzt, ohne groß darüber nachzudenken, hatte ich regelmäßig Schwierigkeiten, ihm zu erklären, wann genau man sie verwendet. Manchmal tippte ich seine Frage sogar in eine Suchmaschine ein, um eine Antwort zu finden, aber meist kamen nur haufenweise Witze!

Xinran, haben Sie an der Londoner Uni vielleicht mal Chinesisch unterrichtet? Dann verstehen Sie doch, was ich meine? Finden Sie nicht auch, dass die vielen Schnitzer und Übersetzungsfehler einfach zum Schreien *komisch* sind!

Chinesen sind unglaublich gastfreundlich. Selbst wenn sie ein mehrgängiges Menü gekocht haben, sagen sie ihren Gästen, es sei einfach nur ein *bian fan,* eine »einfache, selbst zubereitete Mahlzeit«. Bei einem festlichen Abendessen, bei dem die chinesischen Gastgeber ein solches *bian fan* aufgefahren hatten, dankte ihnen ein ausländischer Gast, indem er beide Daumen hochreckte und sagte: *Hen hao de da bian fan*! Was so viel heißt wie: »Was für ein großer Haufen Scheiße!« Unglücklicherweise verändert das *da* die Bedeutung von *bian fan* ganz erheblich …

Meine letzte Frage an Lili war, ob sie Ben eines Tages zu heiraten gedenke.

Lili meinte, sie sei sich noch nicht recht darüber klar, wie und ob sie Ben ihren Eltern vorstellen sollte – aus Angst, sie könnten ihn ablehnen. Als sie sie zum Studieren in die Vereinigten Staaten schickten, hatten sie ihr eingebläut, dass sie Westlern nicht trauen, geschweige denn einen heiraten dürfe. Lili wusste, dass ein ausländischer Schwiegersohn politische Hintergrundprüfungen nach sich ziehen würde, da ihre Eltern beide beim Militär arbeiteten. Familientreffen wären dann wohl einigermaßen kompliziert.

Lili bewunderte ihre Eltern aufrichtig und respektierte ihre Ansichten, doch sie vertraute mir an, dass sie chinesische Männer nicht besonders als Partner schätzte. Das lag sicher auch daran, wie die Männer in ihrer Familie sich verhalten hatten. Ihr Großvater väterlicherseits hatte ihren Vater aufwachsen lassen, als sei er eine Waise. Der Großvater mütterlicherseits behandelte seine Frau wie eine seiner Untergebenen in der Arbeit. Er saß den ganzen Tag lesend herum und wartete auf seine drei Mahlzeiten, während sie von einem Eck ins andere schoss, um den Haushalt zu erledigen. Keine Frage, ihr Vater liebte seine Arbeit, aber welche Auswirkungen hatte das auf seine Frau und seine Tochter? Nach dem Abendessen setzte ihre Mutter sich häufig alleine vor den Fernseher, um die neuesten Nachrichten zu sehen oder die neue koreanische Soap. Selbst ihr Urgroßvater, der in der Familie eine Legende war, sei Sklave der patriarchalischen, männlich dominierten Kultur seiner Zeit gewesen.

Lili erzählte mir, was ihr Vater einmal gesagt hatte: »Ein großer Mann ist tapfer und kompromisslos in seiner Arbeit. Tag um Tag, Woche um Woche, Jahr um Jahr werden ihm diese Eigenschaften eingebläut, bis er so viel Härte in sich hat, dass er aus einem Eisenstab eine Nadel schleifen könnte. Erst dann kann er sich einen Mann aus Stahl nennen.« Doch wer ein »Mann aus Stahl« werden will, hat wirklich keine Zeit für die Familie. Wozu brauchte er dann überhaupt eine?

Als ich 2016 zum Bookworm Literary Festival nach Beijing kam, wollte ich Ben kennenlernen. Er war wirklich, wie Lili gesagt hatte, ein sehr »englisch« aussehender junger Mann, groß und dünn mit einem unordentlichen, braunen Haarschopf. Er trug einen hellblauen Mantel, Jeans mit Löchern an den Knien und abgetragene Lederschuhe. Er war unglaublich höflich und hatte eine angenehme Stimme. Aus einer Augenblickseingebung heraus fragte ich ihn, wie er seine Beziehung zu Lili sehe.

Es kam wie aus der Pistole geschossen: »Ich habe sie wirklich gern.«

»Warum?«, fragte ich, ein klein wenig überrascht von seiner Offenheit.

»Weil sie mich China lieben gelehrt hat! Wir haben einen sehr unterschiedlichen Hintergrund, aber wir haben auch vieles gemeinsam: Wir sind gleich alt. Wir interessieren uns für Sprache und Kultur des anderen, und wir haben beide eine gute Ausbildung. Was die Unterschiede angeht: Das Internet trägt dazu bei, dass wir die Differenzen hinsichtlich Glauben, Politik, Kultur, Brauchtum oder Besitz überwinden können. Ich finde es toll, dass wir uns ständig auseinandersetzen. Ich glaube, das hilft uns zu verstehen, wie andere Leute denken. Ein bisschen wie in dem chinesischen Sprichwort: *Die Augen wachen über die sechs Straßen, während die Ohren in alle Richtungen lauschen*.«

»Wenn es um richtig oder falsch geht, sind Chinesen meiner Ansicht nach extremer als Europäer oder Amerikaner. Aktuell mache ich Recherchen zu den Trends in den sozialen Medien Chinas. Es scheint, als teilten die chinesischen Netizens meist die herrschende Meinung. Selbst die jüngere Generation, die dynamischen, lebendigen, massiv von sich selbst überzeugten Kinder der 1980er und 1990er glauben zwar, ihre ureigensten Ansichten auszudrücken, doch letztlich geben sie nur einen von zwei vorherrschenden Standpunkten wieder. Sie haben nur selten eine wirklich individuelle Meinung. Tatsächlich ist es beinahe unmöglich, Menschen mit unabhängiger, zukunftsgerichteter Denkweise zu finden.«

»Verglichen mit ihren Altersgenossinnen ist Lili eine sehr kluge junge Frau. Die Themen, über die wir streiten, beschäftigen mich immer noch lange. Für mich ist sie die perfekte Partnerin. Wenn sie beschlossen hat, etwas zu lieben, dann tut sie alles, um diese Liebe zu nähren und zu beschützen. Doch ich weiß nicht mal, ob ich in ihren Augen als Vollzeit-Partner gelte oder welchen Prozentsatz ich im Augenblick einnehme.«

»Haben Sie denn schon übers Heiraten nachgedacht?«, neckte ich ihn.

Bens Blick ging ins Leere. »Ich habe Lili wirklich gern, aber wie gesagt, ich weiß nicht, wie viel ich ihr bedeute. Manchmal frage ich mich, ob sie eine von diesen jungen Frauen ist, die mehrere Lover in den sozialen Medien haben. Ich sage nicht, dass ich mir Sorgen mache, ob sie im Moment welche hat. Selbst wenn, vertraue ich darauf, dass ich mit denen fertigwerde. Für die Chinesen heute gibt es praktisch keine Grenzen, was das Dating angeht.«

»Es gibt da eine Datingshow im Fernsehen mit dem Titel ›If You're the One‹. Dort sieht man dann all die jungen Chinesinnen, die glauben, der einzige Weg, um seine Liebe zu beweisen, wären ein Haus, ein Auto und ein möglichst hohes Einkommen. Vermutlich ist Ihnen das berühmt-berüchtigte Zitat aus einer der Sendungen schon zu Ohren gekommen: ›Ich würde lieber auf dem Rücksitz eines BMW heulen als auf dem Gepäckträger eines Fahrrads lachen.‹«

»Ich bin nur ein armer Student. Mein Kopf ist meine einzige echte Ressource. Ich habe mehrere Brüder und Schwestern, und meine Eltern können mir nicht viel materielle Unterstützung bieten. Im heutigen China bin ich das, was man einen ›Mann für eine nackte Ehe‹ nennt. Würde Lili es wagen, gegen die sozialen Bräuche zu verstoßen und mich trotzdem zu heiraten? Ich kann es nicht sagen, aber ich tue mein Bestes, damit es dazu kommt. Oder, wie Lilis Leute sagen: ›Ich schüttle meine Eingeweide!‹ Haha!«

Bens Chinesisch war wirklich nicht schlecht.

»Nun«, hakte ich nach. »Wann wollen Sie sie denn fragen?«

»In dem Moment, wenn der neue US-Präsident sein Amt antritt. Während der Wahlkampagne wird Lili nur Nein sagen.«

»Warum?«

»Weil wir immer auf verschiedenen Seiten stehen müssen.«

Zu der Zeit, in der ich dies niederschreibe, tobt in den Vereinigten Staaten eine Wahlkampfschlacht, die allmählich jeden Bezug zur Realität verliert. Der großmäulige Geschäftsmann Donald Trump kämpft mit der Vertreterin der politischen Elite Hilary Clinton um das Weiße Haus. Ob nun die Demokratin Hilary oder der Republikaner Donald gewählt wird, ich wünsche ihnen beiden, dass sie Gelegenheit haben, jungen Menschen wie Ben und Lili zuzuhören, um zu erfahren, wie diese die Welt sehen. Schließlich umspannt ihre Liebe zwei der größten Sprachfamilien und Kulturen der Erde.
Als Nächste wollte ich Yoyo interviewen, Greens andere Enkelin, Cranes Nichte und Duckys Tochter.

Yoyo – geboren 1984, zur Zeit des Interviews 32 Jahre alt

Ich lernte Yoyo auf Skype kennen. Sie stellte sich mir gleich vor als »Wanderin der Liebe« und »Übrig gebliebene Göttin«, während sie ihr Gesicht näher an die Kamera brachte, damit ich »die Informationen ihrer Sprache besser downloaden« könne.
Yoyo hatte Augen, die mehr sagten als tausend Worte, und eine Nase, die deutlich größer war als bei den meisten Chinesen. Ihre Mundwinkel zeigten leicht nach oben, sodass sie mich an die Schauspielerin Catherine Zeta-Jones erinnerte. Wenn Yoyo lächelte, schien es, als gäbe es nichts auf der Welt, worüber man nicht lächeln könnte.
Wann immer ich mit ihr skypte, schienen ihre Gesichtszüge jedes ihrer Worte zu unterstreichen. Wenn ich mir ihr Gesicht ins Gedächtnis rufe, kommt es mir so vor, als habe ich zu Hunderten von Opernmasken gesprochen. Doch Yoyo war wirklich die »Meiste-

rin ihres emotionalen Schicksals«, und bevor ich noch irgendetwas einwerfen konnte, war sie schon dabei, mir die facettenreiche Geschichte ihrer Erfahrungen mit der Liebe zu erzählen.

Ich hatte eine ganze Reihe verschiedener Liebeserlebnisse. Wenn meine Mutter auch nur ahnte, wie viele es waren, würde sie mir ins Gesicht springen! Doch wenn Ihr Buch herauskommt, hat sie vielleicht schon ein bisschen mehr gehört von all den Dingen, die junge Leute heute so machen. Solche Geschichten liest man schließlich reihenweise in den Zeitschriften. Aber verstehen Sie mich nicht falsch. Ich bewundere meine Mutter ehrlich. Nicht bloß, weil meine Oma ständig erzählt, was für ein toller Mensch sie ist, sondern weil sie aus ihrem Leben wirklich etwas gemacht hat. Sie ist durchs ganze Land gereist und hat alles hingekriegt, was sie sich vorgenommen hat. Sie ist nicht wie die anderen »Damen« ihres Alters, die ihre Zeit nur mit Klatsch füllen, mit Schneeballbriefen, Square Dance und koreanischen Soaps. Meine Mutter ist eine unaufhaltsame Kraft, die alle möglichen aufregenden Abenteuer unternommen und meinen Vater dabei immer mitgeschleift hat.

Hören Sie nicht auf die Leute, die behaupten, meine Mama sei eine hirnlose Ente mit großer Klappe. Sie kann durchaus recht kluge Worte von sich geben, wenn ihr danach ist. »Äpfel sind die talentiertesten Früchte der Welt. Sie haben Eva verführt, sind auf Newtons Kopf gefallen, haben Schneewittchen vergiftet, die Handy-Industrie übernommen und nun mischt ein kleiner Apfel in dem populären Song den Square Dance auf.«

Xinran, Sie sind doch ungefähr genauso alt wie meine Mutter? Unter Ihren Gleichaltrigen gibt es doch bestimmt nicht so viele, die mit der jungen Generation Schritt halten können wie meine Mama?

Aber wir reden ja jetzt über mich! Ich bin nicht die Tochter eines Elitekaders oder ein Genie, das schon von Anfang an wusste, was es wollte. Aber ich bin auch kein verwöhntes, kleines Mädchen, das sich hinter seinen Eltern versteckt. Wenn wir immer noch Personenakten hätten, wie das zur Zeit meiner Eltern üblich war, dann würde in der Spalte »Identität« über mich stehen: *Singlefrau* oder *shengnü,* allerdings bin ich alles andere als eine alte Jungfer, sondern »Wanderin der Liebe«.

Doch meine Art des »Wanderns« ist anders als üblich. Ich reise nicht durch andere Länder, sondern erkunde alles, was die Liebe mir auf der Suche nach wahrem Glück zu bieten hat, und halte Ausschau nach meinem künftigen Heim. Ich habe fast alle bekannten Dating-Trends ausprobiert – *flash love,* Flash-Ehe, Miet-Ehefrau und Internetdating. Das Einzige, was mir noch fehlt, ist, jemandes *xiao san* zu sein, die sogenannte »kleine Dritte«, also eine Art Konkubine, so eine »Geliebte«. Ich war auch noch nie in der Show *If You're the One* oder mit meiner Mutter im Park, wo der Ehemarkt stattfindet. Im Augenblick bin ich eine arme *shengnü,* die auf den nächsten Trend wartet, damit sie auch den ausprobieren kann. Das ist kein Witz, ehrlich. Ich meine das todernst! Ich sehe die Liebe als Spielplatz in einem Blütenreigen. Warum sollte ich nicht die eine oder andere Blüte pflücken und schnuppern, wie sie duftet? Wenn du dir deiner selbst sicher bist, dann ist das ganz in Ordnung. Wen kümmert schon, was andere Leute sagen?

Ich habe mit einem Coffeeshop-Lover angefangen. Ich bin ja schon über dreißig und steuere flott auf die vierzig zu. Als ich in die Pubertät kam, öffnete China sich gerade dem Rest der Welt, sodass immer mehr westliche Einflüsse spürbar wurden. Wenn es irgendwie etwas zu feiern gab, haben wir gequengelt, dass wir bei McDonald's essen wollten. Damals dachten wir alle, das sei der Gipfel des Raffinements! Auch Kaffee war der reinste Luxus, der Preis für eine Tasse hätte das halbe Monatsgehalt meiner Eltern verschlungen. Meine Freunde und ich sparten an den Schulsachen und -büchern, nur damit wir uns Kaffee kaufen konnten. Und natürlich machten wir dann davon Fotos.

Chinesen sind den bitteren Kaffeegeschmack nicht gewöhnt, doch das tolle Gefühl, wenn du in einem Coffeeshop sitzt, macht alles wieder wett. Wenn man so ein Foto an die Wand seines Zimmers im Studentenwohnheim pinnte, erregte das mehr Neid als jeder Preis, den man gewonnen hatte. Bei mir hingen ein paar solcher Fotos, was die anderen Mädchen im Wohnheim durchaus registrierten. Sie sahen zu mir auf, nicht, weil ich im Studium gut war, sondern weil ich auf Fotos so sexy Posen einnehmen konnte. Nur schade, dass es damals noch kein Internet gab, sonst wäre ich bestimmt zur Online-Sensation geworden!

Mein Coffeeshop-Lover brachte seine Mutter mit, damit sie mich kennenlernen sollte. Ich habe bis heute nicht begriffen, wieso. Wir waren Studienkollegen, zwei junge Leute, die mal miteinander Kaffeetrinken gegangen waren. Warum zum Teufel schleppt er da seine Mutter an? Gut, sie hat die Rechnung bezahlt, vielleicht war ja das der Grund? Keine Ahnung. Vielleicht war es ja auch ihre Entscheidung, und sie hatte Angst, dass ich ihn vom rechten Weg abbringen würde?

Beim zweiten Mal waren wir allein. Wir linsten, wie die anderen Paare sich küssten und befummelten, und taten unser Bestes, um sie nachzuahmen. Es war das erste Mal, dass ich einen Mann berührte, seinen Körper an jeder Stelle. Es war wie ein Elektroschock. Wenn ich so darüber nachdenke, war das vermutlich meine erste Lektion in Sexualkunde. Doch wir merkten schnell, dass der Coffeeshop unsere finanziellen Mittel überstieg. Wir waren schließlich nur zwei arme Studenten, und das zu einer Zeit, als die Kinder von Funktionären kaum Geld übrighatten.

Aber es gab halt sonst keinen Ort, wo wir uns hätten treffen können. Im Park hätten wir warten müssen, bis es dunkel ist, um diesen »Stromschlag« wieder zu verspüren. Tagsüber waren dort einfach zu viele Menschen unterwegs. Am Ende ließen wir die ganze Geschichte ein wenig abkühlen. Jeder von uns würde die Augen offen halten, wo es Orte gab, an denen wir uns treffen konnten, und sobald wir etwas Passendes entdeckt hätten, würden wir uns wiedersehen. Wir hatten zu jener Zeit noch keine Handys, einige der wohlhabenderen Studenten besaßen aber Pager. Sie halfen uns, damit wir einander Nachrichten schicken

konnten. Nach einigen Versuchen verloren wir schlicht das Interesse. Als wir uns das letzte Mal trafen, machten wir Schluss.
Später lud man mich in einen sogenannten »Freundschaftsclub« ein. Heute würde man das vermutlich Single-Party nennen. Dort hatten junge Leute Gelegenheit, sich zu treffen und besser kennenzulernen. Dieser spezielle Club war ein bisschen anders. Er war sehr einfach und doch schick eingerichtet: Von einem Korridor aus betrat man eine Reihe kleiner Hüttchen, die exakt hintereinander ausgerichtet waren. In jedem dieser »Separees« standen ein Tisch und zwei Stühle.
Die Leute versammelten sich in der nicht allzu großen Eingangshalle und plauderten eine Weile. Wenn jemand auf einen zukam und fragte, ob man sich nicht lieber privat unterhalten solle, dann suchte man sich eines der Hüttchen aus. Drinnen zündete man eine Kerze an, die auf dem Tisch stand. Sobald das Kerzenlicht über die Wände flackerte, bekam man diese unglaubliche Lust, sich gegenseitig anzufassen. Doch zu jener Zeit war man da noch sehr scheu. Ich glaube fast, schüchtern.
Daher hörte man auch nie was aus den angrenzenden Räumen. Höchstens mal ein leises Murmeln oder Stöhnen. Einmal allerdings stürzte ein Mädchen weinend aus einer der Kabinen und schrie »Rohling!« Ich war mehrere Male dort und wurde jedes Mal von einem anderen Mann »ausgesucht«. Wir waren alle sehr chinesisch drauf, was diese Rendezvous anging, d. h. der Mann suchte das Mädchen aus. Aber dank meiner Coffeeshop-Erfahrung und weil ich es immer genoss, einem Mann nahe zu sein, ist es mir nie passiert, dass ich aus der Kabine herausstürzen und den Mann einen Rohling hätte schimpfen müssen. Aber natürlich habe ich nie zugelassen, dass diese Eintags-Liebhaber zu intim wurden.
Der Club wurde später im Rahmen einer »Anti-Pornografie-Kampagne« geschlossen. Ich glaube, was wir heute *flash love* nennen, ist im Grunde die Fortsetzung dessen, was damals in jenem Club ablief. Vielleicht würde man es auch *Rebirth* nennen. Wie auch immer, für all jene, die in einem Haushalt oder gar ei-

ner Gesellschaft groß werden, in der es keinerlei Sexualerziehung gibt, kann so was wie *flash love* sich als sehr lehrreich herausstellen. Für Menschen, die später eine eigene Familie gründen wollen, ist das doch eine super Sache, oder?

Ich habe Yoyos Frage nicht beantwortet, weil ich nicht recht wusste, wie. Tatsächlich hatte ich von solchen Clubs nicht nur gehört, sondern auch Recherchen darüber angestellt. In meinem Buch *Verborgene Stimmen* habe ich sie als Orte beschrieben, an denen Leute sich trafen, um Sex zu haben. Doch bevor ich China 1997 verließ, gingen die Städte massiv gegen diese Clubs vor, weil sie der ausufernden Sexindustrie Grenzen setzen wollten. Chinas Rechtswesen war ja noch nie unabhängig, wie hätte es solche Randphänomene juristisch überhaupt erfassen sollen.

Chinesische Dating-Webseiten bieten heute sogenannte »Paar-Wettbewerbe« oder »8-Minuten-Dates« an. Emotionale Ansprache und kleine Spiele sollen die Teilnehmer einander näherbringen. Manche finden, dass das nur ein harmloser Spaß ist, der schüchternen jungen Leuten sogar helfen kann. Andere sind überzeugt, dass die Teilnehmer solcher Spiele eigentlich eine große Leere in ihrem Herzen fühlen und sich deshalb von anderen ausnutzen oder täuschen lassen. Niemand weiß so recht, wie man auf solche Phänomene reagieren soll.

Meine »Flash-Ehe« ging ich ein, weil ich die Liebe auf den ersten Blick kennenlernen wollte. Ich habe die Vorstellung immer total bezaubernd gefunden. Schließlich sind wir Menschen ja nicht einfach nur brünstige Tiere, oder? Unsere Gefühle werden von unserem Gehirn kontrolliert, das uns sagt, was richtig oder falsch ist. Daher glaubte ich immer: Wenn jemand wirklich Liebe auf den ersten Blick empfindet, dann muss das eine ganz gewaltige Kraft sein.

Sie wissen ja, dass ich bei meiner Großmutter aufgewachsen bin, oder? Der Mann in meinem Leben war also nicht mein Vater, sondern mein Großvater. Und genauso verhielt er sich auch – streng, ernst und feierlich. Wenn er einmal einen Witz gemacht hat, feierten wir das regelrecht wie einen Lotteriegewinn! Großmama erzählte, als sie noch jung gewesen seien, hätte Großvater sie ständig aufgezogen. Sie hätten andauernd dumme Witze gemacht und herumgealbert. All das hörte auf, als er in die Mühlen der Politik geriet. Er hatte eine Heidenangst, etwas Falsches zu sagen oder auch nur falsch verstanden zu werden und so seine Familie ins Unglück zu stürzen. Ich war immer unglaublich eifersüchtig, wenn ich gesehen habe, wie andere Großväter ihre Enkelinnen auf dem Rücken durch die Straßen trugen. Mein Großvater hat so etwas nie gemacht!

Kurz nach meinem Uni-Abschluss lernte ich einen Mann kennen. Einen älteren Mann, muss ich wohl dazusagen. Er war Professor, jünger als mein Großvater, aber älter als mein Vater. Er war schon einmal verheiratet gewesen, aber seine Frau war ein paar Jahre zuvor gestorben, und die beiden Kinder lebten mittlerweile in den Vereinigten Staaten. Wir lernten uns im Xinhua-Buchladen auf der Wangfujing kennen. Damals wollte ich unbedingt mit der Uni weitermachen, an ein Graduiertenkolleg gehen und etwas studieren, was mich ins Ausland bringen würde, ich wollte etwas von der Welt sehen.

Und so stand ich da in der Abteilung »Weltgeschichte« des Buchladens und sah mir Bücher an, von denen ich kaum ein Wort kapiert habe. Da fiel mir ein sehr distinguiert aussehender älterer Herr auf, der schon seit einiger Zeit neben mir stand. Wir sahen uns an und lächelten, dann platzten wir gleichzeitig heraus: »Welche Bücher suchen Sie denn?« Da merkten wir beide, dass wir eigentlich keine Idee hatten, was wir kaufen wollten, sondern nur ein bisschen herumstöberten.

Nach einiger Zeit wurde ich müde und ruhte mich auf einer Bank neben den Bücherregalen aus. Der Mann saß auch da, und als er mich entdeckte, rückte er sofort zur Seite und bedeutete mir, ich solle mich neben ihn setzen. So kamen wir ins Gespräch.

Als er erfuhr, dass ich nach einem Buch über Weltgeschichte suchte, meinte er, dabei könne er mir vermutlich helfen, denn er lehre Geschichte an der Universität.

Einige Tage später besuchte ich ihn zu Hause und lieh mir ein paar Bücher aus. In seinem Haus sah es aus wie in einer Bibliothek, an jeder Wand Bücherregale. Ganz gentlemanlike lud er mich ein, mich doch zu setzen und mit ihm Tee zu trinken. Er zeigte mir ein Foto seiner verstorbenen Frau und erzählte mir Geschichten aus früheren Tagen. Auf seinem Schreibtisch standen Bilder von seinem Sohn und seiner Tochter. Ein anderes Foto zeigte ihn mit seiner neugeborenen Enkelin. Sein Gesicht strahlte geradezu vor Wärme.

An jenem Tag verließ ich sein Haus und fing draußen an zu weinen. Warum hatte ich keine solche Familie? Noch tagelang nachher machte ich nachts kein Auge zu. Sobald ich mich wieder im Griff hatte, begann ich, sein Buch zu lesen. Ich verschlang es geradezu, nur um wieder zu ihm gehen und mir noch eins ausleihen zu können. Bald wurde mir klar, was mich dort so aufwühlte, welcher Gedanke mich einfach nicht losließ – ich wollte in diesem Haus leben.

Ab dem Moment fing ich an, ihn zu verführen. Ganz ehrlich, das ging von mir aus. Ich begann, immer öfter transparente Sachen anzuziehen und mich so aufreizend wie möglich zu bewegen. Und natürlich klappte das. Er konnte seine Hände nicht von mir lassen, und auch mir gelang es nicht, mich zurückzuhalten.

Als er herausfand, dass ich noch Jungfrau war, geriet er in Panik. »Wenn du mir jetzt deine Jungfräulichkeit schenkst, was wirst du dann in Zukunft machen?«

Ich lachte: »Ich schenke dir den Rest meines Lebens.«

Das behagte ihm so gar nicht, aber das störte mich nicht. Solange ich mit ihm in diesem Haus leben konnte, war ich glücklich. Zumindest dachte ich das damals, denn ich hatte beschlossen, dass das bei uns Liebe auf den ersten Blick gewesen war.

Wir kamen überein, uns als Ehepaar eintragen zu lassen, doch wir wollten noch warten, bis seine Kinder aus den Vereinigten

Staaten zurückkamen, um die Hochzeit offiziell zu verkünden. Ich lebte natürlich nicht gleich mit ihm zusammen, denn erstens hatte er Angst davor, dass die Nachbarn denken könnten, er sei ein gieriger alter Bock – dabei war er erst sechsundfünzig. Und zweitens befürchtete er, meine Großeltern würden tot umfallen, wenn sie es herausfänden. Ich machte mir über meine Eltern gar keine Gedanken, denn schließlich hatten sie sich auch nie um mich gekümmert.

Heute hört sich das alles total lächerlich an, nicht wahr? Aber ich war so aufgeregt wegen unserer Beziehung – das Haus war nun mein Haus, und die zärtliche Liebe, mit der er mir begegnete, war mehr, als ich je von meinem Vater oder meinem Großvater erfahren hatte.

Weniger als einen Monat nach unserer Heirat meinte mein neuer Mann, er müsse mit mir reden. Wir unterhielten uns fast vier Stunden lang, genauer gesagt redete meistens er und ich hörte zu. Langer Rede kurzer Sinn: Er meinte, er sei fast doppelt so alt wie ich und würde schnell die letzten jugendlichen Züge verlieren, die ihm geblieben seien. Ich hingegen sei kaum zwanzig und hätte noch mein ganzes Leben vor mir. Zusammenzubleiben wäre ein Verbrechen an meiner Zukunft. Ihm sei klar geworden, dass meine Gefühle für ihn in der steten Abwesenheit meines Großvaters und meines Vaters wurzelten. Diese Art Liebe könne er mir auch schenken, ohne dass wir deshalb verheiratet sein müssten. Ich würde in seinem Haus immer willkommen sein. Ich könne sogar meine künftige Familie mitbringen. Am Ende sagte er noch, dass unsere Beziehung beiden Familien Schande mache und daher auf der Stelle beendet werden müsse. Ich glaube, ich habe noch nie so heftig geweint, aber ich wusste, dass er recht hatte. Glücklicherweise kannte er jemanden, der uns mit der Scheidung half. Zu jener Zeit war das nämlich gar nicht so einfach.

Manche Menschen meinen, Leute, die sich auf den ersten Blick verlieben, wären verrückt. Dabei setzt eben der Verstand aus, und man ist überzeugt, man werde für den Rest seines Lebens zusammenbleiben wollen, egal, ob es eine »nackte Ehe« ohne finanzielle

Mittel ist, das ist einem ganz egal. Aber sobald die Aufregung über das Frisch-verheiratet-Sein verflogen ist, merke man, dass man einen Fehler gemacht hat.
Ich sehe das anders. Die Menschen sind ein Teil der natürlichen Ordnung der Welt, und wie bei allen lebenden Wesen haben auch unsere Handlungen eine Ursache und eine Wirkung. Was ich sagen will, ist, dass am Ende alles seinen Grund hat. Die Menschen bestehen doch nicht nur aus IQ und Ratio – wo bleibt denn da die Leidenschaft?
Ob wir uns wiedergesehen haben? Natürlich, aber unter zwei Bedingungen. Er wollte mich so behandeln wie eine seiner Studentinnen, und wir würden uns nicht mehr in seinem Haus treffen. Ich wollte diese Familie nicht mehr durcheinanderbringen, als ich es ohnehin schon getan hatte.
Mit dem Professor ins Bett zu gehen war mein sexuelles Erwachen. Danach aber schaffte ich es nicht mehr, mich mit jemandem nur wegen des Sex zu treffen – ich brauchte mehr. Dann wurde allmählich das Internet-Dating populär, und ich entdeckte, dass ich mich für nette Worte auf einem Bildschirm durchaus erwärmen konnte. Aber wann immer ich einen der Männer persönlich kennenlernte, entpuppte er sich als Enttäuschung. Keiner besaß auch nur annähernd den Charakter und das Charisma meines Professors.
Ich kenne viele Frauen zwischen dreißig und fünfzig, die so tief verletzt wurden, dass sie jeden Gedanken, noch einen Mann zu finden, schlicht aufgegeben haben. Jedenfalls keinen Mann in der Realität. Im Internet muss man nichts preisgeben, man erschafft ein Idealbild von sich und versucht, den idealen Online-Mann dazu zu finden. Einige dieser Frauen landen sogar in einer »virtuellen« Ehe und genießen ihr Leben als virtuelle Frau. Finden Sie nicht auch, dass so etwas nur in China möglich ist?
Ich? Ich gehöre zur 3-D-Generation Chinas, natürlich kann ich nicht hinter meine Zeit zurückfallen. Ich hatte vier Online-Lover! Als ich damals regelmäßig die Datingseiten besuchte, wartete immer schon ein Haufen Männer auf mich. Deswegen hatte ich eine

Reihe von »Filterfragen« entwickelt, um den Andrang besser zu bewältigen. Nach der ersten Runde wurden schon mal so um die 85 Prozent aussortiert. Der Rest musste eine weitere Fragerunde bestehen, danach blieben noch weniger übrig. Am Ende entschied ich mich für die, die die intelligentesten Antworten gaben.

Wir chatteten meist über Liebe und Beziehungen, aber manchmal auch über andere Dinge. Einer meiner vier Online-Lover liebte es, mit Worten zu spielen und zu debattieren. Er trieb mich manchmal beinahe in den Wahnsinn. Einer war so warmherzig und geduldig mit mir, dass mir oft zum Weinen zumute war, wenn ich mit ihm sprach. Der nächste sah überall Probleme mit der Familie so wie einst mein Professor. Und dann war da noch mein Favorit – ein ruhiger, ehrgeiziger Typ, der immer etwas von Bedeutung zu sagen hatte.

Warum so viele Lover zur gleichen Zeit? Meiner Erfahrung nach geht man online, weil man jemand anderes werden möchte – der Held einer erfundenen Geschichte. Wenn man dann genug hat, schaltet man einfach den Computer aus. Das Licht geht an, und man ist wieder nur man selbst, mit all dem Beziehungsballast aus dem richtigen Leben. Damals gab es noch keine Möglichkeit, den wahren Namen der User zu überprüfen. Jemand konnte also ohne Probleme verschiedene Profile unter jeweils anderem Namen online stellen. Ich selbst habe vier geschaltet: das eines Mannes in mittleren Jahren, einer Frau in mittleren Jahren, eines Teeniemädchens und eines Teeniejungen.

Am Ende war ich als Schauspielerin aber nicht gut genug. Das erste Profil, das des »Mannes in mittleren Jahren«, wurde schnell durchschaut. Es folgte das der älteren Frau. Das hätte ich kommen sehen sollen, denn was wusste ich schon über die Menschen in mittleren Jahren? Ich hatte gedacht, genug über die Generation meiner Eltern zu wissen, um mich zumindest unterhalten zu können. Aber ich schaffte es einfach nicht, so zu reden wie sie, all diese sprachlichen Bilder zu verwenden und die blumigen Worte, die man in meiner Generation nicht mehr benutzt.

Heute streitet man ja viel darüber, ob Internet-Dating sicher ist.

Aber ist das denn wirklich von Bedeutung? Ich meine, es geht ja nur ums Dating, nicht ums Heiraten oder so. Natürlich ist es sicher. Die Sicherheit entsteht aus der Distanz, unterstützt durch die Anonymität. Ich habe Experten sagen hören, die meisten »Paare« im Internet wüssten so gut wie nichts voneinander, und in den meisten Fällen kämen solche Online-Beziehungen durch eine Software zustande, die den Leuten Fragen stellt wie: »Wofür interessieren Sie sich?« und »Was essen Sie am liebsten?« Danach gruppiert die Software dann die Menschen zusammen. Meiner Ansicht nach ist die Gefahr eher die, dass Login-Daten oder Telefonnummern halt auch schnell verloren gehen können. Und wenn Sie den Kontakt zu einer Online-Bekanntschaft verlieren, kann es sein, dass Sie diese Person nie wieder finden. Und wenn Sie den Kontakt verlieren – absichtlich oder nicht –, dann kann das große emotionale Probleme zur Folge haben.
Ich habe viele Menschen kennengelernt, die das Dating quasi wie eine Lotterie betreiben, und das aus den unterschiedlichsten Gründen. Manche haben eben keine Zeit, auszugehen und Freunde kennenzulernen. Andere fühlen sich in ihrer Ehe einsam oder wollen spaßeshalber mit den Emotionen anderer Leute spielen. Ich finde jedoch, das Ganze hat nicht nur Folgen für die Beteiligten – es hat auch viel zu tun mit der Gesellschaft, denn in ihr wurzelt schließlich das moralische Urteilsvermögen jedes Menschen. Dank unserer Sozialisation lernen wir zu unterscheiden, was Realität ist und was Täuschung. Vielleicht ist das ja falsch, ich will ja auch nur sagen, dass nicht die moderne Technik an allem schuld ist.
Wo ich mich mit meinen Online-Lovern getroffen habe? Ich bin ihnen nie persönlich begegnet! Aber wer sagt denn, dass ich meinen künftigen Ehemann nicht doch online kennenlerne? Da muss ich meine Zeit eben klug nutzen und den Müll aussondern. Ich habe mich mit ein paar Online-Bekanntschaften getroffen, aber davon war keiner je mein Liebhaber. Wir haben unser Online-Spiel nur als Extended Version fortgeführt. Ich habe sie meist zum Treffen in einen Coffeeshop gebeten, an einen öffentlichen

Ort, wo viele Menschen sind. Das signalisiert auch gleich die Art von Lebensstil, die mir gefällt, und zeigt ihnen, dass ich keine leichte Beute bin.
Aber 99 Prozent der Männer versuchen, mich dazu zu bringen, dass ich mich mit ihnen in einem Hotel treffe. Bekomme ich eine dieser Anfragen, heißt es »Und tschüss!«. Wussten Sie, dass es mittlerweile spezielle »Love Hotels« gibt, in denen Online-Liebende sich kennenlernen können? Offensichtlich gab es die ersten in Japan, aber sie sind jetzt auch in China sehr beliebt. Sie haben meist echt peinliche Namen, zum Beispiel: »Liebe auf den ersten Blick« oder »Ich liebe dich«-Hotel. In so etwas bin ich nie gewesen. Da hätte ich Angst, mir AIDS einzufangen.

Yoyos Geschichte ließ mich an einen Bericht im *Guardian* denken, in dem es hieß, dass China nach Mao Zedongs Tod 1976 nicht nur eine wirtschaftliche, sondern auch eine sexuelle Revolution durchlebt habe. Das erste »Love Hotel« in China wurde 2008 in der im Südwesten gelegenen Stadt Nanning eröffnet. Seitdem schossen sie in ganz China zu Tausenden aus dem Boden wie die Bambusschösslinge nach einem Frühlingsregen.

In den letzten Jahren gab es gegen Konkubinen à la *xiao san* – also gegen junge außereheliche Geliebte verheirateter Männer – regelrechte Hasskampagnen im Internet. Je mehr sich darüber aufregen, desto mehr gibt es. Und nicht nur das: Auch die Frauen, die sich auf diese Rolle einlassen, werden immer interessanter und immer jünger. Mir ging es damit vermutlich wie so vielen anderen Frauen: Der ganze Wirbel hat mich so neugierig gemacht, dass ich am liebsten selbst ausprobiert hätte, was denn so Schlimmes daran ist. Das Einzige, wovor ich Angst hatte, war, dass die Ehefrau vielleicht mit ihrer gesamten Familie anrücken und mich zu Brei schlagen könnte!
Vor einigen Jahren hatte ich einen Job als PR-Fachfrau in einer

Agentur. Der Abteilungsleiter sah wirklich gut aus – wie ein Filmstar. Außerdem hatte er nicht nur ein hübsches Gesicht, sondern war wirklich der netteste Mann, den ich je kennengelernt hatte. Als ich später hörte, dass er verheiratet war – mit einer absoluten Sahneschnitte natürlich –, war meine Abenteuerlust geweckt. Ich nahm mir vor, auszutesten, wie weit es ihm ernst war mit dieser Liebe.

Zunächst gab ich vor, über ein Projekt mit ihm reden zu müssen, und lud ihn in einen todschicken Coffeeshop ein. Ich hoffte, das würde ihm zeigen, dass ich Klasse hatte. Dann organisierte ich eine kleine Feier mit netten Kollegen aus der Agentur in einer französischen Bar in der Nähe des Büros. Ich gab einen Gutteil meiner Ersparnisse dafür aus, aber das war es wirklich wert. Nach ein paar kleineren solcher Partys wurde ich nämlich plötzlich in sein Büro versetzt – als Sekretärin. Das ist der erste Schritt zur *xiao san*. Bald unterhielten wir uns nicht mehr nur über die Arbeit, sondern auch über unsere Hobbys, und das ging nahtlos in einen leibhaftigen Flirt über.

Aber dann, als ich eben drauf und dran war, seine *xiao san* zu werden, wurde ich befördert. Man beförderte mich in das Büro des Geschäftsführers – der niemand anderer war als seine Frau! Sie war natürlich nicht auf den Kopf gefallen und hatte wohl gemerkt, worauf ich aus war. Daher nahm sie mich unter ihre Fittiche. Sie war sehr nett, sehr aufmerksam und kümmerte sich fürsorglich um mich. Woraufhin ich mich natürlich schrecklich schämte, sodass ich meinen Plan aufgab, die *xiao san* ihres Mannes zu werden.

Das Leben als Single fordert seinen Tribut, deshalb komme ich darauf, dass Dating wie eine Wanderung ist. Der Weg ist immer anstrengend, aber wenn man am Ziel ist, sitzt man gemütlich in der Sonne, bewundert die Landschaft und macht ein Foto, bevor man wieder weiterzieht. Und dann überlegt man sich, wo man als Nächstes hinwill, und fängt von vorne an. Was glauben Sie, Xinran, bin ich nun eine echte »Wanderin der Liebe« oder nicht?

Später habe ich mich als »Ehefrau zur Miete« versucht, um einem jungen Mann aus der Bredouille zu helfen. Seine Familie in Changchun übte ständig Druck auf ihn aus, damit er so schnell wie möglich eine Frau fand. Er sagte, dass zum Frühlingsfest nach Hause zu fahren in den vergangenen vier Jahren der reine Horror gewesen war. Nicht ein Tag verging, an dem er nicht von seiner Familie gedrängt, kritisiert oder ausgefragt wurde. Und die Nachbarn unterstützten sie noch dabei.

Also suchte er online nach einer Frau, die bereit war, mit ihm ein Hochzeitsfoto machen zu lassen und ihn vielleicht auch noch drei Tage zum nächsten Frühlingsfest zu seiner Familie zu begleiten. Er war bereit, 3000 Yuan als »Leihgebühr« zu bezahlen, zusätzlich würde er noch für die Reisekosten und alle sonstigen Ausgaben aufkommen, die in diesem Zusammenhang anfielen. Daraufhin fragten einige Leute, was denn falsch daran sei, einfach eine Frau als seine Freundin vorzustellen? Doch er meinte, seine Großeltern hegten immer noch die Hoffnung, eines Tages einen Urenkel in den Armen zu halten oder wenigstens das Hochzeitsfoto ihres Enkels auf den Kamin zu stellen. Nur dann wären sie zufrieden. Seine Online-Freunde meinten, das würde nie und nimmer klappen. Wer würde sich schon darauf einlassen, ein Hochzeitsfoto mit einem völlig Fremden zu machen? Was, wenn die Person eines Tages selbst heiraten wollte? Wie sollte sie das erklären, wenn es je herauskäme?

Aber ich machte es. Schließlich sah ich mich als »Wanderin der Liebe«. Also war dies eine weitere Etappe auf meiner langen Reise. Ich hatte nicht vor, auch nur einen Tag in meinem Leben von einem Mann abhängig zu sein. Noch weniger war ich daran interessiert, irgendjemandes unterwürfige Schwiegertochter zu werden. Wie man so sagt: *Hilfst du Buddha auf seiner Reise nach Westen, kannst du ihn gleich den ganzen Weg mitnehmen*. Wer alle Formen der Liebe ausprobieren will, darf auch nicht auf halber Strecke schwächeln! Aber als wir das Hochzeitsfoto machen ließen, geschah etwas, was ich nicht erwartet hatte. Ich fand die Braut, die mir da vom Bild entgegenblickte, wirklich schön.

Nun ja, wegen dieser ganzen Geschichte mit der »Ehefrau zur

Miete« wurde ich von den Produzenten von *If You're the One* kontaktiert. Man fragte mich, ob ich in der Show von meiner Erfahrung berichten wollte, aber ich lehnte ab. Die meisten Leute hielten mich doch insgeheim ohnehin schon für verdreht. Wenn nun diese Sache herauskäme, was würden meine extrem traditionsbewussten Großeltern dazu sagen? Von meiner Mutter wusste ich, dass sie gemacht hatte, was in ihrer Zeit möglich war, aber ihr war wohl kaum klar, dass ihre Tochter es genauso hielt. Der einzige Unterschied war, dass wir auf total unterschiedlichen Gebieten unterwegs waren – sie im Geschäftsleben, ich in der Liebe.

Was meine Familie denkt? Nun, das hängt ganz davon ab, wen Sie damit meinen! Meine Oma sorgt sich am meisten darum, dass ich, wenn ich »von einem Mann zum anderen hüpfe«, wie sie das ausdrückt, nie ein Kind bekommen werde. Einmal habe ich sie aufgezogen: »Es gibt kein Gesetz, nachdem Frauen Kinder haben müssen!« Wie Sie ja wissen, ist meine Oma Green eine sehr kultivierte Frau und ausgesprochen wortgewandt. Aber wenn sie will, kann sie ziemlich direkt werden.

»Das mag schon sein«, antwortete sie mir, »aber es ist nun einmal ein Naturgesetz, dass Frauen Kinder bekommen sollten. Wenn du also keinen körperlichen Makel hast, dann rüttelst du an den Grundfesten der gesellschaftlichen Ordnung, wenn du kein Kind bekommst. Und sollte das der Fall sein, dann lass dir gesagt sein: Die Menschen werden dich anschreien, bis du mit Spucke getränkt bist!« Das hört sich vielleicht jetzt krass an, aber sie hatte recht mit dem, was sie sagte. Diese Ansicht ist tief in den Herzen der Menschen verwurzelt, zumindest in den Herzen der Chinesen.

Ich finde es komisch, dass man, nur weil man eine Frau ist und eine Gebärmutter hat, ein Kind haben soll. Auch wenn das mit viel Schmerz und Leid verbunden ist, ja mitunter zum Tod führt, du hast keine Wahl und musst dich diesem Risiko aussetzen. Ich habe in einem Zeitungsartikel gelesen, dass die Kindbettsterblichkeit in China sehr niedrig ist, nicht höher als der von den Vereinten Nationen vor einem Jahr festgelegte Normwert. Aber was soll das den Frauen helfen, die dabei schon gestorben sind? So denke ich jedenfalls.

Meine Mutter und mein Vater wissen es wohl zu schätzen, dass ich auf eigenen Beinen stehe. Mein Motto: »Pass auf dich auf, dann kommt auch die Familie allein zurecht« hat ihnen erlaubt, immer um die Welt reisen zu können. Sie müssen sich nicht mit der Sorge um mich belasten. Ich glaube, ich verdanke meine Existenz nur der Tatsache, dass sie ausprobieren wollten, ob ihre Fortpflanzungsorgane funktionieren. Die Frage, wie ich dann aufwachse, haben sie sich vermutlich gar nicht erst gestellt.

Ich denke, die meisten würden sagen, dass ich eine *sheng nu* – eine übrig gebliebene Frau – mit Erfahrung bin. Doch wenn man sich ansieht, was manche in China so treiben, würde ich meinen, ich bin eher wie all die anderen *sheng nu*: eine Heilige. Erstens habe ich, was das Dating mit Männern angeht, so meine Standards: Es gibt da eine Grenze, die ich nicht unterschreite. Zweitens habe ich meine Jungfräulichkeit einem chinesischen Geschichtsprofessor geopfert, nicht irgendeinem alten Idioten. Drittens habe ich ein mitfühlendes Herz. Viertens weiß ich, wann ich aufhören muss, bevor es hässlich wird. Und fünftens und letztens habe ich durch meine Wanderungen in Sachen Liebe meiner Familie nie Schaden zugefügt.

Aus der Generation der Enkelinnen von Reds Schwestern habe ich noch mit Wuhen gesprochen, der Enkelin von Orange. Wuhen bedeutet »ohne Narben«.

Wuhen, geboren 1980,
zur Zeit des Interviews 2016 36 Jahre alt

Den ersten Kontakt zu Wuhen stellte ich telefonisch her. Ihr schmerzlich ernsthafter Tonfall machte deutlich, dass sie nur aus einem Gefühl der Verpflichtung ihrer Familie gegenüber mit mir sprach. Von ihr etwas zu erfahren kam dann auch dem Versuch gleich, noch den allerletzten Rest der Zahnpasta aus der Tube zu quetschen. Ich musste sie quasi betteln, ein Video-Interview mit ihr machen zu dürfen, und selbst dazu war sie nur bereit, wenn wir das Gespräch ohne Bild aufzeichneten. Was aber war dann der Unterschied zu einem ganz normalen Telefonat? Nach einigem Hin und Her wandte ich mich an Red und Green um Hilfe. Red gelang es schließlich, ihre Großnichte zu überzeugen, und so traf ich Wuhen, als ich im Frühling 2016 das nächste Mal nach China reiste. Wir unterhielten uns drei Stunden lang im Teehaus eines Hotels in Nanjing. Mein erster Eindruck bei diesem Treffen war, dass ihr Name nicht zu ihrem Gesicht passte. Sie hatte unzählige Fältchen um die Augen, viel zu früh, wenn ich ihr Alter betrachtete. Und ihre Schultern sackten nach vorne, als hätte sie ihr Leben lang eine schwere Bürde zu tragen gehabt. Am eindrucksvollsten waren die Falten auf ihrer Stirn, die dem Zeichen 川 *chuan* glichen. Während sie sprach, öffneten und schlossen sich die tiefen Furchen im Einklang mit ihrer Geschichte – Falten, die von viel Herzeleid zeugten.

Wuhen verfügte nicht über ein jugendlich-schelmisches Grinsen wie ihre Cousine Lili, aber auch nicht über Yoyos mutige und offene Art, die Dinge auszusprechen. Sie hatte nur ihre beredten Falten. Doch ich spürte, dass ihr Herz wie eine klare Quelle war, in der sich alle ihre Tränen gesammelt hatten. Und deren stille, unbewegte Oberfläche – anders als ihr Gesicht – verriet nichts von den Leiden ihrer Jugend.

Offensichtlich hatte sie sich vorbereitet auf unser Gespräch und wusste genau, was sie sagen wollte. Jeder Satz war wie ein Ziegelstein, und Wuhen schichtete Stein auf Stein, um die Geschichte ihres Lebens zu bauen. Normalerweise weiß ich genau, welche Fragen ich stellen will und welche Struktur das Interview haben soll. In ihrem Fall ließ ich mein Konzept fallen und schrieb einfach mit, was sie sagte.

Lili, Yoyo und ich haben dieselben Wurzeln. Wir haben dieselben Urgroßeltern und gehören zur selben Generation. Doch das Schicksal der Politik spaltete die sechs überlebenden Kinder unserer Urgroßeltern in den 1940ern in zwei Lager. Die beiden Söhne übernahmen das Geschäft und damit den westlichen Kapitalismus. Die drei älteren Töchter hingegen heirateten Revolutionäre.

In den späten 1960ern wurden die Töchter wieder getrennt, diesmal von der Kulturrevolution. Red und Green – die Großmütter von Lili und Yoyo – scheinen von den Ereignissen profitiert zu haben. Sie wurden Teil der herrschenden proletarischen Klasse, anders als meine Oma Orange. Da mein Großvater in den politischen Wirren mit der ehemaligen Sowjetunion zwischen die Fronten geriet, wurde die Familie in die Vorhölle geschickt und ging zerbrochen daraus hervor.

Fast ein halbes Jahrhundert lang lebten die Brüder und Schwestern meiner Großmutter auf weit entfernten Erdteilen, bevor schließlich, während der Zeit der Reform- und Öffnungspolitik in den 1980ern, die Fehler der Vergangenheit korrigiert wurden, die zu totalem Chaos geführt hatten. Damals wurde Omas politisches Ansehen wiederhergestellt, sodass die große Familie endlich neu zusammenfand. Doch das politische Klima und das soziale Umfeld, in dem wir groß geworden sind, haben unserem Leben je einen anderen Geschmack gegeben. So wie es in dem Buch »Die Annalen des Meister Yan« aus der Zeit der Frühlings- und Herbstannalen heißt:

Pflanze einen Orangenbaum südlich vom Huaihe-Fluss, und du wirst die süße und wohlschmeckende Ju ernten. Pflanze einen Orangenbaum nördlich vom Huaihe-Fluss, und du wirst die bittere, wenig schmackhafte Zhi bekommen. Es ist dieselbe Frucht, doch die Umgebung hat sie verändert.

Und so haben wir Enkelinnen, obwohl wir aus derselben Generation stammen, ein ganz unterschiedliches Verständnis der Gesellschaft und haben uns ihrem Wandel auch mit unterschiedlicher Geschwindigkeit angepasst.

In vielerlei Hinsicht kann man sagen, dass Großmama Orange Glück gehabt hat. In den Augen der meisten Menschen wurde ihr Leben zerstört, als ihr Mann einen tragischen Tod erlitt. Aber ich glaube, die geistige Krankheit, die seither ihr Gehirn zerfraß, hat sie in Wirklichkeit gerettet. Ohne diese Krankheit wäre sie schon vor langer Zeit an ihrem Schmerz gestorben. Manche Leute meinen, sie werde aus ihrer Umnachtung »erwachen«, wenn man die sterblichen Überreste ihres Mannes findet, doch selbst wenn das passieren sollte: Könnte sie damit überhaupt fertigwerden? Würde sie die Gesellschaft von heute überhaupt noch verstehen? Würde sie es ertragen, wenn sie erführe, dass ihre Tochter Kangmei ihretwegen beinahe vierzig Jahre lang still vor sich hin gelitten hat? Würde sie ihre Enkelin überhaupt erkennen?

Meine Mutter Kangmei und mein Vater Wu Ping sind Kinder der 1950er – beide stammen aus Familien der sogenannten »schwarzen Kategorie« und mussten sich Umerziehungsmaßnahmen durch die Arbeiter- und Bauernklasse unterziehen. Sie litten nicht nur unter politischer Unterdrückung und Demütigung durch die Revolutionäre, sondern auch unter extremer Armut und mussten hungern. Sie lebten wie die Arbeiter und Bauern auf dem niedrigsten Niveau der chinesischen Gesellschaft, die durch harte Arbeit China auf ihrem Rücken durch die politischen Wirren trugen. Ich bin Zeugin dieser Ereignisse. Ich habe gesehen, was geschehen ist. Ich habe gehört, was gesagt wurde, und es hat in meinem Herzen unauslöschliche Narben hinterlassen. Meine Eltern gaben mir den Name[illegible]en«, »ohne Narben«, in der

Hoffnung, mein Leben werde frei von dem Leid sein, das sie erdulden mussten. Doch dabei ist ihnen wohl entgangen, dass ich in eine Familie voller Narben hineingeboren wurde.

Wuhens Worte hallten noch lange in meinem Geist wider. Mein Name ist Xinran, was so viel bedeutet wie »in Arbeit und Tat stets glücklich zu sein«. Aber war ich in den sechzig Jahren meines Lebens immer glücklich gewesen? Traurigerweise erfuhr ich erst mit vierzig, als ich nach Großbritannien ging, was es heißt, mit seinem Leben zufrieden zu sein. Wuhens Worte rissen auch in mir alte Narben auf, die ich seit fünfzig Jahren nicht mehr gespürt hatte, Narben, die wohl auch Wuhens Mutter in sich trug. Was mich jetzt besonders schmerzte, war der Gedanke, dass die Menschen, für die wir gekämpft und gearbeitet hatten, nämlich die künftige Generation, so viel Leid mit sich herumschleppte.

Nicht nur das, Xinran. Ich fühlte mich, als diene mein ganzes Leben einzig dem Zweck, das Leid meiner Vorfahren zu lindern und zu heilen. Nicht lange nach meiner Geburt trennte mein Vater sich widerstrebend von den drei Generationen von Frauen, mit denen er zusammenlebte – Oma, Mutter und mir –, und ging aus beruflichen Gründen in den Süden. Er ist ein Mann, er wollte, dass seine Familie, die so lange im Schatten hatte hausen müssen, eine Zukunft hätte, eine Zukunft im hellen Licht und an der Sonne. Er wollte die dreißig Jahre zurückrudern, die die politischen Strömungen ihm genommen hatten. Er kämpfte für uns wie ein Mann, der von einem unzähmbaren Geist beseelt ist.
Selbst in meinen frühesten Kindheitserinnerungen habe ich meine Mutter Kangmei nie ruhen gesehen. Sobald sie die Augen öffnete, waren ihre Hände beschäftigt. Sie arbeitete in der Fabrik an der Drehbank, pflegte ihre chronisch kranke Mutter und kümmerte sich um mich, während sie daneben versuchte, die sterblichen Überreste ihres Vaters zu finden. Als ich klein war,

habe ich mir eine Geschichte ausgedacht: Ich habe mir vorgestellt, dass meine Mutter eine Fee aus einer anderen Welt sei, weil sie nie zu schlafen schien. Bevor Vater zur Arbeit in den Süden ging, halfen sie sich gegenseitig bei den Kursen von der Fern-Universität. Einer studierte Physik, der andere Englisch.

Je ärmer eine Familie ist, umso früher muss man anfangen, bei der Hausarbeit zu helfen. Mit acht begann ich, meine Mutter bei Omas Pflege zu unterstützen. Mit zehn Jahren konnte ich kochen. Mit zwölf kümmerte ich mich ganz allein um Oma. Ich hatte wenig Zeit zum Lernen, doch meine Noten waren durchweg sehr gut. Als ich in die Oberstufe kam, konnte ich im Schlaf, wofür meine Eltern die ganze Nacht lang lernen mussten. Als es um die Einschreibung an der Uni ging, wollte ich eigentlich an die Tsinghua in Beijing, eine der renommiertesten Universitäten Chinas. Aber das hätte bedeutet, meine Mutter mit Oma allein zu lassen. Und sie hatte doch ihr Leben lang so hart gearbeitet. Außerdem sah es nicht so aus, als würde es Oma irgendwann besser gehen.

Darum habe ich mich dann für Medienwissenschaften an der Fudan-Universität eingeschrieben. Ich dachte, als Journalistin könnte ich mich mit allen möglichen Menschen und Themen auseinandersetzen, sodass ich die Gesellschaft, der ich mich nie zugehörig gefühlt habe, vielleicht endlich verstehen würde. Als ich meinen Abschluss machte, war das Unternehmen meines Vaters so erfolgreich, dass er nach Shanghai zurückkam und eine Medienagentur gründete, damit meine Mutter und ich dort arbeiten konnten. Er mietete ein Ladenlokal in dem Viertel, in dem wir wohnen. Von dort aus führten wir das Geschäft. Er wollte einfach, dass wir etwas tun konnten, was uns Spaß machte.

Unsere Agentur war sehr klein, aber anfangs lief alles recht gut. Es dauerte nicht lange, und die großen Medienunternehmen fragten bei uns an, wenn sie Animationen oder Grafikdesign brauchten. Bald hatten meine Mutter und ich wirklich viel zu tun, und so stellten wir einen jungen Mann ein, der IT studiert hatte. Er sollte uns assistieren. Sein Name war Wang Peng. Er war scharfsinnig und arbeitete wirklich hart.

Er kam aus einer armen Bauernfamilie in der Provinz Jiangxi. Die meisten Kinder in seinem Dorf schafften in der Schule nicht mal die Mittelstufe. Als er später nach Shanghai ging, um dort an einem College eine Berufsausbildung zu machen, war er für seine Angehörigen wie Phönix, der aus dem Hühnerstall aufstieg. Tatsächlich arbeitete er nicht nur in der Agentur hart, sondern half uns sogar noch bei der Hausarbeit.

Damals hatte ich viele Studienkollegen in Shanghai und kannte eine Unmenge Leute, die ich übers Internet getroffen hatte. Doch die bedeuteten mir nichts. Ich wartete einfach nur auf die Gelegenheit, endlich ins Ausland zu gehen und dort zu studieren. Ich wollte etwas von der Welt sehen.

Eines Tages aber stürzte Oma schwer. Sie lag leblos auf dem Boden, und Mutter und ich versuchten vergeblich, sie aufzuheben. Wir gerieten in Panik – keine von uns wusste, was zu tun war. Da stand plötzlich Wang Peng vor uns. Er rief eilig einen Krankenwagen und sagte uns, wir sollten die alte Dame nicht bewegen, bevor der Arzt kam.

Nachdem der Arzt wieder weg war, blieb Wang Peng noch da und half uns, Oma ins Bett zu bringen. Ohne auch nur einen Bissen zu sich zu nehmen, blieb er bis neun Uhr abends und kümmerte sich ums Haus. Er wechselte kaputte Glühbirnen aus, die ich schon seit einer Ewigkeit nicht mehr leuchten gesehen hatte.

Nachdem er gegangen war, fielen Mutter und ich erschöpft aufs Sofa im Wohnzimmer und schauten uns um. Unser Haus war hell erleuchtet wie nie zuvor. Da wandte meine Mutter sich zu mir und sagte: »Dieser Wang Peng ist wie dein Vater, als er noch jung war. Immer bereit zu helfen.«

In jener Nacht lag ich lange wach. Hatten die Worte meiner Mutter einen Hintersinn? Vaters harte Arbeit diente nur dazu, uns ein wenig mehr Glück und Bequemlichkeit zu verschaffen. Wenn ich je ins Ausland gehen sollte, wie sollte das zu Hause funktionieren?

Von diesem Tag an sah ich Wang Peng mit anderen Augen, mit den Augen einer Frau. Er war ein typischer Südchinese, klein und drahtig, ruhig und ernsthaft bei seiner Arbeit und freundlich zu anderen Menschen. Ob es ein Lieferant oder ein potenzieller Kunde war, er behandelte alle mit demselben Respekt. Außerdem war er gut im Sparen. Und das Gesparte verwendete er dazu, seine Eltern nach Shanghai zu holen – in die große Stadt. Allmählich begann ich, mich zu fragen, ob ich mich in diesen Mann wohl verlieben könnte.

Ich beschloss, meine Online-Freunde um Rat zu fragen. Schließlich wusste von ihnen niemand, wer ich wirklich war. Ich stellte meine Frage anonym und erhielt innerhalb weniger Minuten eine lange Liste von Antworten:

»Das ist keine Liebe. Die Sympathie für ihn gaukelt dir etwas vor. Pass auf: Sympathie ist der Fallstrick der Liebe.«

»Ich verstehe deine Gefühle, aber wenn du ihn heiratest, tut dir das vielleicht für den Rest deines Lebens leid.«

»In welchem Zeitalter leben wir eigentlich? Was glaubst du, was das ist? Eine Schmonzette wie von Qiong Yao oder so was?«

»Du siehst wohl zu viele Liebesfilme?«

»Bist du sicher, dass du nicht nur einen Krankenpfleger für deine Mutter suchst?«

»Folge deinem Herzen!«

»Behandle den Jungen vom Land nicht, als wäre er deine Puppe. Die Gefühle zweier Menschen werden nicht von einer Person bestimmt!«

Danach war ich noch verwirrter als vorher. Ich beschloss, meinen persönlichen »Polarstern« zu konsultieren. Er war Dozent an der Universität, als ich im ersten Jahr an der Fudan studierte. Das war für mich eine schwierige Zeit. Ich konnte mich nicht recht an das Leben an der Uni gewöhnen, und es gab immer etwas, wobei ich Unterstützung brauchte. Auf diese Weise kamen wir in Kontakt. Welche Frage ich auch immer hatte, er beantwortete sie mit größter Sorgfalt und Geduld. Daher nannte ich ihn »meinen Polarstern«. Als wir zu chatten begannen, fürchtete ich, er könnte mich für minderbemittelt halten, wenn er erführe, dass ich diese Fragen stellte, obwohl ich schon mit dem Studium angefangen hatte. Also behauptete ich, in der vorletzten Klasse der Oberstufe zu sein. Ich glaubte, dann müsse ich bei meinen Fragen weniger zurückhaltend sein. In diesem Alter ist man doch ungeheuer neugierig, oder? Später musste ich dann, um mich selbst nicht zu verraten, ständig im Geist wiederholen: »Ich bin in der Elften, ich bin in der Elften, ich bin in der Elften …«, um den richtigen Ton anzuschlagen. Mit den eigenen Lügen Schritt zu halten ist vermutlich die schlimmste Form der Folter.

Als ich mich an jenem Tag einloggte, fragte ich so nebenbei, ob er den Thread über die junge Frau und ihren möglichen Partner auch gelesen hatte. Natürlich meinte ich mich selbst damit, aber ich wollte wissen, was er darüber dachte, ohne ihn direkt zu fragen.

Polarstern meinte, dass in China die Liebe von den sozialen und wirtschaftlichen Realitäten verzerrt werde. »Da hat Dating mehr mit dem materiellen Überleben zu tun. Politik, Familie, Ansehen, selbst die chinesische Nationalität werden zum Faustpfand in der Beziehung. Im heutigen China sind Ehen häufig der Höhepunkt solcher Schachereien. Vom Speed-Dating bis hin zu den altmodischen Ehemärkten, all das zeigt doch nur, dass unsere chinesische Zivilisation untergeht. Und nicht nur das: Die chinesische Kultur ist auch noch von einem Gift aus alter Zeit durchtränkt: dem Gift der Sympathie und der Dankbarkeit.«

»Sympathie und Dankbarkeit stören das Gleichgewicht zwischen den Liebenden. Dann wird die Liebe zur Quelle des Tadels auf einer Seite oder der Toleranz auf der anderen. Tadel und Toleranz aber sind die Todfeinde der Liebe. Wir sind das Produkt einer deformierten Liebe, die aus unserer deformierten Geschichte entstanden ist.«

»Aus diesem Grund hat das Online-Dating in China solche Ausmaße angenommen. Wenn man sich nicht mehr von Angesicht zu Angesicht unterhält, projizieren beide Seiten ihre Fantasien auf den Online-Partner. Sobald das aber passiert ist, ist es nahezu unmöglich, aus dieser künstlichen Wirklichkeit zu entkommen, selbst wenn man es wollte. Online-Liebe ist geheimnisvoll und nur eine Illusion.«

»Im Internet können die Leute schreiben, was sie tief in ihrem Innern empfinden, ohne sich darüber Gedanken machen zu müssen, ob sie jetzt unhöflich sind oder jemanden beleidigen könnten. In diesem Raum erleben die Menschen so etwas wie Befreiung von ihrem deprimierenden Leben. Daher ist die Online-Liebe in China wie ein Glücksspiel – gelegentlich gewinnt man, meistens aber wird man nur getäuscht.«

»Wie auch immer, die Frau, die diese Frage gestellt hat (das war jetzt *ich*), hat eigentlich Glück. Sie hat einen Mann im Auge, der sehr vertrauenswürdig und respektvoll scheint. Und anscheinend geht es hier auch nicht um irgendeinen Kuhhandel. Das Einzige, was mir an der Sache Sorgen machen würde, ist das verdrehte Verständnis von Dankbarkeit, das ihre Mutter hat. Möglicherweise beeinflusst dies ihre wahren Gefühle. Dann hätte die Frau wirklich Pech. Denn aus dem Geschriebenen geht klar hervor, dass ihre Eltern kein liebendes Paar sind.«

Ich hatte dem Polarstern noch nie offen widersprochen, aber an jenem Tag konnte ich mit meinem Ärger kaum an mich halten. Wie wollte er aus einem schnell hingeschriebenen Kommentar erkennen, ob meine Eltern glücklich waren oder nicht? Aber natürlich konnte ich ihm nichts entgegnen, sonst wäre ja ans Licht gekommen, dass diese Frau niemand anders war als ich.

Um es kurz zu machen – ich will ohnehin nicht wiederholen, was andere schon vor mir gesagt haben –, ich beschloss, Wang Peng einfach mal zu vertrauen. Wir konnten es zumindest versuchen und würden auf diese Weise meiner Mutter – die genug Pech gehabt hatte in ihrem Leben – zumindest ein bisschen Trost und Hilfe spenden.

Bald wohnte Wang Peng bei uns. Von dem Moment an, als er bei uns einzog, schien die Hausarbeit nicht mehr halb so anstrengend zu sein wie vorher. Es stimmt wirklich, dass die Arbeit leichter wird, wenn Mann und Frau an einem Strang ziehen. Die Furche zwischen den Augenbrauen meiner Mutter glättete sich zusehends, und auch ihre Schultern entspannten sich. All diese Dinge beeinflussten meine Einstellung zu Wang Peng. Ich versank in einem Strudel unterschiedlichster Gefühle.

Als ich zum ersten Mal mit ihm zusammen sein Dorf besuchte, beschloss ich, ihn zu heiraten.

Wang Pengs Familie lebte in der Provinz Jiangxi auf dem Land, weit weg von der nächsten Stadt Nanchang. Vom Bahnhof aus muss man noch vier oder fünf Stunden mit dem Bus fahren, bis man in einen größeren Ort kommt. Dort steigt man am Marktplatz in einen Lieferwagen um, der einen zu einem Pass in den Bergen bringt, wo man in ein Fahrradtaxi umsteigt, mit dem man dann eine lange, gewundene Bergstraße voller Schlaglöcher hinaufgebracht wird. Die Straße ist recht schmal und verläuft direkt am Abgrund. Auf diesem letzten Stück des Weges hörten meine Beine gar nicht mehr auf zu zittern, bis wir in seinem Dorf angelangt waren.

Wang Pengs Familie sprach nur den örtlichen Dialekt, von dem ich kein Wort verstand. Wenn sie miteinander redeten, saß ich wie benommen da, während die Worte an mir vorüberrauschten. Es gab in den Bergen kein Internet, sein Dorf hatte noch nicht mal Netzempfang. Ich dachte mehrmals: Wenn man allein hier irgendwo in den Bergen wäre und den Weg nicht kennt, dazu noch die Sprachbarriere, es gäbe kein Entkommen.

Und das war noch nicht mal das größte Problem. Das waren die Toiletten und Bäder. Die Toiletten in den Bergen waren letztlich nur Gruben voller menschlicher und tierischer Exkremente, die man als Dünger verwendete. Es gab weder eine Tür noch ein Dach. Der Geruch war beinahe unerträglich. Immer wenn ich auf die Toilette musste, hatte ich Todesangst.

Ein Bad zu nehmen kam dort quasi einem Festtag gleich. Erst zwei Jahre vor meinem Besuch hatte das Haus einen Warmwasseranschluss bekommmen. Fast alle Dörfler badeten im Winter höchstens zwei- oder dreimal, meist an den Schlüsseltagen des Mondkalenders. Und im Sommer auch nur alle paar Tage. Denn man musste Wasser in einem Kessel heiß machen und in ein großes Fass gießen. In das setzte man sich dann hinein und wusch sich. Die Toiletten und Duschen ließen mir jeden Appetit aufs Essen vergehen. Immer wenn ich nach so einem Besuch nach Shanghai zurückkam, fragte meine Mutter: »Hast du schon wieder abgenommen?«

Wang Pengs ländliches Heim war nicht nur ein Schock, was die physischen Bedingungen anging, sondern rüttelte mich auch seelisch auf. Die Frauen in diesen verarmten Dörfern durften nicht am selben Tisch essen wie die Männer und die Familienältesten. In einigen Orten mussten die Frauen sogar warten, bis die Männer zu Ende gegessen hatten, bevor sie selbst etwas bekamen.

Wang Pengs Stellung innerhalb der Familie war unantastbar. Ob es ums Kochen, Abwaschen oder Ausmisten des Schweinestalls ging, die ganze Arbeit oblag den Frauen. Als Frau musste ich Wang Peng seinen Tee bereiten, sonst hätte ich die »Familienregeln« verletzt. Wang Peng suchte darüber mehrfach Streit mit seinen Eltern, doch es half nichts.

Wang Pengs Dorf zu besuchen öffnete mir die Augen für den Wert von Nahrungsmitteln. Dabei war an ihrer Art zu essen gar nichts Besonderes. Sie ernährten sich vom Gemüse der Saison, zu dem es immer dieselben Beilagen gab: Süßkartoffeln, Reisnudeln und Chilischoten. Alles wurde in einem riesigen Topf vermengt und kam so auf den Tisch. Die Leute saßen rundherum und holten sich das Essen mit den Stäbchen aus dem Tiegel. Alle lachten und scherzten dabei.

Wenn eine Familie etwas zu feiern hatte, tötete man ein Schwein. Dann versammelte sich die ganze Familie, alt und jung gleichermaßen, um es zu essen. Nachdem Gäste und Freunde das Fleisch verzehrt hatten, machte die Familie sich über die Innereien her. Waren diese aufgezehrt, aß man die Klauen. Waren die Klauen verdrückt, gab es geschmorte Schweinehaut. Und schließlich wurden die verschiedenen Teile vom Schweinskopf geschmort und kamen in den Tagen darauf auf den Tisch.

Das war vermutlich das erste Mal, dass mir klar wurde, wie sehr die Dörfler gewohnt waren, nichts zu verschwenden. Was am einen Tag nicht gegessen wurde, kam am nächsten auf den Tisch.

Die Reste des nächsten Tages wurden am dritten Tag wieder verkocht, und so weiter, bis auch der letzte Bissen verzehrt war. Das galt besonders für die alten Leute im Dorf. Ob es nun Gemüse oder ein Topf Reis, ob Gebratenes oder Gesottenes war, sie aßen davon, bis sie alles aufgegessen hatten.

Die alten Leute im Dorf sagten: »Es braucht seine Zeit, gutes Essen zu verzehren!« Als ich Wang Pengs Familie zum ersten Mal besuchte, war, glaube ich, kein einziger Tag dabei, an dem es keine Reste gab. Ich dachte damals bei mir, dass es vermutlich nur am Neujahrstag anders war. Wang Peng erzählte, dass sie am ersten Tag des Jahres kein Fleisch äßen, sondern nur Taro, Tofu, Staudensellerie und andere Gemüsesorten – was die Fülle und den Reichtum des kommenden Jahres symbolisieren sollte.

Vielleicht lag es daran, dass ich die erste Städterin war, die das Dorf besuchte. Oder daran, dass Wang Peng dort bei jedem beliebt war. Jedenfalls waren die Dörfler äußerst gastfreundlich. Sie machten mir dauernd hübsche kleine Geschenke, zum Beispiel ein Stück Speck, das sie extra fürs Neujahrsfest geräuchert hatten. Einmal schlachtete eine Familie sogar den wertvollen Hahn, den sie eigentlich Verwandten im benachbarten Dorf hatten schenken wollen. Sie meinten, das würde einer Frau wie mir helfen, ihr Qi zu verbessern und einen Sohn zur Welt zu bringen. Da hatte ich Wang Peng noch gar nicht geheiratet!

Um ehrlich zu sein, war das Gemüse dort sehr viel frischer als in Shanghai. Es hinterließ beim Essen einen unnachahmlich süßen Geschmack im Mund. Und was die Luft angeht: Sie war einzigartig. Ich verabschiedete mich nur widerwillig von den Menschen im Dorf. Aber alles in allem ist das Leben in den Bergen wirklich hart. Daher sagte ich Wang Peng auf der Rückfahrt nach Shanghai, dass ich seinen Eltern helfen wolle, das Dorf zu verlassen und im Komfort Shanghais alt zu werden, selbst wenn ich Opfer bringen müsste. Sie hatten ihr Leben lang hart gearbeitet, daher hatten sie ein Recht darauf, den Rest ihres Lebens zu genießen.

An einem Herbsttag im Jahr 2005 heiratete ich Wang Peng. Ich war gerade fünfundzwanzig geworden.

Wo wir die Hochzeit feierten? In Shanghai. Den Bräuchen seiner Familie zufolge hätten wir in Jiangxi heiraten müssen, doch ich hätte Oma und meinen Eltern wohl kaum den ganzen Weg zumuten können. Stattdessen holten wir seine Eltern und zwei jüngere Schwestern nach Shanghai.

Am Weihnachtstag 2006 kam unsere Tochter Dong Dong zur Welt. Als sie ungefähr einen Monat alt war, fuhr Wang Peng nach Hause, um das Neujahrsfest in seiner Heimat zu feiern. Ich weiß noch, wie erleichtert ich war, dass er meinte, wir müssten doch nicht alle dorthin. Denn die kleine Dong Dong hätte unter den Schlaglöchern und kurvenreichen Straßen sicher sehr gelitten.

Am Neujahrstag rief er uns noch an, um uns ein glückliches neues Jahr zu wünschen. Dann verschwand Wang Peng von der Bildfläche.

Wir dachten, er hätte vielleicht einen Unfall gehabt, und engagierten jemanden, der zu seinem Dorf fahren sollte, um Nachforschungen anzustellen. Er kam mit der Nachricht zurück, dass Wang Peng zwei Wochen nach Neujahr nach Shanghai zurückgekehrt sei. Nun repräsentierten wir sowohl seine Arbeitsstelle als auch seine Familie. Wenn er nicht hier war, wo konnte er abgeblieben sein? Ich meldete ihn bei der Behörde für öffentliche Sicherheit vermisst und wartete monatelang auf Nachricht. Doch es war, als habe sich dieser gesunde junge Mann in Luft aufgelöst.

Am Weihnachtstag 2007, am Tag von Dong Dongs erstem Geburtstag, erhielt ich eine SMS: »Ich wünsche Dong Dong alles Gute zum Geburtstag. Es tut mir leid, aber ich habe jetzt eine andere Familie. In meinem Heimatort bezeugt ein Mann ohne Sohn seinen Eltern gegenüber keine Pietät. Ohne einen Sohn kann ich meine Eltern nicht alt werden lassen. Sag Dong Dong, ihr Vater sei tot. Ich danke euch allen.«

Völlig geschockt, versuchte ich einen Rückruf. Vergeblich, das Telefon war ausgeschaltet. Ich habe seitdem kein Wort mehr von ihm gehört, und Dong Dong ist tatsächlich ohne Vater aufgewachsen. Ich glaube nicht, dass sie je das Wort *baba* gesagt hat.

Etwa um diese Zeit wurde das Dating im Internet populär, allerdings nicht auf diese verrückte Weise wie heutzutage. In jener Zeit hatten die Menschen zumindest noch einen Hauch von Ehrgefühl und Respekt für familiäre Werte. Heute ist doch alles außer Kontrolle. Online zu gehen ist wie eine Droge – sobald man drin ist im Netz, kommt man kaum mehr davon los. Und ja, damit meine ich auch mich.

Xinran, haben Sie je von *Uncharted Waters* gehört? Nein? Nun, ich bin internetsüchtig, seitdem ich zum ersten Mal dieses japanische Videogame gespielt habe. Ich wurde von einem Freund dazu eingeladen, und als ich mich einloggte, fand ich mich in einer wunderbaren Kirche wieder, umgeben von gut hundert Personen in wunderschönen Gewändern. Der Bildschirm war voller Glückwünsche, und die Leute fragten einander, wie viel Geld sie bezahlt hatten, um zu dieser »Hochzeit« kommen zu dürfen.

Der Bräutigam war der »Kaufmann von Venedig«, die Braut eine »spanische Prinzessin«. Keine Kosten wurden gescheut, die ganze Hochzeit kam auf gut vier Milliarden »Seefahrer-Dollar«. Zum Beispiel für die Miete der Kirche, mehrere Bankette und natürlich die roten Hong-Bao-Umschläge voller Geldgeschenke, die jeder Gast mitbrachte. Der Bräutigam gab ebenfalls ein »Vermögen« aus für ein Hochzeitskleid aus feiner indischer Seide. Er hatte die besten Handwerker des Landes kommen lassen, um ein extravagantes Hochzeitsschiff zu bauen. Fünf tadellos gewandete Musiker spielten den »Hochzeitsmarsch« für die Gäste, und natürlich war auch ein Priester zugegen. Ich glaube, es gibt nicht eine Frau in China, die von dieser Online-Hochzeit nicht begeistert gewesen wäre.

Später fand ich mehr heraus über den »Kaufmann von Venedig«. In Wirklichkeit war er ein Beamter aus Changchun und Vater einer dreijährigen Tochter. Er war schon seit einigen Jahren süchtig nach Onlinespielen und verbrachte jeden Tag mindestens zehn Stunden vor dem Bildschirm. Durch seine Obsession erwarb er sich einen unglaublichen Ruf und viel Geld in der virtuellen Welt, weil er zum »Kammerpräsidenten« wurde.

Im März 2006 betrat eine Userin die Gamer-Szene, die sich »spanische Prinzessin« nannte. Der »Kaufmann von Venedig« war dieser virtuellen Liebe so verfallen, dass er Nacht für Nacht wach lag und über sein Alter Ego nachdachte. Seine Frau glaubte gar, er habe eine Affäre. Eine echte Frau übrigens, der der »Kaufmann von Venedig« niemals Blumen schenken würde und schon gar nicht die wunderbaren Villen und Yachten, die er seiner neuen Online-Partnerin, der »spanischen Prinzessin« ohne zu zögern offerierte. Als er mehr und mehr Zeit mit dem Computerspiel verbrachte, wurde ihm allmählich klar, dass er tatsächlich so etwas wie eine Affäre hatte.

Aber er war nun mal abhängig, und so ging er in Internet-Cafés, damit seine Frau nicht herausfand, welche zweifelhafte Bande er zur »spanischen Prinzessin« geknüpft hatte. Bevor er nach Hause kam, löschte er auch alle »Küsse«, die die »Prinzessin« ihm auf sein Handy geschickt hatte. Tatsächlich ging sie bald in dieselbe Falle, denn ihr Freund im richtigen Leben fand die Botschaften über das »Hochzeitsbudget«.

Sie hatte keine Wahl mehr, sie musste ihrem Freund die Wahrheit sagen, sonst hätte er ihr nicht verziehen. Und so ließ die »spanische Prinzessin« dem »Kaufmann von Venedig« eine Warnung zukommen: »Ein Spiel ist nur ein Spiel. Wir können unser Online-Dasein nicht mit unserem wirklichen Leben vermengen. Wenn mein Freund dagegen ist, werde ich dich aufgeben.« Doch es kam ganz anders. Zur Überraschung der Online-Gemeinde loggte sich auch der Freund ein und spielte sogar Trauzeuge bei ihrer Hochzeit.

Nachdem ich diese Geschichte gehört hatte, fragte ich mich: Wozu brauche ich einen Mann? Warum nicht einfach online eine »perfekte Familie« für mich und meine Tochter Dong Dong gründen? Warum sollte ich die Narben meines Lebens wieder aufreißen? Warum sollte ich wegen meiner Familiengeschichte leiden? Also spielte ich bei diesen Online-Liebesspielen mit. Sehr bald stieß ich auf einen »River of Love«, in dem ich verschiedene

Online-Lover kennenlernte. Wir sorgten dort füreinander und genossen in aller Ruhe unsere Liebe.

Am 28. Oktober 2015 schaffte China nach sechsunddreißig Jahren die Ein-Kind-Politik ab. Nun durften Frauen meines Alters ein zweites Kind haben, aber ich hatte in der realen Welt keinen Mann, der ein Baby mit mir wollte. Ich mag die Internet-Liebe wirklich und werde auch immer besser darin. Ich habe auf diese Weise die Ehe auf Probe ausprobiert und das Lesbisch-Sein, alle möglichen Sachen. Heute ist meine Liebe wie ein Schiff, das dem Wind des neuesten Internettrends folgt. Ich habe vergessen, wie der Heimathafen aussah, von dem aus ich losgesegelt bin.

Ich stelle Recherchen über diese »verlassenen Mädchen« an, seit ich 1989 die chinesische Version der BBC-Radiosendung »Woman's Hour« moderierte. Ende 2007 liegt die Zahl der chinesischen Waisen, die weltweit adoptiert wurden, bei rund 120 000. Diese Kinder wurden in siebenundzwanzig Länder vermittelt. Fast alle waren Mädchen. Die meisten Chinesen finden diese Zahlen nicht glaubwürdig. Ebenso wenig wie die Tatsache, dass chinesische Kinder in anderen Ländern eine Mutter und ein Heim fanden. Warum gibt es in China so viele verwaiste Mädchen? Die meisten Chinesen würden sagen, es liegt daran, dass etwas mit der traditionellen Kultur nicht stimmt. Anders ausgedrückt: Alte Bräuche wurzeln in Unwissenheit. Die Menschen im Westen glauben meist, dass die Ein-Kind-Politik daran schuld ist. Ich selbst fing an, dazu Informationen zu sammeln, als ich 1989 in Nanjing meine Radiosendung für Frauen moderierte. Für diese Sendung, »Words on a night breeze« oder »Worte im Abendwind« interviewte ich Frauen in ganz China, und so lernte ich auch Frauen kennen, die man gezwungen hatte, sich von ihren Kindern zu trennen. So bin ich zu der Überzeugung gelangt, dass es für dieses Phänomen drei Gründe gibt. Erstens wurden in den ländlich geprägten Kulturen des Ostens seit jeher Mädchen ausgesetzt. Zweitens verursachten der Wirtschaftsboom und die mangelnde Sexualerziehung in den 1980ern eine merkwürdige Haltung zur Sexualität. Und drittens ist da die Ein-Kind-Politik, die vorschreibt, dass jede Familie nur ein Kind haben darf.

Heute gilt es in Entwicklungsländern als Zeichen der Rückständigkeit, wenn man Söhne den Töchtern vorzieht. Diese Einstellung rührt vermutlich daher, dass es in diesen Ländern immer noch Regionen gibt, in denen primitive Formen der Landwirtschaft gepflegt werden oder die Menschen sich von der Jagd vom Fischen und Sammeln ernähren. Wo harte körperliche Arbeit überlebensnotwendig ist, also in den urtümlichen Ackerbaukulturen in aller Welt, ist klar, dass man Jungen als Nachkommen vorzieht. Männer sind physisch im Vorteil, wenn es um Körperkraft, Jagen, Selbstverteidigung und so weiter geht. Dies ist vermutlich der Hauptgrund, warum sich das Matriarchat zum Patriarchat umgewandelt hat. Es könnte sogar den allgemeinen Wandel hin zum »Maskulinen« erklären, der sich in allen Kulturen und Sprachen zeigt.

Ein weiterer Faktor, der in China wirkt, ist das alte System der Landaufteilung, das bis heute praktiziert wird. Seine Ursprünge liegen bereits in der Xia-Dynastie (etwa 2070 v. Chr. bis 1600 v. Chr.), und es fand seinen vollendetsten Ausdruck im Brunnenfeldsystem der Zhou-Dynastie (1045 v. Chr. bis 256 v. Chr.) sowie im Gleiche-Felder-System, das etwa um 485 von den nördlichen Wei-Herrschern eingeführt wurde. Was diese Formen mit dem aktuell praktizierten System gemein haben, ist die Tatsache, dass die Zuteilung von Land von der Anzahl der Haushaltsmitglieder bestimmt wird. So wurde die Privilegierung der Männer gegenüber den Frauen zum Gesetz. Als man 485 bei der Einführung des Gleiche-Felder-Systems das Land neu ordnete, wurde eine Liste von Haushalten erstellt. Dann wurde das Land entsprechend der ständig im Haushalt lebenden Personen verteilt. Dabei unterschied man zwei Arten von Land: Ackerland, auf dem Getreide angebaut wurde, und Maulbeerbaumland zur Züchtung von Seidenraupen. Jeder Mann, der fünfzehn Jahre oder älter war, bekam 40 Mu (etwa 2,7 ha) Ackerland, während

Frauen nur die Hälfte erhielten. Auch Sklaven und Diener konnten Land erhalten. Doch dieses Land fiel beim Tod des Eigners wieder an den Staat zurück. Was das Maulbeerbaumland anging, erhielten Männer 20 Mu (etwa 1,35 ha), die aber in ihren Besitz übergingen. Das heißt, sie konnten es kaufen und verkaufen. Es fiel nicht an den Staat zurück. Während der Tang-Dynastie (618 bis 907) wurde festgelegt, dass Frauen kein eigenes Land besitzen durften. Die Dynastien kamen und gingen im Laufe der chinesischen Geschichte, doch die Landbesitzregelungen haben sich nie geändert. Damit wurde aber auch die grundlegende Ungleichheit zwischen Mann und Frau zur tief verwurzelten Tradition. In den Dörfern führten die männlichen Nachkommen nicht nur den Namen der Familie weiter und erbten den Namen der Sippe, sie waren auch die Quelle des familiären Besitzes, das Fundament ihres Reichtums.

Artikel 22 des am 29. Dezember 2001 erlassenen »Gesetzes zur Bevölkerungs- und Familienplanung in der Volksrepublik China« besagt: »Diskriminierung und Misshandlung von Frauen, die Mädchen gebären oder an Unfruchtbarkeit leiden, ist verboten.« Doch eine »gute Frau« muss einen Jungen zur Welt bringen – jede verheiratete Frau in den Dörfern weiß das. Es ist ihre gottgegebene Pflicht und der sehnlichste Wunsch ihrer Schwiegereltern. Daher ist es in besonders armen Dörfern durchaus üblich, das Erstgeborene, sofern es ein Mädchen ist, auszusetzen oder das unglückliche Geschöpf nach der Geburt gleich zu ersticken. In den verarmten Dörfern, wo es keinen Zugang zu Methoden der Empfängnisverhütung gibt oder diese nicht richtig verstanden wird, ist das Aussetzen von Kindern eine Tatsache, quasi ein Naturgesetz, das seit unvordenklicher Zeit besteht. War das überzählige Kind ein Junge, den die Familie nicht aufziehen konnte, dann wurde er vielleicht von einer anderen Familie adoptiert oder gleich verkauft. War es aber ein Mädchen, bedeutete dies den sicheren Tod.

Lili, Yoyo und Wuhen hörten von meinem Interesse an ihrer Fa-

miliengeschichte zuerst, als ich 2015 China besuchte. Am Abend, bevor ich wieder nach London zurückkehrte, druckte eine der jungen Frauen ein fast tausend Seiten dickes Manuskript aus, das den E-Mail-Austausch zwischen ihr und einem Online-Liebhaber umfasste. Sie schickte es anonym an das Hotel, in dem ich in Beijing abgestiegen war.
Ich las bis tief in die Nacht, unfähig, meine Augen von dem dicken Stapel Papier zu lassen. Auf der letzten Seite stand, wie die beiden nach eineinhalb Jahren leidenschaftlicher, aber letztlich anonymer Liebe beschlossen, sich in einer neutralen Stadt zu treffen, um ihre Liebe eine Stufe weiter zu tragen und in der Wirklichkeit zu verankern.
Die nächsten Zeilen, die handschriftlich hinzugefügt worden waren, trafen mich wie ein eiskalter Guss:

Xinran, können Sie sich vorstellen, wie mir das Herz blutete? Ich saß wartend in dem Hotelzimmer, in dem wir uns verabredet hatten, und der Mann, der die Tür öffnete, war mein Vater.

Als ich im April 2016 wieder nach Beijing kam, bat ich Red und Green, mir zu helfen, ein Treffen mit den drei Enkelinnen zu vereinbaren, wenn sie zum Totengedenkfest Qingming nach Hause kamen. Natürlich wollte ich herausfinden, welche der drei die Heldin in dieser Geschichte einer unbewussten Online-Liebe zwischen Vater und Tochter war. Es ist mir nicht gelungen. Sie sind alle drei Töchter der 3-D-Generation – es hätte jede von ihnen sein können!
Als ich mir die drei an jenem Tag ansah, kam mir unwillkürlich der Gedanke, dass ein Liebesleben ihnen so fremd war wie die Erde dem Himmel. Und ich hatte das Gefühl, ihr Schicksal läge in Gottes Hand.
Ich bete darum, dass sie, was immer die Zukunft ihnen auch bringen mag, eines Tages tief in sich eine Liebe spüren mögen, wie sie Reds Eltern verbunden hat. Dass sie in ihren Adern so etwas wie Verantwortung für die Nation pochen fühlen mögen, wie es

Green und Orange durchglüht hat. Und dass ihr Atem die fünftausendjährige Kultur am Leben erhalten möge, mit der in China »Liebe gesprochen« wird.

Nachwort

Durch das Tor des Lebens hinein und hinaus

Zwei der Frauen, deren Geschichte Sie auf diesen Seiten gelesen haben, sind mittlerweile tot … wie auch mein geliebter Mann Toby Eady, der starb, während ich an diesem Buch arbeitete.
In den frühen Morgenstunden des 12. Juli 2016 erhielt ich eine SMS von Green, dass ihre Schwester am Tag zuvor verstorben sei. Fünf Stunden später, der Schmerz und der Kummer über diese Nachricht saßen mir noch in den Knochen, erreichte mich eine weitere Nachricht. Mein Vater in Nanjing war gestorben.
Ich weiß nicht warum, aber diese beiden Todesnachrichten versetzten mich in Panik, und ich musste alles aufbieten, was mir an Kraft zur Verfügung stand, um den Rest des Tages irgendwie zu überstehen. Später am Tag, nachdem ich meinem krebskranken Mann geholfen hatte, in den Schlaf zu finden, überkam mich das unwiderstehliche Verlangen, das Buchmanuskript hervorzuholen und noch einmal die Lebensgeschichten von Red und ihrer Familie zu lesen, als ließe sich zwischen den Zeilen etwas finden, das mir helfen würde, auch mit meinem Verlust zurechtzukommen. Ich suchte nach Antworten auf die Fragen, die ich noch hatte, aus Angst, sie könnten für immer verloren sein.
Der Tod hatte mir die Tür zu ihrem Leben zugeschlagen, aber auch meine Auseinandersetzung mit ihren Erinnerungen intensiviert. In jener Nacht erwachte ich aus einem Traum, fest entschlossen, den letzten Teil des Buches neu zu schreiben. Mir war klar geworden, dass das ursprüngliche Konzept – eine Sammlung von alten chinesischen Liebesgeschichten – einfach nicht mehr passte. Ich brauchte etwas, womit ich die Lebensgeschichten von Red und ihren Schwestern besser nachvollziehbar machen konnte, um ihnen den Glanz zu verleihen, den sie verdienten.
Mehr als drei Jahre, vom Frühjahr 2013 bis zum Herbst 2016, hat

es gedauert, dieses Buch fertigzustellen. Die Arbeit daran war für mich von Anfang an, von den Interviews über die Recherche und Überprüfung der Fakten bis hin zum Schreiben und Übersetzen, ein höchst emotionaler Prozess. Je mehr sich diese Lebenspanoramen vor meinem Auge entfalteten, umso tiefer hat mich diese Welt eingesogen. Schicht für Schicht haben die Erfahrungen der vier aufeinanderfolgenden Generationen einer Familie auch ein Licht auf meine eigene Familiengeschichte geworfen, auf meine Großeltern, Eltern, auf mich selbst und meinen Sohn. Noch nie zuvor hatte ich etwas Ähnliches empfunden, doch jetzt spürte ich, wie sehr auch meine Familie diese »chinesischen Charakterzüge« besaß, die ich so oft an anderen registriert hatte.

Wie so viele Chinesen glaubte auch ich, alles über die vier Arten der Ehe – süß, sauer, herb und scharf – zu wissen, nur hatte ich persönlich nie die Brutalität der von der Politik verordneten Ehen kennengelernt. Genauso wenig wie das Leid, das mit den massiven politischen Umwälzungen auch das Liebesleben und das kulturelle Erbe der Chinesen erfasst hatte. Genauso wenig wie den Wandel der Sprachkultur von Generation zu Generation.

Die chinesische Sprache ist ein Baum mit fünftausendjährigen Wurzeln. Dieser Baum zeigt nicht nur Spuren der Verwitterung, die vom wechselnden politischen Klima mit seinen jeweiligen Eigenheiten stammen, sondern tiefe Wunden, die ihm unzählige politische Unwetter geschlagen haben. Dass heute, im Jahr 2015, 18000 chinesische Schriftzeichen die Stürme der Geschichte überdauert haben, ist ein Grund, sich zu freuen und zu feiern. Verglichen mit den westlichen Sprachen und ihrem Alphabet von 26 Buchstaben, vermag die chinesische Sprachlandschaft einen viel weiteren Blick auf die Welt zu eröffnen.

Sollten Sie allerdings denken, ich könne mich mit den Hauptfiguren dieses Buches problemlos verständigen, weil ich dieselbe Muttersprache habe wie sie – und wie ein Sechstel der Weltbevölkerung –, so irren Sie sich. Wenn man vom »Chinesischen« spricht, bezieht sich das auf die geschriebene und auf die gesprochene Sprache gleichermaßen – also auf zwei Seiten einer Medaille.

Die klassische chinesische Schriftsprache wird als *wenyanwen* bezeichnet, das geschriebene moderne Chinesisch hingegen als *baihuawen,* dessen Grammatik und Wortschatz am heutigen Sprachgebrauch ausgerichtet sind. Das *baihuawen*-Chinesisch entstand um 1917 im Gefolge der Bewegung für eine Neue Kultur, mit der Reds Eltern aufwuchsen, und es wurde bald von allen Chinesisch sprechenden als Standard übernommen. Offizielle Anerkennung fand es allerdings erst in den späten 1950er-Jahren, als Green und ihresgleichen China in ein neues Zeitalter führten. Die neuen vereinfachten Standardschriftzeichen, die im Festlandchina gebraucht werden, unterscheiden sich massiv von den traditionellen, historischen Schriftzeichen – manche meinen sogar, sie seien grob verunstaltet. Die Aussprache jedoch ist dieselbe geblieben. Innerhalb der chinesischen Sprachfamilie gibt es Tausende verschiedener Dialekte – so unterschiedlich, dass die Sprecher einander teilweise gar nicht verstehen. Die Dialekte gliedern sich in sieben Untergruppen: Mandarin, Kantonesisch, Wu, Xiang, Gan, Hakka und Hokkien.

Doch damit nicht genug. Das Chinesische, das sich über Tausende von Jahren kontinuierlich entwickelt und dabei ständig neue Wörter aufgenommen hatte, durchlief noch weitere Veränderungsprozesse. So brauche ich selbst, obwohl ich mit dem Chinesischen großgeworden bin, heute oft Online-Wörterbücher, um zu verstehen, wovon die Leute tatsächlich reden. Wenn ich nach China fahre, habe ich jedes Mal Probleme, herauszufinden, was bestimmte »neue Wörter« bedeuten und woher sie eigentlich kommen.

Das ist auch der Grund, warum es Red und ihren Geschwistern, als sie sich nach vierzig Jahren Trennung wiedersahen, nicht gelang, einander zu sagen, was sie wirklich empfanden. Die Brüder, die ins Ausland gegangen waren, brachten nicht nur eine von demokratischen Ideen und einer instinktiven Angst vor der chinesischer Politik geprägte Weltsicht mit, sondern auch eine Sprache, die mit Englisch oder Kantonesisch durchsetzt war. Die drei Schwestern, die in Festlandschina die Gezeiten der Politik überlebt hatten, waren inzwischen völlig an die herrschenden politischen Verhältnisse gewohnt und an die Kontrolle jeglicher Außenkommunikation und die Abschottung vom Rest der Welt. Für sie war es mehr oder weniger unmöglich, sich mit den Ansichten ihrer Brüder über die Welt und die Familie zu identifizieren.

Gleichzeitig mussten sie versuchen, die immer größer werdende sprachliche Kluft zwischen sich und der jüngeren Generation zu überwinden, die per Handy und Tablet mit Touchscreens miteinander kommunizierte. Diese Gerätschaften kamen Menschen, die zum Schreiben und Lesen nur Papier als Medium kannten, wie schiere Zauberei vor. Die einst hochgeschätzten Liebesgeschichten, die eine Generation an die nächste weitergab, wurden nun von den eigenen Kindern ignoriert, vergessen, ja sogar ins Lächerliche gezogen.

So bezeichnete zum Beispiel das Wort *lianai* einst das Gefühl der Liebe, die ein Mann und eine Frau füreinander empfanden, heute dagegen benutzt man es, um sowohl den emotionalen wie den physischen Aspekt von Liebe zu beschreiben. Angefangen bei Red, die immer im Einklang mit den Zyklen der Natur gelebt hatte, bis zu ihren jüngeren Schwestern Green und Orange, die sich begeistert der Revolution angeschlossen hatten, trugen sie alle die vier großen Liebesgeschichten der chinesischen Literatur im Herzen: *Der Hirtenjunge und die Weberin; Die Geschichte von Meng Jiang Nü und ihren Tränen an der Chinesischen Mauer; Die Legende der weißen Schlange; Die Legende von Liang Shanbo*. Das waren die Vorbilder, auf die sich ihre Vorstellungen von Liebe gründeten.

Diese Liebesgeschichten wurden jahrtausendlang mündlich von Generation zu Generation, im Schauspiel und von den Shuochang-Geschichtenerzählern weitergegeben. Bis die Kulturrevolution der Verbreitung von derartigem »giftigen Unkraut« ein abruptes Ende bereitete. Als mit der Reform- und Öffnungspolitik diese Geschichten wieder die künstlerische Bühne betraten, lebte in Red und ihren Schwestern mit den vertrauten Geschichten und Melodien auch die Erinnerung an Dinge auf, die ihre Mutter sie gelehrt hatte, und damit eine gewisse nostalgische Sehnsucht nach der Kindheit. Doch eben in dem Moment, als sie glaubten, an die eigene Geschichte anknüpfen zu können, mussten sie feststellen, dass die jüngere Generation sich im Laufschritt von ihnen entfernte und der Zukunft entgegeneilte. So war es ihnen unmöglich, diese Geschichten mit ihren Nachkommen zu teilen.

In den 1980er-Jahren stieß Deng Xiaoping ein Tor auf, das China für Hunderte von Jahren fest verschlossen gehalten hatte. Eine graue, verarmte Nation, der es an Nahrung und Farbe im Alltag fehlte, begann China nun, sich begierig auf den American Way of Life und sein Niedrigpreissegment zu stürzen – McDonald's und Starbucks standen den Chinesen für gehobene Gastronomie, ganz gewöhnliche amerikanische Milchprodukte galten als luxuriöse Delikatessen einer gesellschaftlichen Elite.

Dann aber erhob China sich mit einer Kraft und einer Schnelligkeit, die keiner sich hatte vorstellen können, dank der Weisheit seiner fünftausendjährigen Kultur und einer Energie, die sich in hundert Jahren Chaos und politischer Wirren aufgestaut hatte. In nur etwas mehr als dreißig Jahren wurden über 100 Millionen Menschen aus der Armut geholt. Dabei veränderte sich das Gesicht von 660 chinesischen Städten so, dass sie kaum mehr wiederzuerkennen waren. Das Land begann, auf dem Weltmarkt einzukaufen und überall in Europa und Amerika Immobilien und Grundbesitz zu erwerben. Im Gefolge dieses zwangsläufig immer weiter zunehmenden Austausches mit der Außenwelt sahen sich Eltern und Großeltern plötzlich auch in peinliche Gespräche über sexuelle Dinge verwickelt. Gleichzeitig gewannen westliche Kunst und Musik mit jedem Tag größeren Einfluss auf die traditionelle chinesische Kultur.

Die vierte Generation von Reds Familie – Lili, Yoyo und Wuhen – wuchs nicht nur mit den Grundsätzen der Reform- und Öffnungspolitik auf, sondern auch mit der einsamen Kleinstfamilie, wie sie die Ein-Kind-Politik verordnet hatte. Die arrangierten Ehen ihrer Urgroßmütter waren für die Vertreter dieser Generation nur noch Märchen aus alter Zeit, das revolutionäre

Pflichtgefühl ihrer Großmütter aber wurde zur Zielscheibe beißenden Spotts. Und was die stoische Hingabe ihrer Mütter an die Liebe anging, so fanden sie diese einfach nur kindisch.
Mit jedem Wechsel der drei letzten Generationen wurden die Familienwerte auf den Kopf gestellt. Trotzdem hielten die Schulbücher strikt an einem einheitlichen Geschichtsbild fest, während sich außerhalb der Klassenzimmer die Nachrichten überschlugen, denn das Land, in dem diese Schüler lebten, entwickelte sich rasant weiter. So wurde ihre Generation um die Möglichkeit gebracht, etwas über das traditionelle chinesische Wertesystem zu lernen und eine unverfälschte Darstellung der Geschichte – die eigentliche DNS der chinesischen Kultur – kennenzulernen.
Diese junge Generation wurde mit einer Freiheit und einem materiellen Wohlstand groß, von dem die Generationen davor nur träumen konnten. Und sie suchten nach dem Wunder der Liebe in dem Vakuum zwischen chinesischer und westlicher Kultur. Im Internet schufen sie idealisierte Versionen ihrer selbst, und ihre Vorstellungen, was Liebe sein könnte oder sollte, nahmen immer fantastischere Formen an. Doch da diese Generation so sehr an die Einsamkeit des Einzelkinddaseins gewöhnt war, konnte man die Familie nicht länger als das Rückgrat der chinesischen Kultur bezeichnen.
Wuhen jedoch – die Enkelin von Orange und Tochter von Kangmei – scheint diese traditionellen Werte in vielerlei Hinsicht zu verkörpern. Sie opferte ihre Träume, um sich um ihre Großmutter und ihre Mutter zu kümmern. Und irgendwie schien die Geschichte sich zu wiederholen, als sie, wie ihre Mutter, eine Ehe aus Güte einging. Leider hat das Leben ihr diese Güte nicht vergolten, sondern ihr nur noch mehr Wunden beigebracht, die nie mehr ganz heilen werden. Der Traum von Wuhens Eltern, dass ihre Tochter einmal nicht das Leid erfahren müsse, das sie selbst erlebt hatten, ist eben nur ein Traum geblieben.
Aber warum? Warum ist es für so viele Chinesen heute eine schmerzliche Erfahrung, einen anderen Menschen zu lieben? Warum fühlen sie sich so einsam bei ihrer Suche nach mensch-

licher Wärme? Warum mündet ihr Streben nach Glauben so häufig in bitterer Enttäuschung? Ich glaube, es liegt daran, dass Gleichgültigkeit und Gier die gegenseitige Achtung und das Verständnis, das wir einst innerhalb der Familie besaßen, aufgezehrt haben.

Diese Achtung, dieser Respekt war allumfassend. Für uns Chinesen war die Familie die Essenz unseres Seins. Unsere ganze Kultur, unser Denken, unsere Geisteswelt, unsere sämtlichen sozialen Strukturen waren untrennbar mit der Familie verknüpft. Eine Tatsache, die sich auch in der Sprache widerspiegelt, die reich ist an Bezügen auf die Familie. Wenn jemand im Westen »Mein Gott!« ruft, würde ein Chinese »Meine Mutter!« ausrufen, wenn er erschrickt. Und wo Chinesen einander beleidigen wollen, beschimpfen sie eher die Mutter und die Großmutter des Kontrahenten als diesen selbst.

Einem Beamten gratuliert man zu Beförderung mit den Worten: »Meine Glückwünsche, dass du zu meinem ›väterlichen Beschützer‹ geworden bist!« Diesen Ehrentitel gebraucht sogar ein achtzigjähriger Großvater, wenn er einem jungen Mann gratuliert, der sein Enkel sein könnte.

Was Erziehung und Familienwerte angeht, so stehen über allem die Familienältesten. Ihr Wort ist Gesetz. Was sie an Prinzipien an die Jüngeren weitergeben, welche Regeln sie für alles aufstellen, sei es nun Hochzeit oder Begräbnis, steht nicht zur Debatte. Diese Regeln infrage zu stellen oder zu verändern gilt als Treuebruch, so als würde eine Pflanze sich von ihren Wurzeln lossagen.

Doch die Gespräche, die ich während der letzten dreißig Jahre geführt habe, und die Einsichten, die ich dadurch gewonnen habe, haben mir gezeigt, dass die traditionellen Werte langsam ausgehöhlt werden durch den Einfluss der Moderne. Politische Ängste, materielle Wünsche, veränderter sozialer Status und die stets zunehmende Präsenz der westlichen Kultur und modernen Technik stellen eine echte Herausforderung für diese fünftausendjährige Kultur dar.

Für die jüngeren Generationen ist die Familie nicht mehr Teil ihrer chinesischen Identität, die es zu würdigen oder zu verteidigen gilt. Manche sind mit anderen Dingen so beschäftigt, dass sie weder die Zeit aufbringen, nach Hause zu fahren und den Familienältesten einen Besuch abzustatten, noch, um ihren Kindern von ihrem Familienerbe zu erzählen. Sie gehen nicht mehr eine Beziehung ein, um eine Familie zu gründen, sondern gehorchen vielmehr der reinen körperlichen Anziehung.

Nehmen wir doch nur Reds Familiengeschichte. Wird sie nach der vierten Generation noch jemand weitergeben? Wie viele ihrer Nachfahren werden noch von Reds Eltern und deren Liebe zur Dichtung wissen? Wie viele werden Geschichten über Green und Orange und deren Liebe zu ihrem Land hören? Wie viele werden die bedingungslose Liebe verstehen, die Tang Hai und Crane verband? Wer wird je davon erfahren, wie Wuhen sich für ihre Familie aufgeopfert hat?

Nach dem Tod meines Vaters wurde mir umso mehr bewusst, dass all das auch für meine eigene Familie galt, dass diese Fragen meinen Sohn und mich nicht weniger betreffen. Doch wenn dem so ist, welche Antwort sollen wir darauf finden? Haben wir überhaupt noch Zeit dafür?

Am Nachmittag des 12. September, zwei Monate nach Reds Tod, erhielt ich eine Nachricht von Green: »Orange ist heute gestorben … Ihre Tochter hat gesagt, dass sie schon lange überhaupt nichts mehr gefühlt hat. Dass sie nun gestorben ist, meint sie, ist nur die äußere Bestätigung eines Todes, der uns allen schon lange bewusst war.«

Orange habe »schon lange nichts mehr gefühlt«. Diese Worte wollten mir eine ganze Weile nicht mehr aus dem Kopf gehen. Wie kann ein Mensch körperlich gesund sein, aber keine Gefühle empfinden? Keine Gefühle mehr für die Familie, für die Mitmenschen, für die Natur?

Lange fiel mir kein Schluss ein für dieses Buch. Doch eines Tages Anfang Oktober, als sich das Laub der Bäume in den Kensington Gardens, in deren Nähe ich wohne, anfing, in bunte Farben zu kleiden, kam mir in einem Traum der Text des folgenden Briefes:

Liebste Red,

ich hoffe, dass du dort in der geistigen Welt diesen Brief aus der Welt der Menschen lesen kannst. An dem Tag, da du uns verlassen hast, am 11. Juli 2016, hast du in meinem Herzen eine Tür aufgestoßen, die lange verschlossen war.
Danke, dass du mir vertraut und mich an deinem Leben mit Baogang hast teilhaben lassen und an den Geschichten, die ihr euch mit dem Blick an die Decke erzählt habt. Wie du es dir gewünscht hast, sind diese Geschichten aus deinem Leben zusammen mit den Geschichten deiner Eltern, Schwestern und der späteren Generationen nun zu einem Buch geworden, das, in viele Sprachen übersetzt, von Freunden überall auf der Welt gelesen werden wird. Sie werden über dein Leben lesen, das Epos einer einzigartigen Frau, deren Geheimnisse einst nur eine chinesische Zimmerdecke vernahm. Geheimnisse, die nun aber deine Familie vorwärts bringen und ein uraltes Tabu brechen, indem sie die Weltbühne betreten.
Tante Red, ist dir im Himmel auch deine Schwester Orange begegnet? Bitte richte auch ihr meinen Dank dafür aus, dass sie die Menschheit an ihrem Schmerz hat teilnehmen lassen, damit wir, die Kinder Chinas, das Chaos des Krieges und die Heiterkeit des Friedens besser verstehen.
Im Himmel leiden wir nicht an Leidenschaften und Gefühlen. Wir müssen nicht warten auf Gnade und Liebe, weil wir in ihnen leben. Die einundsechzig Jahre, die du in der Menschenwelt verbracht hast, sind nun übergegangen in einen neuen Zustand, den du lange herbeigesehnt hast – jetzt endlich kannst du frei fliegen wie ein Engel der Liebe.
Meine liebe Red, wie du vielleicht schon weißt, ist mein Mann Toby Heiligabend 2017 in den frühen Morgenstunden zu Hause friedlich aus diesem Leben geschieden. Er erlag schließ-

lich der Krankheit, gegen die er über zwei Jahre ankämpfte. Doch ich weiß, dass sein Geist und seine Seele nicht von mir, nicht aus meinem Schreiben, aus meinem Tag und meiner Nacht gewichen sind, und auch meine Liebe zu ihm ist nicht gewichen. Nicht einen Zoll.

Er sagte einmal, er glaube, dass diese Liebesgeschichten aus vier Generationen deiner Familie überall auf der Welt nachdenklich machen und Sympathie wecken werden, gerade so, wie *Verborgene Stimmen* es getan hat. Denn die Menschheit habe im Krieg immer die Hoffnung auf Frieden gesucht, in der Vergänglichkeit ein Verständnis für die menschliche Natur und über alle kulturellen Unterschiede hinaus immer die Gemeinsamkeiten in der Liebe zwischen Mann und Frau und der Liebe innerhalb der Familie.

Er hatte sich so darauf gefreut, das fertige Buch in Händen zu halten. Endlose Stunden hat er damit verbracht, mit Freunden und Verwandten über seine Liebe zur chinesischen Kultur zu sprechen, über sein Entsetzen über die chinesische Geschichte, seine Gefühle für das chinesische Volk und seine Liebe zu seiner chinesischen Frau. Nun haben sich seine Erwartungen erfüllt. Wenn du ihm im Himmel begegnest, so richte ihm bitte folgende Botschaft von mir aus:

Mein geliebter Toby,

als Ehemann und Vater hast du uns eine wunderbare Familie gegeben. Wir haben miteinander fast zwanzig Jahre »Flitterwochen« genossen, wie du allen Leuten immer erzählt hast, weil wir als Liebende und Seelenverwandte stets miteinander über die Liebe geredet, geschrieben und sie nicht zuletzt auch gemacht haben.

Ich spreche immer noch mit dir, lese dir vor und wässere die Blume unserer Liebe mit den Tränen, die ich täglich vergieße. Ich kann dir nicht Lebwohl sagen, denn du bist nie aus meinem Herzen und aus meinem Leben weggegangen. Es ist so, wie Thornton Wilder in *Die Brücke von San Luis Rey* schreibt:

»Wir selbst werden noch eine Weile geliebt und vergessen werden. Aber die Liebe ist genug: denn die Liebe fließt zurück in die Kraft, aus der wir geschaffen wurden. Selbst die Erinnerung ist nicht notwendig für die Liebe. Es gibt ein Land der Lebenden und ein Land der Toten, und die Brücke zwischen ihnen ist die Liebe, sie allein überlebt, sie allein ergibt einen Sinn.«[1]

Mein geliebter Toby, ich vermisse dich, vermisse dein »Sprechen der Liebe« mit mir!

Liebe Red, danke für alles.

Zum Abschluss muss ich dir noch voller Dankbarkeit sagen, dass die Liebesgeschichten deiner Familie mir einen Weg eröffnet haben hin zu Chinas verborgener Geschichte der Liebe, an der auch meine Großmutter und meine Mutter teilhatten. Sie haben mir das Leben geschenkt, doch ihre Liebe konnten sie mir nicht zeigen.

Xinran

am 11. Februar, dem Tag, an dem ich Toby geheiratet habe

1 Thornton Wilder, Die Brücke von San Luis Rey, Zürich 2014, S. 152.

Ein herzliches Dankeschön der Autorin

Immer wenn ich mich hinsetze und aufschreiben will, wie dankbar ich meiner Familie, meinen Freunden und all jenen bin, die ein Buch Wort für Wort mit mir durchgegangen sind, wird am Ende daraus fast ein neues Buch! Sich kurz zu fassen, ist ebenso schwierig wie schön, daher versuche ich stets, mir nahestehenden Menschen mit Dankbarkeit zu begegnen.

Erlauben Sie mir bitte, zuerst meine Dankbarkeit für die chinesische Kultur auszudrücken, die Alter höher schätzt als Schönheit.

Als Nächstes möchte ich meiner Mutter danken. Sie ist geduldig auf alle Fragen und Zweifel eingegangen, die sich aus meinen Recherchen ergaben. Ihrer reichen Erfahrung und ihrem stillen Blick auf das Leben verdanke ich viel. Dies trifft ganz besonders auf dieses Buch zu, bei dem meine Mutter als Chronistin fungiert hat, die mir Einblicke in das China verschaffte, das sie erlebt hat, aber auch in dessen Wandel.

Ein tief empfundener Dank an meinen Mann Toby Eady. Er war die Liebe meines Lebens, der Mentor meiner schriftstellerischen Tätigkeit und mein Seelenpartner. Kein Literaturagent hat so viel für chinesische Autoren getan wie er. Er hat die Samen so vieler chinesischer Geschichten – einschließlich dieser – in einen fruchtbaren Boden gelegt, damit sie wachsen und gedeihen konnten in dieser Welt.

Danke schön an meinen Sohn Pan und seine Verlobte Coco, die Japanerin ist, aber besser Chinesisch spricht als so mancher Chinese. Sie haben mir nicht nur Zeit, Raum und Unterstützung gegeben, ihr jugendlicher Elan und ihre Vertrautheit mit der modernen Technik haben mir auch geholfen, drei wichtige Aspekte der jungen Generation, die in diesem Buch zur Sprache kommt, zu begreifen: ihre Haltung zum Leben, ihre Werte und ihre Weltsicht. Und sie haben mir geholfen, die jüngsten Trends unter chinesischen Jugendlichen zu verstehen, die mir lange Zeit schlicht ein Rätsel waren.

Ein inniges Dankeschön an die drei Schwestern aus diesem Buch und all die Frauen ihrer Familien, die ich interviewen durfte. Durch die große Schwester Yaohong (Red) sind wir nicht nur zu Freunden geworden, sondern nachgerade zu einer Familie zusammengewachsen. Wir sind vielleicht nicht durch Blutsbande verbunden, aber trotzdem sind sie ein Teil meines Lebens. Dank ihnen weiß ich nun mehr über die neuere chinesische Geschichte, konnte die Essenz meiner Kultur in mich einsaugen und die Wurzeln der chinesischen Gefühlswelt verstehen. Ohne das Vertrauen, das sie mir geschenkt haben, ohne ihre Offenheit gegenüber dem, was war, und ohne die Bereitschaft anzunehmen, was die Zukunft bringen mag, wäre das, was ich zu Frauenschicksalen in China recherchiert und geschrieben habe, immer unvollständig geblieben.

Vielen Dank an William Spence, der dieses Buch ins Englische übersetzt hat. Wir sind uns als freiwillige Helfer bei *Mothers' Bridge of Love* begegnet, wurden über die Beschäftigung mit literarischen Übersetzungen zu engen Freunden und zu Weggefährten bei der Übersetzung dieses Buches. Seine Liebe zur chinesischen Kultur, seine Beherrschung des Chinesischen sowie seine Hingabe an das Übersetzen haben dieses Buch in die Welt gebracht.

Danke an meine liebe Freundin Wu Fan, Autorin von *February Flowers* und *Beautiful as Yesterday*. Die Leidenschaft, mit der sie sich für den literarischen Austausch zwischen China und dem Westen einsetzt, und die Begabung, sowohl auf Chinesisch als auch auf Englisch zu schreiben, waren mir bei meinem eigenen Schreiben eine wichtige Anregung.

Danke an Veronique Baxter und das Team von David Higham Associates, die die Entstehung dieses Buch begleitet haben. Ich bin glücklich und stolz zugleich, so talentierte Agenten zu haben.

Danke an Tomasz Hoskins, meinen englischen Herausgeber, dessen Vision von Multikulturalismus und dessen tiefe Einsichten es mich als Glücksfall empfinden ließen, seine Schülerin zu sein. Danke auch an sein Team bei I. B. Tauris für seinen Sachverstand und Einsatz, die dieses Buch zu seinen Lesern gebracht haben.

Ein herzliches Dankeschön auch an alle Übersetzer und Verlage, die meine Bücher den Lesern in anderen Sprachen zugänglich machen. Ohne Ihre harte Arbeit wären die Lebensgeschichten chinesischer Frauen, die ich aufgeschrieben habe, nicht in mehr als fünfzig Ländern und über vierzig Sprachen gelesen worden. Und nicht zuletzt gilt mein Dank allen, die mir geholfen haben, historisches Material zu sammeln, und die als Mittler zwischen meinen Quellen und mir fungierten. Ein Dankeschön an die freiwilligen Helfer bei der *Mothers' Bridge of Love,* die mich bei unseren weltweiten Kinderhilfsprojekten begleitet haben. Ich danke euch für eure selbstlose Hingabe und dafür, dass ihr diese Bürde mit mir tragt und mit mir auf dem Pfad zwischen China und dem Westen wandelt.

Xinran

Mothers' Bridge of Love –
Kultur und Bücher für Kinder

www.mothersbridge.org

Mothers' Bridge of Love (MBL) ist ein im Jahr 2004 von Xinran und einer Gruppe von Freiwilligen in Großbritannien gegründetes gemeinnütziges Projekt (Reg.-Nr. 1105543). MBL hat es sich zum Ziel gesetzt, chinesischstämmige Kinder in aller Welt zu unterstützen, indem es Brücken der Verständigung zwischen China und dem Westen baut, die kulturellen Bande zwischen dem Geburtsland und der neuen Heimat der Kinder stärkt sowie die Bildungsmöglichkeiten im ländlichen China zu verbessern sucht. Bis zum Januar 2018 hat MBL 23 Dorfschulen mit einer Bücherei ausgestattet.
Xinran möchte Sie und alle Leser einladen, MBL mit einer Spende zu unterstützen.

Bitte spenden Sie

online über: http://www.everyclick.com/mothersbridge

oder per Scheck an:

The Mothers' Bridge of Love
BLZ: 400607,
Kontonummer: 11453130
BIC: MIDL GB2142E
IBAN: GB08 MIDL40 0607 1145 3130
HSBC Bank
1 Woburn Place
Russell Square
London WC1H 0LQ

Ihre Spende verhilft Kindern in den ärmsten Teilen Chinas zu einer besseren Schulbildung.

Vielen Dank!